HUMAN ACTION
人的行为

[奥]路德维希·冯·米塞斯◎著

谢宗林◎译

(第2册)

海南出版社
·海口·

目 录
（第2册）
CONTENTS

第三篇　经济计算

第十一章　不用计算的价值排序 /253

第一节　手段的价值分级 /253

第二节　价值与价格的基本理论中以物易物的虚构故事 /254

第三节　经济计算问题 /262

第四节　经济计算与市场 /265

第十二章　经济计算的范围 /268

第一节　货币记录的性质 /268

第二节　经济计算的一些限制 /271

第三节　价格的易变性 /275

第四节　稳定化 /278

第五节　稳定化观念的根源 /284

第十三章　货币计算是行为的一个工具　/290

第一节　货币计算是一个思考工具　/290

第二节　经济计算与人的行为科学　/293

第四篇　交换学或市场社会经济学

第十四章　交换学的范围与方法　/297

第一节　交换学的界限　/297

第二节　想象的构建　/303

第三节　纯粹的市场经济　/305

第四节　封闭经济　/313

第五节　静止状态和均匀轮转经济　/314

第六节　停滞的经济　/322

第七节　市场交换功能的整合　/323

第十五章　市场　/331

第一节　市场经济的特征　/331

第二节　资本　/334

第三节　资本主义　/339

第四节　消费者主权至上　/346

第五节　竞争　/351

第六节　自由　/358

第七节　财富和收入的不平等　/365

第八节　企业家的利润与亏损　/367

第九节　经济发展中的企业家利润和亏损　/373

第十节　首倡者、管理者、技术专家和官僚　/383

第十一节　选择过程　/392

第十二节　个人和市场　/397

第十三节　商业宣传　/403

第十四节　国家经济　/407

第十六章　价格　/412

第一节　价格形成的过程　/412

第二节　评值和估价　/417

第三节　较高顺位财货的价格　/420

第四节　成本计算　/427

第五节　逻辑交换学和数理交换学的对立　/440

第六节　独占性价格　/449

第七节　商誉　/475

第八节　需求独占　/480

第九节　独占性价格影响下的消费　/482

第十节　卖方的价格歧视　/485

第十一节　买方的价格歧视　/489

第十二节　价格的关联性　/490

第十三节　价格和收入　/492

第十四节　价格和生产　/494

第十五节　非市场价格的怪想　/495

第十七章　间接交换 /499

第一节　交换媒介和货币 /499

第二节　流传甚广的一些谬误 /500

第三节　货币需求和货币供给 /503

第四节　货币购买力的决定 /512

第五节　休谟和穆勒的问题，以及货币的驱动力 /522

第六节　现金引起的货币购买力变化
和财货引起的货币购买力变化 /525

第七节　货币计算和货币购买力变化 /531

第八节　对购买力变化的预期 /533

第九节　货币的特殊价值 /536

第十节　货币关系的含义 /539

第十一节　货币替代物 /542

第十二节　信用媒介的发行限制 /544

第十三节　现金握存的规模和构成 /561

第十四节　收支平衡表 /564

第十五节　两地之间的货币交换率 /567

第十六节　利率和货币关系 /574

第十七节　次级交换媒介 /579

第十八节　通货膨胀主义者的历史观 /584

第十九节　金本位制 /589

> HUMAN ACTION

第三篇　经济计算

第十一章　不用计算的价值排序

第一节　手段的价值分级

行为人将目的的价值转移至手段上。他认为，在相同情况下，适合达成某一目的的一组手段的集合价值等同于该目的的价值。在这里，我们暂时忽略利用手段达成目的所需要的时间，以及这段时间对目的价值和手段价值会有什么影响。

手段价值的分级（排序）和目的价值的分级（排序）一样，都是一个"偏好 a 甚于 b"的过程。这种分级（排序）是一个判断，表示人渴望获得 a 比渴望获得 b 更为强烈。它打开了一个可以使用序数的领域，但不允许使用基数，更不允许以基数为基础的算术演算。如果有人给我机会，让我在歌剧《阿依达》《法尔斯塔夫》和《茶花女》的三张门票之间做选择，假使我只能挑选一张，我会拿走《阿依达》的门票；而假使我能再挑选一张，我会再拿走《法尔斯塔夫》的门票，我已经做了选择。这表示：在给定的情况下，我偏好《阿依达》和《法尔斯塔夫》甚于《茶花女》；如果我只能选择两者（《阿依达》和《法尔斯塔夫》）之中的一个，我将选择《阿依达》而舍弃《法尔斯塔夫》。如果我把《阿依达》的门票称作a，把《法尔斯塔夫》的门票称作b，把《茶花女》的门票称作c，我便可以说：我偏好a甚于b，偏好b甚于c。

行为的直接目标往往是取得一些可计算的和可测量的有形事物，这时，行为人势必会在几个可计算的数量之间做选择。比如，他偏好15r甚于7p；但是，如果让他在15r和8p之间做选择，他也许会偏好8p。要表述这件事，我们可以说，他认为15r的价值低于8p，但是高于7p。这个说法，类似于他偏好a甚于b，并且偏好b甚于c。以8p替代a，以15r替代b和以7p替代c，既没改变前一说法的意义，也没改变它所描述的事实。这种替代肯定不会让使用基数的计算成为可能，它没给经济计算和根据这种计算的心智操作打开任何可应用的领域。

第二节　价值与价格的基本理论中以物易物的虚构故事

经济理论的阐述如此依赖算术计算的逻辑推演，以致有一些经济学家未能意识到经济计算方法所涉及的根本问题。他们倾向于把经济计算视为理所当然的事情，他们没看出经济计算不是一个最终给定的行为因素，而是衍生出来的，因而需要追溯至一些更为基本的现象。他们误解了经济计算，误以为经济计算是人的一切行为必备的要素。他们忽略了这个事实：经济计算只是在某些特殊条件下才具备的行为要素。他们充分意识到这样一个事实：人与人之间的交换以及市场交换是通过共同的交换媒介——货币完成的，所以货币和市场价格是社会经济组织发展到某个阶段才有的特征，早期的原始文明没有这些特征，而在未来的历史变迁过程中，这些特征也可能会消失。[1]但是，他们没有认识到，各种财货的货币价格是经济计算的唯一媒介，因此，他们的大部分研究是无效的。即使是最杰出的经济学家，在某种程度上，他们的著作的价值也因为他们关于经济计算的观念所隐含的一些谬误而有所减损。

现代价值与价格理论表明，在人与人交换的场合，人们的选择——偏爱某些事物和舍弃某些事物会导致市场价格的出现。[2]这些精辟的阐述在一些细节描述上并不令人满意，而且往往因为用词不当而失色不少，但是，这些精辟的阐述在本质上是不可辩驳的。即使有需要修改的地方，也必须按照作者的本意尽心去推敲、改正，而不是全盘推翻作者的理论。

为了把市场现象追溯到"偏好 a 甚于 b"这个一般范畴，价值与价格的基本理论不得不作出一些假设。这些现实中不存在的假设是不可或缺的思想工具，有利于我们解释现实，除此之外别无他法。但是，科学研究的一个重要的问题就是避免对假设的不当利用而产生谬误。

---

[1] 德国的历史学派宣称，生产资料私有制、市场交换和货币都属于历史学的范畴。

[2] 参见庞巴维克的《资本与利息》（*Kapital und Kapitalzins*）。

价值与价格的基本理论除了作出一些我们稍后将讨论的假设外，[1]还假设市场中的所有交易都是以直接交换的方式完成的。即各种财货与服务都不通过货币进行交易，而直接与其他财货与服务进行交换。这种假设是必要的，我们只有忽略货币所扮演的交换媒介的角色才能意识到，人们最终交换的总是第一顺位的财货，货币只不过是人与人交换的一个媒介。但是，我们必须小心，以免陷入这个假设中的"直接交换市场"的陷阱中而产生一些谬论。

一些谬论之所以会产生而且难以消除，就是源于对这个假设中的直接交换市场的误解。该谬论想当然地认为，交换媒介只是一个中性因素。根据这个想法，直接交换和间接交换的差别只在于间接交换使用了交换媒介。于是，许多经济学者断言，货币介入交易对交易的本质没有任何影响。人们不能忽视这样一个事实：货币的购买力也会产生剧烈的波动，这些波动引发了整个交换体系的震荡。但是，有人认为，这种情况不是常态，只是市场现象的个例，是由不恰当的政策所导致的，而且只有"不好的货币"才可能导致这种震荡。此外，这些学者还误解了这些震荡的原因和结果，他们心照不宣地假设，货币相对于所有商品和服务的购买力变化是同时和同比例发生的。这当然是"货币中性"所隐含的意思。他们认为，市场交换理论只有在直接交换的假设下才能得以阐释。一旦这个目标达成，人们唯一要做的就是把货币"简单地塞进"直接交换的理论体系里；而且他们认为，市场交换理论最后的这个步骤是次要的，因为这

---

[1] 参见第十四章。

个步骤对于经济理论基本上没有任何影响。经济学的主要任务就是研究直接交换，除此以外，接下来要做的顶多是研究"不好的货币"所产生的一些问题。

按照上述想法，经济学家就不再重视间接交换了。他们对货币问题的研究是肤浅的，而且这种研究与他们对市场过程的研究主体之间的逻辑关系相当松散。在19世纪和20世纪交替之际，间接交换问题大致被置于次要地位。当时不少关于市场交换学的专论都只是偶尔或附带性地探讨一下货币问题；也有许多讨论货币和银行的书籍，但他们并未尝试将相关主题整合到任何关于市场交换的理论体系中。在英语系国家，各个大学还会开设讲授经济学和货币银行学的学科，而在德国的大学，货币问题几乎完全被忽视。[1] 直到后来，经济学家才意识到，间接交换领域存在一些重要和复杂的市场交换学问题，而未能充分重视这些问题的经济理论体系是有缺陷的，这令人遗憾。结果，对"自然利率"和"货币利率"关系的研究变得流行起来，货币的商业周期理论兴起并居于主导地位，而关于货币购买力变化的同时性与同比性学说则被完全扬弃，这些都标志着经济思潮有了新的基调。当然，这些新观念基本上延续了大卫·休谟、英国的通货学派、约翰·穆勒和凯恩斯等人和学派开启的辉煌研究。

---

[1] 对间接交换问题的忽视，无疑是一些政治成见的影响所致。人们不想放弃这样的论点：经济萧条是资本主义生产模式固有的弊病，绝不是企图降低市场利率的信用扩张导致的。时髦的经济学老师认为，把经济萧条解释为"完全"是货币和信用领域的事件所导致的一个现象，是"不科学的"。当时，即便是综合介绍商业周期理论史的著作，也完全不提及货币。参见欧根·冯·伯格曼的《国家经济研究》。

他们对假设中的直接交换市场理论产生了第二个错误，而且其造成的损害比前一个错误更为严重。

一个根深蒂固的谬论认为，人们用于交换的物品或服务的价值是相等的，而且价值是客观的，是各种事物本身固有的性质，不能表达不同行为人有多渴望获得它们。有些经济学者想当然地认为，人们会先使用一种测量方法确定财货与服务本身具有的价值量，然后再拿来和同一价值量的某些财货与服务进行交换。这个误以为价值是客观的且可测量的谬论，不仅使亚里士多德对经济问题的研究归于失败，而且在随后的近两千年时间内，也使那些所有把亚里士多德的观点奉为圭臬的学者的经济推理一概变得无效。结果，古典经济学家的非凡成就被严重低估了。现代经济学的基础在于，人们认识到，正是因为各个行为人认为用于交换的那些东西价值不同，才导致了交换。行为人之所以进行交换是因为他们认为出让的东西的价值低于所换取的东西的价值，因此，任何关于价值测量的观念都是没用的。在交换行为之前或伴随交换行为发生的过程中不会有任何可称为价值测量的程序发生。如果一个人赋予两样东西相同的价值（价值排序相同），那么交换就不会发生；但是，如果两样东西被赋予的价值不同（价值排序不同），那么我们可以据此判断说，a 的价值被认为比较高，或 a 被偏爱的程度高。价值和价值排序是内含量（intensive quantities），而不是外延量（extensive quantities），它们是不可能用基数予以表述或说明的。

然而，"价值是可测量的且在交易过程中实际上经过了测量"的错误观念是如此根深蒂固，以致即便是声名显赫的经济学家也不免为该观念所隐含的谬误所害。甚至连弗里德里希·冯·维塞尔（Friedrich von Wieser）和欧文·费雪（Irving Fisher）也理所当然地认为，必定有什么类似价值测量的东西存在，若果真如此，那么经济学就必须指出并且解释实际测量价值的方法。[1] 而大部分知名度不高的经济学家则干脆说，货币可以充当"价值测量的标准"。

现在，我们必须认识到，价值排序的意思是行为人偏好 a 甚于 b。就逻辑而言，就认识论而言，就心理学而言，以及就行为学而言，都只有这一种偏好模式。不管是某人偏好某个女孩甚于其他女孩，还是某人偏好某个朋友甚于其他朋友，还是某个业余画家偏好某幅画作甚于其他画作，还是某个消费者偏好一个面包甚于一块糖果，都是这样一种偏好。偏好总是意味着喜爱或渴望获得 a 甚于 b。正如爱情、友谊、同情以及审美和感受没有测量标准一样，所以，各种商品的价值也没法测量。如果某人用两磅奶油交换一件衬衫，对于这笔交易，我们只能断言，他在交易的那一刻偏好一件衬衫甚于两磅奶油。可以肯定的是，每一个偏好行为都有与其对应的心理感受（强度不同）。达到某一确定目标的渴望程度是有差别的，而且渴望程度决定了目标达成（行为成功）后会给行为人带来多少精神收获。但是，这种心灵层面的东西，只有行为人本人能感觉得到，它们完全是属于个人的，没有什么语言可以表述它们的强度，也没有什么语言可以将它们的相关信息传达给别人。

---

[1] 针对费雪的论述，米塞斯有一批判性的分析和驳斥，见米塞斯的《货币与信用理论》(*The Theory of Money and Credit*)，第 42—44 页；针对维塞尔的论述的分析，见米塞斯的《国家概论》(*Nationalökonomie*)，第 192—194 页。——译者注

世界上真的没有什么可以建构价值单位的方法。让我们记住，即使是两个单位的同一种财货，也必然会有不同的价值排序。在行为人心中，第 n 个单位的财货价值必然低于第 n−1 个单位的财货价值。

市场中存在货币价格，而经济计算是以货币价格为依据的。不同数量的各种财货与服务按照它们在市场上实际取得或预期取得的货币数量进入经济计算程序。所谓某个孤立的自给自足者或某个集体主义体系（一个没有生产资料市场的生产体系）的计划经济当局能够进行计算，不过是一个纯属虚构的假设。无论是谁，都没有办法把市场经济里的货币计算转化成某种可以在非市场经济体系里执行的经济计算；换言之，非市场经济体系下绝不可能进行经济计算。

价值理论和计划经济

一些计划经济者、制度学派学者和历史学派学者曾经指责经济学家，说他们对孤立的个人的思维和行为进行了不切实际的假设。他们说，这个假想的鲁滨孙·克鲁索模式对于研究市场经济毫无用处。这种指责在某种程度上有其合理性。一个孤立的人和一个没有市场交换的计划经济的假设必须借助另一个纯属虚构的假设才能说明问题，而这个假设就是：一个没有生产资料市场的经济体系也能进行经济计算。

有些经济学家并没有意识到市场经济和非市场经济两者之间的差异，这无疑是一个严重的错误。然而，计划经济者可没理由批评别人，因为这些经济学家所犯的错误恰恰是因为他们心照不宣地认定计划经济的社会秩序也能诉诸经济计算，所以，他们才会认为那些经济计划是可行的。

古典经济学家及其追随者当然不可能认识到这个问题。如果各种物品的价值真的取决于生产或再生产它们所需的劳动量，那么便不会有进一步的经济计算问题。我们不能仅指责那些支持劳动价值说的学者误解了计划经济体系的问题，因为这些学者最大的失败在于他们所坚持的价值理论站不住脚。他们当中有些人倾向于认为，计划经济是彻底实现社会组织改革的有效模式，这种想法源于他们所坚持的基本理论。但是，与古典主义经济学家的情况不同，现代经济学家未能意识到这个问题是不可原谅的。

维塞尔曾经说过，许多经济学家一直在不知不觉地论述全面计划经济体制价值理论，因此一直疏于论述关于社会现状的价值理论。[1] 他说得对极了，但可悲的是，他自己也没有避开这个问题。

许多人以为，在一个以生产资料公有制为基础的社会里，一个理性的经济管理秩序是可以实现的，这是一种幻觉。它的根源在于古典经济学家的价值理论基础，而它之所以根深蒂固，是因为许多现代经济学家未能一以贯之地把主观价值理论的根本定理推演到最终结论，也就是价值没法测量，遑论计算。于是，乌托邦理论就借由一些学派的思想缺陷产生并保存了下来。正是这些学派的错误思想使得全面计划经济体制思想茁壮生长。

---

[1] 参见弗里德里希·冯·维塞尔的《自然价值》(*Natural Value*)，第 60 页。

第三节　经济计算问题

　　行为人利用各种自然科学所提供的知识来阐述科学技术，以及将其应用于探讨行为科学领域的外部事件。科学技术能够告诉人们某一目标是否能够达成，以及怎样达成，如果行为人想要达成该目标需要使用哪些技术手段。随着自然科学的进步，科学技术也随之进步，许多人认为，人们对科学技术进步的渴望促进了自然科学的进步。自然科学的量化使得科学技术也可以量化。现代科学技术在本质上是一种应用技术，人们可以借此对行动的可能结果进行定量预测。在某种程度上，一个人可以测算出一些计划行为的结果，也能根据这种测算结果去行动，以便产生他想要的计量结果。

　　然而，除非所有生产手段，包括物质的和人力的都能按照一定的比例被完美替代，或者所有生产手段都是绝对特殊的，否则光有科学技术并不足以完成计算任务。在前一种情况下，虽然不同手段的"投入—产出"比例不同，但所有生产手段都适合用来达成所有的目的；又好像就只有一种手段——一种高顺位的财货。在后一种情况下，每一种手段只能用于达成一个目的，而且人们认为，每一组互补的生产要素的价值等于它们所生产的第一顺位财货的价值（这里，我们暂时忽略时间因素所导致的价值关系变动）。但是，在真实的世界里，这两种情况都不存在。各种手段只能在有限的条件下彼此替代，它们只适合达成某种具体的目的。但是，另一方面，大部分手段又不是绝对特殊的，它们都能达成不同的目的。实际上，手段有很多，有些手段适合达成某些目的，不适合达成另一些目的，或者绝对不能用于达成第三类目的,所以不同的手段有不同的用途。这些事实使得人们必须考虑怎样把它们配置到不同的用途上,好让它们发挥最大的作用。在这个环节,科学技术所应用的那种实物计算是无济于事的。科学技术可以用于处理各种可计算、可测量的外界事物及其影响力,它能测算这些外界事物的数量关系,却完全无法测量它们对行为人的各种需求和渴望有什么重要意义。科学技术领域是客观使用价值的领域,在判断问题时,它所采取的观点是一个中立的观察者在观察一些物理的、化学的和生物学的事件时所采取的那种公正客观的观点。主观使用价值的观念、从真实的人性的角度出发以及行为人的选择难题,在科学技术所教导的知识里,没有任何存在空间。它忽视了真正的经济问题:以某种方式使用现有的手段,却无法满足人们更迫切的需求,只因为适合满足该需求的手段被用于,准确地说是,被浪费在满足某个更不迫切的需求上;要解决这个问题,科学技术的那些计算与测量方法是不适用的。科学技术可以告诉行为人,某个目的可以利用哪些手段及其组合来达成,或现有的手段能用来达成哪些目的,但是,它不能告诉行为人,在无数可以想象和可能实现的生产模式中,他该选择哪一种。行为人想要知道,他们如何利用可供使用的手段,以便最有可能或者说最经济有效地消除他的不适感。但是,科学技术提供给行为人的,不过是关于外界事物之间的一些因果关系的陈述。例如,它告诉行为人,$7a+3b+5c+\cdots xn$ 的结果是 $8P$;但是,即使它知道各种第一顺位财货在行为人心目中的价值排序,它也不能确定,哪一个行动方案最适合用来达到行为人的目的。工程技术能确定怎样盖一座桥,以便在某个地点跨越某一条河,并且承受一定的负载量,但是,它不能回答,修这样一座桥是否会把所需要的物质类生产要素和劳动力从另一个能满足更迫切需求的生产中活动中抽走。换言之，它不能回答，那座桥该不该盖，盖在什么地方，有多大的负载量，以及选择哪种造桥方式。科学技术在各种手段之间所确立的关系，仅限于它们在达成某一目标时能互相替代，但是，行为人必然会发现所有手段之间的关系，不管这些手段多么不同，而且也不管它们在被用于实现目标时能否彼此替代。

对行为人来说，如果他不能在计划中引进各种财货与服务的货币价格，那么科技和从科技衍生出来的一些思考就没什么用处。如果工程师们不能在同一个基础上比较投入和产出，那么他们的项目和设计就是纸上谈兵。高高在上的理论家把自己关在实验室里，他不理会那些琐碎事务，他正在探索的是宇宙内不同元素之间的因果关系。但是，务实的人渴望尽可能消除不适感，以改善自身的处境，他得知道，在给定的条件下，他正在计划的方案是最佳方案还是只是一个解决问题的方法，从而可以使人们少点不适感。他必须得知道，与目前的事态相比，以及与（因为他在实施计划时吸纳了一些可用于其他计划的手段而导致其他计划无法实施）其他技术上可能实现的计划完成后的预期利益相比，他想要完成的计划的结果会不会有所改善。只有使用货币价格，才可以进行这些比较。

货币成为经济计算的媒介，并不是货币的衍生功能。货币是人们普遍使用的交换媒介，因为大部分财货与服务都能通过它在市场上进行买卖，而且只有在交易计算中，人们才能使用货币价格。市场上过去确立的货币和各种财货或服务之间的交换比率，以及未来预期确立的同一模拟交换比率，是经济计划的工具。没有货币价格，便不会有经济数量，而只有外在世界中各种不同的原因和效果之间的数量关系，这样人就没有办法确定什么样的行为最能帮助他尽可能消除不适感。

我们无须详述自给自足的农夫那种原始家庭共同生活的经济情况。这些农夫只进行非常简单的生产程序，不需要计算什么，因为他们可以直接比较投入和产出。如果他们需要衬衫，他们就种麻，然后纺纱、织布和缝衣服。他们无须计算，便能轻易确定：他们付出的辛劳是否可从劳动产品中得到足够的补偿。但是，对于现代文明的人类来说，回归这样的生活是根本不可能的事。

第四节　经济计算与市场

经济问题的量化处理，绝不能和人们在处理外界的物理、化学事件时所应用的那些计量方法相混淆。经济计算的特殊之处就在于，它既不是以可以测量的东西为基础，而且也和这种东西毫无关联。

一个测量程序旨在确立某一物体相对于另一物体的数值关系，测量的原点是空间维度的原点。借助于参照空间维度所定义的一个单位，人们可以测量能量与潜能，测量某一事物影响其他事物的程度，以及测量时间的经过。一个指针的读数可以直接表示某一空间关系，也间接表示其他性质。测量的基本假设是测量单位的永恒性，长度单位是所有测量的基石。有些人认为，只要是人都会认为长度单位是永恒不变的。

过去几十年间，物理学、化学和数学领域的传统认识论发生了革命性的变化。我们现在正处于某种创新的前夕,它们的影响范围很难预测。也许未来的物理学家将要面对的一些问题在某种程度上会类似于行为学必须处理的那些问题。也许他们将来不得不抛弃这样的想法:有某个不受宇宙变化影响的东西,观察者能利用它作为一个测量标准。但是,不管将来的物理学思想会有什么变化,在肉眼可见的或摩尔实体物理学领域,对于地球上任何实体的测量来说,其逻辑结构是不会改变的。在微观物理学领域,测量也是利用米尺、千分尺、光谱仪,通过观察者、实验者并不敏锐的感觉器官来完成的。[1]它脱离不了欧几里得几何定理,也脱离不了永恒不变的标准。

市场上有各种货币单位,人们买卖各种经济财时也有可测量的物理单位,而人们买卖服务时也有这种单位。但是,行为学必须处理的,是那些不断变化的交换比率,这些交换比率不是固定不变的,它们无法进行任何测量。在确定了铜的重量后,物理学家会把测量结果称作一个事实,但市场上的交换比率不是这种意义上的事实,它们是历史事件,是在某一确定的时间与某些确定的情况下曾经发生的事情。同一数值的交换比率也许会再出现,但是,谁也无法保证这种事情必定会发生,就算真的发生了,谁也不能确定相同的交换比率是不是因为相同的情况仍然存在所致,或是因为再次回到和过去相同的情况所致,抑或根本是另一组不同的价格决定因素互动所致。行为人在进行经济计算时所应用的那些数字指向的不是什么被测量的数值,而是对未来市场上实现的交换比率的预期,因为一切行为都朝

---

[1] 参见爱丁顿的《物理学的哲学》(*The Philosophy of Physical Science*),第70—79页,第168—169页。

向未来，而对行为人来说，也只有未来才是重要的。

我们此时此刻探讨的不是某种"计量经济科学"的问题，而是行为人在应用计量方法分辨各种可选项的利弊以计划未来的行为时，究竟发生了什么样的心智程序。由于行为永远旨在影响某一未来的事态，所以经济计算永远面向未来。即使他考虑了过去的事件和过去的交换比率，那也完全是为了安排未来的行为。

行为人应用经济计算希望完成的任务是借由投入和产出的比较，以确立行为的结果：通过经济计算估计未来行为的预期结果，或者确立过去行为的结果。但是，后者的目的并非只是用来吸取历史教训，它的实际意义在于向行为人展示，在不损害未来生产能力的条件下，他现在可以自由支用多少财货用于消费。正是为了解决这个问题，经济计算的一些基本概念，如资本与收入，利润与损失，支出与储蓄，成本与收益才发展出来。这些概念和它们所衍生出来的其他概念的实际应用，和某个市场的实际运作是密不可分的。在该市场中，所有顺位的财货与服务都可以和某一普遍使用的交换媒介（货币）相交换。在一个每个人的行为结构都不同的世界里，所有经济计算的相关概念都只是空谈，对人的具体行为毫无意义可言。

第十二章 经济计算的范围

第一节 货币记录的性质

经济计算涉及每一件与货币相交换的事物。

财货与服务的价格，要么是关于过去事件的历史资料，要么是关于未来事件的预测。过去的价格信息所传达的是这样的知识：某次或某几次人与人的交换是按照某一个交换比率进行的。过去的价格信息不会直接传达任何关于未来价格的知识。我们时常假定，在刚刚过去的一段时间内决定价格形成的市场情况在不久的将来不会有任何变化，或至少不会有太大的变化，所以价格也将保持不变，或只会稍微改变。如果相关的价格是许多行为人互动的结果（这些人只要认为交换比率合适，便准备进行买卖），而且，如果市场情况在过去并未受到意外的、特别的和不可能再次发生的情况的影响的话，那么这样的假定或预期就是合理的。然而，经济计算的主要任务，不是处理恒常不变或仅轻微改变的市场情况和价格问题，而是处理市场情况和价格的变化。行为人可能会对外界的变化做出预测，并调整自己的行为去适应预期的外界事态；他也可能想实施某种势必会改变外界事态的计划——即使没有其他因素会引起事态变化。无论如何，对行为人来说，过去的价格只是他努力预测未来价格的起点。

历史学家和统计学家只想收集过去的价格，而务实的人则关心未来的价格，无论是下一个小时、明天或下个月。对务实的人来说，过去的价格有助于预测未来的价格；不管他是致力于估算某些计划行为的结果，还是尝试确定过去交易的结果，他最关心的都是未来的价格。

在资产负债表和损益表里，过去行为的结果显示为所有者权益在报告期以货币当量表示的期初和期末的差额（总资产减总负债），以及报告期以货币当量表示的总应付成本和总应收收入之间的差额。在这些财务报表里，必须记录所有资产与负债项目（除了现金）的货币当量估计值。这些项目的核算应该按照它们未来可能售出的价格来估计，或就某些项目而言——尤其是生产设备，应该参照随着它们的投入而制造出来的商品的预期售价来估计。然而，商业惯例、商法和税法的一些规定已经导致人们偏离了追求尽可能正确的会计原则。这些习惯和法律与其说是在关心财务报表的正确性，不如说是在关心其他目标。商法订立的一个目的是通过会计方法来间接保护债权人免受损失。它一般倾向于将资产估价压低至估算的市场价值以下，以便使得净利和所有者权益看起来少于它们的实际数量。这样的话，便会有一笔安全储备被创造出来，以降低可能使债权人蒙受损失的危险，比如，企业主可能从企业提取太多所谓利润而损害企业的债权人利益，或某个已经资不抵债的企业还在继续经营，直到它用尽了所有可用来偿付债权人的手段。相反，税法往往倾向于规定一种使企业利润看起来比公正的估算还要高明的计算方法。这种方法的用意在于，一方面提高有效税率，另一方面则维持名义税率不变，以掩盖实际税率提高的事实。所以，我们必须区分，商人在计划未来的交易时所应用的经济计算，和那些为了其他目的而采用的关于交易事实的计算方法。应付税款的确定方法和经济计算是不同的。如果某条法律规定，雇佣一个男仆的应纳税额等于雇佣两个女仆的应纳税额，人们除了认定这是一个可以确定应付税额的方法外，不会有其他意义。同样，如果某条关于遗产税的法律规定，证券应该按照被继承人死亡当天的证券市场报价来估算其价值，该条法律除了提供一个可以确定遗产税的方式外，并没有别的意思。

　　按照正确的会计原则适当记录的账册与报表，在金钱数目上是精确的，它们所展现的精确度令人印象深刻，每个项目数值的精确性可以打消所有人的疑虑。然而，事实上，它们当中最重要的一些数值是关于未来市场形势的预测。把任何商业账册里的数值和纯粹的科技计算，比如设计制造一部机器时所使用的那些数值相提并论，是一个错误。工程师就其工作中所使用的技巧而言，只会应用自然科学实验方法所确立的数值关系；而商人会不可避免地使用一些数值，这是他尝试了解人们未来行为的结果时所得出的结论。在资产负债表和损益表里，主要的工作是对一些非现金资产和负债项目进行估价。所有的报表实际上都是期中财务报告。它们在任意选定的时刻，尽可能正确地捕捉企业当时的运营状况——尽管生活与行为是持续不断变化的。个别企业可能会结束运营，但整个社会生产体系不会停顿。即使是现金资产和负债项目也免除不了所有会计项目固有的不确定性，它们依赖未来市场形势的程度不亚于任何存货或设备。因此，企业会计账册和计算在数值方面再精确，也不能阻碍我们看清一个事实：账上那些数值和所有以那些数值为基础的计算，在本质上是不确定的，是被推算出来的。

然而，这些事实并不会损害经济计算的效率。经济计算最有效率，也没有什么改革能提高它的效率，它能为行为人提供数值计算能给予的所有帮助。它当然不是一个完全掌握未来情况的手段，所以行为的投机性质不会因它而消失。但没有人会认为这是一个缺陷，除非他还没意识到，生活其实并非固定不变的，所有事物永远都在变化，人们并不能完全知道未来的情况。

经济计算的任务不是让人获得更多关于未来的信息，它的任务是帮助行为人调整其行为，使其行为尽可能适应他现在对未来的需求满足情况所持的看法。为了达到这个目的，行为人需要一种计算方法，这种计算方法需要一种所有纳入计算的项目都可以参照的共同项。经济计算的共同项就是货币。

第二节　经济计算的一些限制

经济计算不能运用于不能通过货币进行买卖的事物。

有些事物是不供出售的，要获得它们，人们必须付出的代价既不是金钱，也不是可以换成金钱的事物。一个人若想把自己训练成一个拥有伟大成就的人，就必须使用许多手段，其中有些需要支付金钱。但是，还有一些事物却不是金钱能买到的，也不是努力就能获得的，如名誉、美德、光荣，以及活力、健康和生命本身在行为中所扮演的角色，它们既是手段，也是目的，但是，它们不在经济计算之列。

有些事物根本不能以金钱估价，而有些事物虽然能以金钱估价，却只涉及其价值中的一部分。对一栋老旧建筑进行估价则必须忽略它在艺术和历史方面的价值——这些特性不是金钱收入的来源或可贩卖的商品。某一事物，如果只是触动了某个人的心灵，吸引不了别人愿意为之付出代价，那么它只能留在经济计算的范围之外。

然而，上述情况不会减损经济计算的有效性。那些不能列入会计项和不能用于计算的事物要么就是行为的目的，要么就是第一顺位的财货。人们无须计算便能完全认可它们的重要性，行为人只需要拿它们和取得或保存它们的总成本相比较，便可做出选择。让我们假设，某个城镇议会必须在两个供水计划之间做选择，其中一个计划是必须拆除某一处历史名胜，而另一个计划则不必将其拆除，不过必须以增加一笔金钱支出为代价。那种倾向于把历史名胜保留下来的情感不能用金钱来估价，然而，这个事实丝毫不会妨碍议员做某一决定。正因为这个事实，那些没被任何货币交换比率反映出来的价值，反而被提升到一个独特的地位，使得人在做决策时更容易。有人悲叹，市场的计算方法排除了不可买卖的事物，但没什么比这更没道理了：道德价值以及审美价值，不会因为它们不可买卖而蒙受任何损失。

货币、货币价格、市场买卖行为以及以它们为依据的经济计算，成为某些人的抨击对象。喋喋不休的布道家将西方文明贬抑为卑鄙的商贩体制。骄傲自大、自以为是以及虚伪的人兴高采烈地嘲讽这个时代的"铜臭味哲学"。神经质的社会改革家、心态不平衡的文人墨客以及野心勃勃的煽动家，以指责"理性"和宣扬"非理性"的福音为乐。在这些胡言乱语的人眼里，货币和经济计算是罪恶之源。然而，事实上，人们只是找到了一种方法，以使自己尽可能明白某个行为是否合宜，或者该行为是否能以最实用和最经济的方式消除不适感；而且，该方法也不妨碍任何人按照各自认为正当的原则去安排自己的行为。证券市场和企业会计的"唯物主义"，并不妨碍任何人恪守托马斯·肯皮斯（Thomas à Kempis）的生活方式或为某一崇高的事业牺牲性命。大众偏好侦探小说甚于诗篇，因而写作侦探小说比创作诗篇更为有利可图，这固然是事实，但这却不是使用货币和货币计算所导致的结果。这世界上有流氓、小偷、杀人凶手、娼妓、易腐败的官员和法官，这也不是货币的过错。认为"诚实划不来"的看法是不对的。对于那些宁可忠于自认为正当的原则，也不愿屈就另外一种态度而获利的人来说，诚实永远是划得来的。

另外，那些抨击经济计算的人没有意识到，经济计算只是一个专供特定人士使用的方法，这些人生活在一个以生产手段私有制为基础的社会秩序里，并且他们在分工的经济体制下行动。经济计算有助于且只有助于在这种社会秩序和这种制度背景下的那些人或团体思考他们的问题。因此，它是一个计算"私有利润"，而不是计算"社会福利"的方法。这就是说，对经济计算来说，市场价格是最终的事实和标准。对于行为问题，如果考虑的标准不是市场里实际的消费者需求，而是管理整个国家或世俗事务的某个独裁团体所假设的价值，那就不能使用经济计算。一个人若想从某个自称"社会价值"的观点，即从所谓"整个社会"的观点来评判行为，或者想以他自己的意志为最高决策并以由此形成的计划经济体制中某个虚拟情况为标准来评判行为，那也用不上经济计算。以货币价格为依据的经济计算，是企业家的计算，这些人组织生产活动，以产品供应市场里的消费者。对于其他事务来说，经济计算是无效的。

一个人若想使用经济计算，就绝不能用专制君主的心态来看待事物。可以使用价格计算的是资本主义社会里的企业家、资本家、地主和赚取工资的人，在这些人所追求的事物之外，使用经济计算是不合适的。按货币当量估计那些没在市场上买卖的事物的价值或使用没有任何现实参照物的数值来计算，是没有意义的。法律可以判决某人应该支付多少金额作为他造成某个人死亡的赔偿，但是，这个为了一定的赔偿金额而制定的法律并不表示人命有一个价格。在实行奴隶制度的地方，奴隶有市场价格；在没实行奴隶制度的地方，人命和健康是不可买卖的。在自由人的社会里，保全生命和健康是目的，不是手段，因此，生命和健康不能进入任何涉及计算手段的程序。

根据货币价格确定一些人的总收入或总财富，可能是有意义的，但是，计算一国的收入或一国的财富是没有意义的。在市场社会中行动的个人有一种特别的思维逻辑，一旦我们开始考虑一些和这种思维逻辑无关的事项，货币的计算方法就再也帮不到我们了。尝试以货币去衡量一国或全人类的财富，与神秘主义者所认为的只要努力琢磨埃及齐奥普斯金字塔的尺寸和角度便可解开许多宇宙之谜，是一样的荒唐幼稚。如果某个商业计算将一定数量的马铃薯的价值定为一百元，也就是说，该数量的马铃薯可卖一百元，或者说用一百元可购入相同数量的马铃薯。如果某一企业被整体估价为一百万元，也就是说，某人预期可按此金额卖出该企业。但是，一国之总财富报表里的那些项目是什么意思呢？这种计算的最终结果有什么意义呢？什么项目该列入计算，什么项目不该列入？该不该列入该国的"气候价值"？该不该列入该国人民的天赋以及后天学到的技巧的价值？商人能把他的财产换成货币，但是，一个国家不能。

用于指导行为和经济计算的那些货币当量是货币价格，即货币和其他财货与服务的市场交换比率。价格不是人们依据货币测得的数值，价格包含在货币中。价格，要么是过去的价格，要么是预期的未来价格。一个价格必然是一个事实，它若不是过去的事实，就是未来的事实。价格的性质不容许人们拿它和测量物理、化学现象相提并论。

第三节　价格的易变性

交换比率是不停变动的，因为形成交换比率的那些条件永远在变化。某个人所确定的货币价值以及各种财货与服务的价值，是他在某一时刻选择的结果。未来的每个时刻都可能产生一些新事物，并引发他新的思考，从而导致不同的价值选择。公平地说，我们需要解释的问题不是"价格在变化"，而是"价格居然没有变动得更快、更频繁"。

日常经验告诉人们，市场上的交换比率是不断变化的。有人也许会以为，人们对于价格的想法会充分考虑上述事实，然而，在生产与消费方面，以及在营销过程与价格方面，所有流行的观念都或多或少沾染上"价格刚性"这个含糊而又矛盾的观念。一般人倾向于认为，保持昨日的价格结构既是正常的，也是公平的，而且他们还否定交换比率的改变，说它违反了自然法则与公正原则。

如果把这些流行的观念解释为"在生产与营销情况比较稳定的年代所形成的旧观念累积的结果"，那将是错误的。值得怀疑的是，过去年代的价格是否没有多少变化？相反，我们可以说，许多地方性市场会逐渐合并，从而形成比较大的国内市场，最后出现一个全世界范围的市场，再加上商业发展不断导向消费者，已经使得价格变动趋于稳定。当然，在前资本主义时代，科学技术与生产方法比较稳定，但是，不同的地方性市场的产品供应情况，以及各地不同的需求变化并没什么规律性可言。即使很早以前的价格确实稍微稳定一些，到了我们这个年代，以前的事实也起不了什么作用了。现在流行的那些关于货币和货币价格的观念不是源于过去形成的观念，把它们解读为好几代遗留下来的东西肯定是错的。在现代社会，每个人每天都会面对大量的买卖问题，但我们有把握地说，对于这些问题，每个人的想法不会只是他们不假思索地接受传统观念的结果。

我们很容易理解，那些因价格变动而暂时受到损失的人为什么会怨恨价格变动，为什么会强调先前的价格不仅比较公平也比较正常，以及为什么他们会主张价格稳定合乎自然规律与道德法则。但是，每一次价格变动都会有利于一部分人的暂时利益，那些受惠的人肯定不会强调价格刚性的公平性和价格的常态。

无论是好几代人以前的记忆，还是自私的集团利益形态，都不能解释为什么关于价格稳定的观念这么流行。其实，这种流行观念的根源在于这样的事实：人们向来按照自然科学的模式建构有关社会关系的各种理论。有些经济学家和社会学家企图按照物理学或生理学的模式打造社会科学，他们只不过是早已习惯用一般民众习以为常的谬论去思考社会问题罢了。

古典经济学家迟迟未能从这个错误中解脱出来。他们认为，价值是一种客观的东西，即价值是一种外部世界现象，是事物固有的一种性质，所以是可测量的。他们完全不能理解价值判断是纯粹人为的唯意志论。据我们所知，最早揭露人们偏好某样事物甚于其他事物究竟是怎么一回事的人，是塞缪尔·贝利（Samuel Bailey）。[1] 但是，他写的书与其他主观价值理论研究的先驱者的著作一样，被当时的人们忽略了。

从行为领域中铲除"价值是可度量"的谬论不仅是经济理论的一个艰巨任务，同样也是经济政策的一个艰难任务。当今许多经济政策之所以失败，在某种程度上可归因于令人遗憾的观念混淆，而混淆的源头就是人们普遍认为，人际关系里有某种固定的、可测量的东西。

---

[1] 参见塞缪尔·贝利的一篇论文——《论价值观的性质、衡量标准及成因》（"A Critical Dissertation on the Nature, Measures and Causes of Values"）。（伦敦经济学院《经济学和政治学的危机》第 7 期，伦敦，1931 年）。

第四节 稳定化

所有这些错误观点导致的一个结果就是"稳定化"的观念。
政府在处理货币事务时所犯的诸多错误，以及企图通过信用扩张压低利率、鼓励企业活动的政策所造成的灾难性后果，使得人们产生了一些想法，并终于形成了"稳定化"这个口号。我们能解释它的出现和它对大众的吸引力，我们可以把它理解为过去 150 余年货币银行史的结果，甚至能在某种程度上提出一些辩解理由，为它所涉及的错误申辩。但是，这种理解再深刻，也丝毫不可能使谬论站得住脚。

"稳定化方案"想要达到的目标是空洞而又矛盾的。人采取某种行为的冲动，或者说，人改善生活条件的冲动是与生俱来的。人，时时刻刻在改变，他的价值取向、意愿与行为也会跟着改变。在行为领域，没有什么是永恒的，除了变化。在这变化中，除了行为的那些永恒而又先验的元素，没有什么是固定不变的。只有无聊的人才会把价值取向与行为以及人本身的不稳定性与行事作风的易变性切割开来论述。在他们的心目中，世界仿佛有一些永恒的价值独立于人的价值判断之外，并且这些价值还适合当作某种标准来衡量真实的行为。[1]

所有建议用来测量货币单位购买力变化的方法基本上都不经意地建立在一个虚幻的想象上。这个虚幻的想象认为这个世界上有一个永恒不变的生灵使用某一固定的标准来确定一单位

---

[1] 人心似乎倾向于认为，僵化与不变是根本的，而改变与移动则是偶然的。参见亨利·伯格森（Henri Bergson）的《思想和运动》（*La Pensée et le mouvant*）第 85 页。

货币会给它带来多少满足。为这个欠考虑的观念进行辩护，说这样做只是为了测量货币购买力的变化，实在是一个拙劣的理由，因为稳定观念的核心就在于这个购买力概念。外行人囿于物理学观念，曾经认为货币是测量价格的标准。他们认为，交换比率的变动只发生在不同的财货与服务的交换关系上，而没有发生在货币和"全体财货与服务"之间的交换关系上。后来，人们把这种想法颠倒过来了，人们不再认为货币的价值不变，而认为不变的是可以买到或卖出的东西的"整体价值"。人们开始寻找一些方法，构思一些复杂的商品单位，以便和货币单位进行比较。由于热切渴望找到一些指数来测量货币的购买力，对于货币测量方法的所有质疑都遭到压制，人们所采用的价格记录是否可疑，是否可以用来比较，以及用来计算各种平均数的那些程序是否只是武断的设想？所有这些质疑也都被置之不理。

声名显赫的经济学家欧文·费雪是美国稳定化运动的提倡者，他拿美元和家庭主妇在一定时间内为供应全家生活而在市场上购买一篮子商品相比。购买一篮子商品所需要的货币数量的变动比例，就是美元购买力的变动比例。稳定化政策的目标，就是要维持购买一篮子商品的货币支出固定不变。[1]如果该家庭主妇以及她购买的一篮子商品都是固定不变的元素，并且假设该篮子总是包含相同种类的商品，且每一种商品的数量总是相同，而且该篮子中的商品在家庭生活中所产生的作用永远不会改变，那么这样的比较程序或许不会有什么大错（费雪假设）。但是，在我们所生活的世界，这些条件没有一个是成立的。

---

[1] 参见欧文·费雪的《金钱幻觉》(*The Money Illusion*)（纽约，1928年），第19—20页。

首先存在的一个事实是，许多商品质量的差异性变化并非跳跃式的，而是连续的。认为所有小麦都相同是不对的，更不用说鞋子、帽子和其他商品。比如，按照通俗语言和统计模式被归为同一类的商品，它们在同一时间的销售价格会有很大的差异。俗话说，……像两颗豌豆一模一样，然而，买方和卖方都会分辨不同质量与等级的豌豆。某些商品在科技生产或统计模式上也许名称相同，但对它们在不同地方或不同时间的销售价格进行比较是没有意义的，除非在不同的购买地它们的质量是完全相同的。这里的"质量"指的是，购买方（或潜在购买方）会在意或注意到的那些性质。所有第一顺位的财货与服务的性质都会改变，仅这一事实便足以推翻所有确定价格指数方法的假设。数量有限的较高顺位的财货，尤其完全由其成分或配方所决定的金属和化学品的性质，它们的特征很容易被精确描述出来，这固然是事实，却是不相干的事实。想要测量货币的购买力，就必须依赖第一顺位财货与服务的价格，而且是所有这类财货的价格。使用生产财价格是无济于事的，因为这避免不了会把同一消费财在不同生产阶段的价格重复计算好几次，从而得到扭曲的不实结果。若只挑选其中几项商品去计算价格指数，这又是武断的，所以不是正确的做法。

但是，即使没有以上这些不能克服的障碍，计算货币购买力这个问题也是无解的。因为不仅商品的功能会改变，新的商品也会出现，而许多旧商品也会从市场上消失。消费者的价值取向也会改变，从而导致需求和生产改变。测量货币购买力的那些假设要求人们的需求和价值取向固定不变，只有当人们永远按照相同的方式评价相同的事物时，我们才可能认为价格变动可以表示货币购买力的变化。

由于人们不可能收集到消费者在一定时间内购买消费财的总金额，统计学家不得不转而研究购买个别商品所支付的价格。这引发了两个新问题，而且这两个问题都没有答案。因为在测算中使用的是个别商品的价格，所以必须给它们乘上一个表示重要性的权数。如果不考虑各种商品在各个家庭支出结构中所扮演的角色，就让各种商品价格进入指数计算程序，那显然是不正确的。但是，无论他们怎样推敲和确定各种商品的权数，他们测算出的结果都只是一个武断的结果。接着，平均数必须根据收集且调整过的价格数据算出，而平均数则有许多不同的计算方法，有算术平均数、几何平均数、调和平均数，还有称作中位数的准平均数。不同计算方法得出的结果不同，而且这些方法中没有哪一个在逻辑上能被承认是无懈可击且唯一的方法。因此，无论他们选择哪一个作为计算方法，都是他们的武断决定。

如果所有人的情况都是不可改变的，如果所有人因为他们的不适感以及他们对于如何消除不适感的想法是固定不变的而总是重复相同的行为；或者如果我们假设，当这些因素在某些个人或群体身上有所变化时，总是会被其他个人或群体身上的相反变化所抵消，不至于影响总需求和总供给，那么我们将活在一个稳定的世界中。但是，在这样的世界中，说货币购买力可能会改变本身就是一个矛盾的想法。我们稍后将证明，货币购买力的改变必然会在不同时间以不同的程度影响不同的商品与服务的价格，因此，货币购买力的改变必然会导致需求与供给以及生产与消费的改变。[1]在各项条件不变的前提下，价格

---

[1] 参见第十七章第四节。

水平这个不当术语所隐含的观念——所有价格都能均匀地上涨或下跌，是根本站不住脚的。因为，如果货币购买力改变，各种价格不可能相同。

在行为学和经济学领域，测量的概念毫无意义。在假设一切都不变的情况下，没有什么改变可供测量。在实际多变的世界里，没有什么固定的点、尺度或关系可以作为测量的标准。相对于所有可以买卖的事物，货币单位购买力的改变从来都不是均匀变化的。如果稳定化不是指处于一个固定的状态与保持这种状态，那它便是一个空洞的概念。然而，这个所谓固定不变的状态甚至连一以贯之地推衍到最终的逻辑结果都不可能，更不用说能实现了。[1] 凡是有行为的地方，就会有改变，行为是带来改变的工具。

统计学家和统计当局在计算货币购买力和消费指数时所展示出来的那种装腔作势的庄严肃穆，其实和他们的实际作为是不相配的。这些指数充其量不过是对已经发生的变化提出的一些不准确的说明。在货币供需关系缓慢变化阶段，这些指数根本传达不了什么信息；而在通货膨胀导致价格剧烈变动阶段，它们也只提供一个关于事态变化的大概印象，在它们被算出并公之于众之前，每个人便已能观察到这种事态的变化了。一个识字的家庭主妇对于价格变动对她的家庭的影响——这种亲身感知的价格形势变化所传达的信息远远超过所有统计出来的平均数带给她的信息。就算价格被列入计算，忽略她可以购买的商品在质量和种类方面的变化，那么，对她来说这种指数计算

---

[1] 参见第十四章第五节。

也是没什么用处的。如果她选取两三种商品作为标准去"测量"价格变动，那么她得出的结论和那些专业学者通过分析市场所得出的结论相比，没有太大的差别，因此也不能说家庭主妇的方法是不科学的、武断的。

在实际生活中，没有哪个人会容许自己被指数愚弄，没有哪个人会将它们视为关于测量标准的神话。一般来说，在某些涉及测量数据的场合，人们对于数字的疑虑与纷争不会太大，相关问题都被解决了。没有哪个人会和气象专家争辩温度、湿度、气压和其他气象方面的测量数据。但是，如果某个指数即便被大众所承认，一个人无法预期自己可以以此获益，那么这个人也不会认可这一指数。指数的确立并不会解决纷争，它只是把纷争转移到了意见与利益更难以调和的某个领域。

人的行为带来改变。只要有人的行为，便不会有稳定可言，有的只是不停地改变。历史过程就是一系列的改变。人没有能力使历史停滞不前，也没有能力创造一个使所有历史都静止不动的稳定年代。人的天性就是追求更好的生活，想出一些新观念，并按照这些新观念重新安排生活。

市场价格是历史事实，它表示的是在不可逆的历史过程中，在某个确定时刻曾经流行什么样的事态。在行为学领域，测量的概念没有任何意义。在假想的，当然也是不可能实现的稳定状态下，没有什么可供测量的变动因素。在不断改变的现实世界中，没有固定的点、对象、性质或关系可以作为测量变动的依据。

第五节　稳定化观念的根源

经济计算不需要以稳定化运动提倡者所称的币值稳定作为先决条件。固定不变的货币单位购买力是不可想象的，也是不可能实现的，但这个事实不会影响经济计算这种方法的应用。经济计算需要的是一个没被政府干预和破坏，并能正常运行的货币体制。那些为了增加政府支出或者为了暂时引导利率下降而尝试扩大货币流通数量的政策行为干扰了通货体制的正常运行，影响了经济计算结果。货币政策的首要目标是杜绝政府搞通货膨胀，杜绝政府创造条件鼓励银行去扩张信用，但是，这种政策与那种自相矛盾的购买力稳定政策完全不同。

经济计算能发挥作用的唯一条件是，避免货币供给突然发生大幅度变动。金本位制和19世纪中期以前的银本位制就很适合经济计算的所有目的。贵金属的供需关系变化及其导致的购买力变化在当时是如此缓慢，以致企业家的经济计算即使忽略这些变化，也不会错得太离谱。经济计算是不可能百分之百精确的，更不用说那些未能适当注意货币变动而引起的问题。[1]商人在计划未来的行动时，不得不用上一些像谜一样的未来数据，因为他的计划涉及未来的价格与未来的生产成本。会计和记账法在尝试确定过去行为的结果时也和筹划未来的情形一样，

---

[1] 顺便说一下，任何实用的计算一定不可能是精确的。计算程序所依据的公式也许是精确的，但是，计算本身所依赖的是一些数量的估计值，所以必然是不精确的。正如前文已表明的（见第二章第三节），经济学是一门关于真实事物的精确科学。但是，一旦价格数据进入思想推演程序，其精确性就被抛弃了，这时，经济史便取代了经济理论。

都只依赖生产设备、存货和应收账款的估计值。尽管存在这些不确定因素，经济计算还是能完成任务，因为这些不确定因素并非源于计算方法本身的缺陷，它们是行为所固有的东西，因为行为总是在处理不确定的未来。

购买力稳定的观念并非源于人们试图使经济计算更正确，产生该观念的根源是人们希望创造出一个与不断变化的世俗人间相区分的领域，一个不受历史进程影响的领域。为了使某个教会团体、慈善机构或家族基金永远存在，人们在很早以前是以捐赠土地或交付实物（农产品）的方式进行的，后来则加入了以货币给付的年金模式。赠予人和受益人都希望能以一定数量的贵金属去核定年金会不会受到经济条件变动的影响。但是，这些希望其实是虚幻的，后来的人发现他们祖辈的计划并没有实现。受到这种经验的刺激，人们开始研究怎样才能达成他们的目的，于是，他们着手测算货币购买力的变化，并且试图消除这种变化。

在各级政府启动长期不可赎回和无期贷款政策后，这个问题变得更为重要。国家，这个被神圣化的新神，这个没有沾染任何尘世弱点的永恒超凡机构，给公民提供了一个机会，让个人可以把财富放在既安全又可以享有稳定收入的地方，而且不受世事变迁的影响。它开辟了一条道路，使得个人不再一次又一次地为了取得财富或获得收入而天天在资本主义市场里承担风险。一个人若是把资金投资在政府及其所属单位发行的债券上，就不再受制于不可避免的市场法则和消费者至上的权力。换言之，他不再需要担心他的投资方式是否最能满足消费者的需要和愿望。他是安全的，他得到了政府的保护，不需要面对市场竞争的风险，无须担心自己会因为无效率而遭受财富损失的惩罚；永恒的国家已经把他纳入羽翼之下，保证他不受干扰地静享他的资金收益。此后，他的收入将不再源于以尽可能好的方式满足消费者需求的市场过程，而是源于国家这个强制与胁迫机构所征收的税收。他不再是同胞的服务者且受制于他们的至高权力，他是政府的一个伙伴，他和政府一起统治人民，他们一起向人民强取"贡品"。政府支付的所谓利息要低于市场的利率，但是这个利息差额与国家无可置疑的偿债能力相比，不值一提。作为债务人的国家，其收入不靠满足公众的需求获得，而是靠强迫公众纳税获得。

尽管早期的公债经验并不美好，人们还是倾向于信任19世纪的现代化国家。当时的人们普遍相信，新国家将严格履行自愿签订的债务契约。资本家和企业家充分意识到一个事实：在市场社会里，除了每天同所有人竞争财富外，其实没有别的办法保护自己已经取得的财富，这些竞争者既包括已经存在的企业，也包括小本经营的新企业。企业家会因逐渐老去而心力不足，他也不再倾向于拿辛苦积攒的财富做赌注尝试以新的方式满足消费者的需求，而一些富家子弟在继承财产后，因为充分意识到自己既懒惰又能力不足，因而会偏好投资于政府公债，因为他们都希望从市场法则中解脱出来。

现在，不可赎回的无期公债是以货币购买力的稳定为先决条件的。虽然国家及其强制力也许是永恒的，但公债所支付的利息却不见得是永恒的，除非它是按某一不变的价值标准进行支付的。这样，为了安全起见，这些避开市场、避开企业家才能、避开投资自由企业而偏好政府公债的投资者，再度面临所有人间事务的易变性问题。他发现，在一个市场社会的框架里，没有不依赖市场的财富空间，他想奋力寻找一个永不枯竭的收入来源，结果失败了。

在这个世界上，没有稳定与安全这种东西，而人的努力也没有强大到足以创造出这种东西。在市场社会中，除了不断成功地为消费者提供服务以外，没有别的办法可以取得并保持财富。国家既能够让其管辖下的人民纳税，也能够借到资金。然而，长期而言，即使是最坚定不移的政府，也不可能违抗决定人的生活与行为的那些法则。如果政府把借来的资金投资到最符合消费者需要的一些生产事业上，又如果政府在这些生产活动中，成功地和所有私人企业家进行自由和公平的竞争，那么它就和商人没什么两样。政府能支付利息是因为它获得了利润，但是，如果它的投资没有获得成功，没有获得利润，或者它把借来的钱用在日常支出上，那么，它借来的资金就会萎缩或完全消失，而且它也没能开发新财源来支付利息和本金。于是，向人民课税变成唯一可用来履行借贷契约的办法。政府要求人民纳税以应付这种支出，等于是要求人民为政府过去所浪费的金钱负责。人民所纳的税没有获得政府提供的任何当期服务作为回报，而是作为利息由政府支付给已经消耗掉（所以不再存在）的资本。于是，国库承担了先前政策的不幸后果。

在某些特殊情况下，政府通过发行公债筹款有充分的理由。当然，战争贷款的理由是荒谬的。进行一次战争所需的一切物资必须由限制民众消费、用掉一部分民众以前累积起来的资金以及要求民众更努力工作等手段来提供。战争的全部负担落在生活在战时的这一代人的肩膀上，而他们的后代受到的影响仅限于，他们从先辈手中继承到的财富少于在没有战争的情况下可继承到的财富。以贷款资助战争花费不至于把负担转移到后代身上,这仅是一种在民众中分配负担的方法。[1]如果全部战争费用都由税款提供,便只有流动性财源的拥有者才可能被征税,其他人则不会有所贡献。短期贷款可以消除这种不公平,因为它让政府有比较宽裕的时间对固定资本的拥有者进行公平的估价,以便向他们征税。

在市场社会的框架里,长期公债和准公债是一个外来的干扰因素。公债的设立是一种无效的尝试,它尝试超越人的行为能力限制,妄想远离转瞬无常的世俗事务,从而创造出一个永恒而又牢固的领域。这是一种多么傲慢的心态:永生永世的金钱借贷、永远有效的契约、为未来的一切做出决定。就这一点而言,这种贷款在形式上究竟是可赎回还是不可赎回,是无关紧要的,实际上,它们通常被视为不可赎回之债来处理的。在古典自由主义的全盛时期,有些西方国家确实会如约支付现金,以赎回部分长期公债,但是,大多数国家在大多数时候总是在以新债来偿付旧债。19世纪的金融史表明,公债金额在稳定增加。没人相信国家将永远背负这些越来越沉重的利息支出,很明显,所有这些负债迟早将会被人们设法以某种方式清偿,但肯定不是按照合约的规定支付利息和本金。而一大群善于诡辩的论述者,也早已忙着为最后结账的日子捏造各种理由,以缓

---

[1] 在这个地方,"贷款"一词表示的是从手头上有可贷资金的那些人借来的资金,我们在此不涉及信用扩张。在现今的美国,主要的信用扩张媒介是从商业银行借钱。

解政府可能受到的道德谴责。[1]

　　有些人为了建立一个不可能实现的稳定领域，使人的行为远离那些不可避免的限制，从而获得永恒安全，设想出了一些虚幻的方案。以货币为依据的经济计算根本不可能完成这些虚幻的方案想要完成的任务。我们不能说这个事实是经济计算固有的一个缺陷。这个世界没有永恒的、绝对不变的价值这种东西，为这种价值寻求一个标准是白费工夫。有些人渴望获得一种稳定的不依赖人的生产过程的收入，经济计算不会因为和这些人的这种糊涂观念不契合而变得不完美。

---

[1] 这些学说中最流行的那个学说可以具体化为下面这句话：公债不是负担，因为那是我们自己欠自己的。如果这是真的，把公债全盘取消将是一个不痛不痒的操作程序，将只是一个记账方法和会计动作罢了。事实却是，公债代表某些人过去曾把资金托付给政府，这些人因此拥有债权，可以向所有现在每天生产新财富的那些人请求支付利息和本金。公债增加社会生产阶层的负担，以保护另一部分人的利益。如果政府能完全从公债持有者身上收取支付公债所需的税收的话，那些新财富的生产者是有可能被解除这种负担的，但是，这等同政府在赤裸裸地拒付债务。

第十三章 货币计算是行为的一个工具

第一节 货币计算是一个思考工具

在分工的社会体系里，以货币为依据的经济计算（以下简称货币计算或经济计算）是行为的指南针，它是人从事生产时的指南针。行为人进行计算是为了区分可以获利的生产方向和不能获利的生产方向，区分至高无上的消费者赞同的生产行业和不赞同的生产行业。企业活动的每一步都可以根据货币计算来详细检视。行动之前的计划变成预期成本和预期收入的商业预算，在人们事后追溯并确定过去行为的结果时，则变成商业损益会计。

货币计算以某些社会制度为先决条件。货币计算只能在分工与生产手段私有的制度环境下才能实现，而且在这种环境下，不管什么顺位的财货与服务，都能通过某个通用的交换媒介

（货币）参与买卖。

货币计算是某些人所使用的计算方法，这些人在生产手段由私人支配的社会框架里采取一定的行动。货币计算是某些行为人所使用的一个工具，这些行为人在一个自由市场社会里为筹谋自己的利益而有所行动，他们使用货币计算这个工具，是为了弄清楚他们的财富和收入，以及他们的利润和亏损。[1] 所有这些计算的结果都仅涉及一些个人的行为。统计学家通过汇总这些计算结果而得到的数值仅仅表示某一群人各自行为结果的总和，并不表示某一集合体、某一整体行为的结果。对于不从个人视角出发看待事物的任何观点，货币计算完全不适用。它仅涉及计算人们个别的利润，不涉及计算想象的"社会价值"和"社会福利"。

在自由市场社会中，货币计算是计划与行为的主要工具，因为在这种社会环境下，市场与市场价格指导并支配一切企业活动。货币计算在这种社会架构下得以发展，并且随着市场机制的改善和使用货币进行买卖的范围的扩展而逐渐完善。在我们这个崇尚计量和计算的文明社会里，正是经济计算给测量、数值和计算分派它们所扮演的角色。物理和化学的那些测量方法之所以对实际行为有意义是因为有经济计算，正是经济计算使得算术成为一个可用来争取更好生活的工具。经济计算可以让人们发现用什么方式来使用实验室里的研究成果才能最有效地消除他们的不适感。

货币计算的全部作用显现在资本会计上。资本会计确定可

---

[1] 在合伙企业和公司的运行中，总是"一些个人"在行动，不是只有"一个人"在行动。

供利用的各种手段的货币价格总额，并将其与人的行为，以及其他因素的运作所带来的改变进行比较。这种比较显示的是行为人的处境发生哪些变化以及这些变化的大小，使得成败和损益一目了然。自由企业制度一向被称为资本主义，带有蔑视、诋毁之意。然而，这个名词可以说是相当贴切的，它点到了这种制度最具特色的特征，即资本的概念在整个制度运作中扮演了重要的角色。

对有些人来说，货币计算令人厌恶，他们不想被批判的理性声音从白日梦当中唤醒。现实让他们头痛，他们渴望留在机会无穷的梦境里。他们厌恶每一样事物都按几元、几角算得清清楚楚，他们认为这样的社会秩序是卑鄙的。他们称自己的牢骚和抱怨是一种高尚的举止，是崇尚灵性、唯美与美德的人士该有的风度；而与之形成强烈对比的则是物欲横流、自鸣得意和墨守成规的商业文明下的可耻、下流与邪恶。然而，对美与美德的崇拜，以及对智慧与真理的追求，并不会遭到擅长计算的大脑的理性阻碍。只有浪漫的空想才能在冷静批判的氛围下滋长，头脑冷静的计算者是狂欢的梦想家的严厉惩戒者。

我们的文明和经济计算方法是密不可分的，如果我们真的抛弃了这个最珍贵的行为思考工具，我们的文明将会毁灭。歌德是对的，他说复式记账法是"人心最精致的一个发明"。[1]

---

[1] 参见歌德的《威廉·迈斯特的戏剧使命》，第一章、第十章。

第二节 经济计算与人的行为科学

资本主义经济计算的演化是建立系统的、逻辑连贯的人的行为科学的必要条件。行为学和经济学在人类历史和科学研究的演化过程中有其特定的地位。它们之所以出现是因为行为人事先成功地创造了一些思考方法，让他得以计算自己的行为。人的行为科学起初只是一门处理某一类行为的学科，这一类行为能利用货币计算加以检验。该学科只局限于研究我们现在称之为狭义经济学的范围，即只研究那些在一个市场社会里借由货币媒介实行的行为。在经济学走向系统性论述之前是一些关于通货、金钱借贷和商品价格的零星研究。格雷欣法则（Gresham's Law）、货币数量说，包括最早的一些粗糙表述，如博丹（Bodin）和达万扎蒂（Davanzati）的那些理论以及格莱戈·金恩法则（Law of Gregory King）所传达的知识，代表人们有史以来第一次认识到，在人的行为领域存在着一些有规律的现象与不可避免的必然性事件。第一个综合的经济理论体系——古典经济学的辉煌成就基本上是一个关于可计算的行为的理论。它暗地里在可用货币计算的行为和其他行为之间画下一条界线，以区分什么可以被视为经济事务，什么应该被视为经济之外的事务。从这一点出发，经济学家势必会逐步扩大研究范围，直到他们最终发展出一种处理人类所有选择问题的理论，即人的行为通论。

第四篇 交换学或市场社会经济学

第十四章　交换学的范围与方法

第一节　交换学的界限

关于经济学的范围，从来没有任何疑义或不确定性。从人们渴望有一系统性的经济学或政治经济学以来，大家都一致认为，这一门学科的任务是研究市场现象，即研究市场上可交易的那些财货与服务彼此间的交换率是如何确定的，研究这些交换率如何由人的行为所决定，以及这些交换率又如何影响人后来的行为。然而要精确界定经济学的范围却是一个错综复杂的问题，其原因不在于它的研究现象和范围不确定，而在于要解释市场现象就必须跨越市场与市场交换的范围。为了充分理解市场，经济学家一方面不得不假设有遗世独立的人，并研究他的行为，另一方面又不得不拿市场体系和计划经济相比较。在研究人与人交换时，经济学家不可能不研究个体交换，如此一来，在属于狭义经济学范围的那种行为和其他行为之间便不再能划出一条明确的界线。于是，经济学的范围扩大了，变成一门研究所有人的行为和每一个行为的通论性科学，即变成一般行为学。于是这个问题出现了：在相对广泛的一般行为学领域，如何精确划分出一个较为狭窄的，并可以被称为经济问题的领域呢？

在解决如何精确界定交换学范围的问题上，人们有不少失败的尝试，这些尝试不是在有关行为的动机方面，就是在有关行为要达到的目标方面——选择某个标准来判断某一行为是否属于交换学或狭义的经济学。但是，对于一个全方位的行为研究来说，个人行为的动机即使再怎么不同或多样，也是完全不相干的，因为每一个行为的动机都是渴望消除某种不适感。对于研究行为的科学来说，人们如何从生理学、心理学或伦理学的观点来描述这种不适感是无关紧要的。经济学的任务在于研究所有商品在市场上的实际价格，因此绝不能把研究局限在由心理学、伦理学或其他看待人的行为的观念所界定的、由某种心态所驱使的行为，及其所导致或可能导致的价格上。对心理学来说，按照行为的不同动机把行为进行分门别类也许是重要的，也许还可以提供一个褒贬行为的道德标准；然而，对经济学来说，给行为分类却是不重要的。一般来说，相同的论断对于尝试把经济学的范围局限在那些以供应市场有形物品为目的的行为上也是一样有效的。严格来说，人们渴望的并不是有形的物品本身，而是这些物品能够提供什么样的服务，他们希望得到的是这些服务给他们带来的那种边际幸福。按此逻辑，那些不需要任何有形物品介入便能直接消除不适感的行为，便不容许被排除在"经济的"行为范围之外。一个医生的忠告、一个老师的教导、一个艺术家的表演，以及建筑师所提供的建筑蓝图、科学家所提供的某一化合物的生产配方以及作家对出版一本书的贡献，都是经济学研究的对象。

交换学的主题是所有市场现象，以及它们的一切根源、分支和后果。人们在市场上交易实际上不仅有渴望得到食物、居所和享受的动机，也有多种多样"理想化的"动机。行为人不仅关心"物质的"事物，也关心"理想化的"事物。他在不同的选项之间取舍，无论这些选项是归类为物质的事物还是理想的事物。在实际的价值排序中，物质的事物和理想的事物是混杂在一起的。即使这两种事物实际上可以明确区分，我们也必须了解，每一个具体的行为若不是人们想实现某些既物质又理想化的目标，就是行为人在物质的事物和理想的事物之间取舍的一个结果。

是否能把完全为了满足生理需要的行为和其他"比较高级的"行为进行明确的区分，我们无须理会。但是，我们切不可忽略的是，实际上没有哪样食物仅仅因为其营养效能，也没有哪件衣服仅仅因为其御寒功能，也没有哪栋房子仅仅因为其遮风避雨的功能而被评定为有价值。不可否认，人们对商品的广泛需求受到玄学、宗教和道德的影响，受到审美的价值判断影响，也受到习俗、习惯、成见、传统、流行风尚以及其他许多非物质性事项的影响。一个经济学家如果尝试把他的研究限制在物质层面上，那么在他还没触及其研究主题时，他的研究就停止了。

我们的观点是：经济学主要分析市场上交易的那些商品与服务，看它们的货币价格是如何决定或形成的。为了完成这个任务，经济学必须从一个广泛的人的行为理论出发。此外，它不仅必须研究市场现象，也必须研究独自存在的人和计划经济共同体，研究他们的假设性行为。最后，它切不可只把研究范围局限在世俗语言所称的"经济行为"的那些行为模式上，也必须研究不够严谨的世俗语言所称的"非经济行为"。

行为学或人的行为通论的范围，可以精确地加以界定。被称作经济问题的那些问题，或者说，狭义的经济行为问题，只能大致从全方位的行为学理论体系抽离出来。经济科学史上的一些偶发事件和惯例在界定"纯正的"经济学范围的尝试中，都扮演了一定的角色。

不是逻辑或认识论的严谨，而是基于方便和传统惯例的考虑导致我们认为，交换学或狭义经济学的范畴是分析市场现象。这等于说，交换学分析的是那些根据货币计算而做出的行为，市场交换和货币计算是密不可分的。所谓全由直接交换行为构成的市场或以物易物的市场，只不过是一个假想的情况罢了。另一方面，货币和货币计算则是以市场存在为先决条件的。

分析假想的计划经济生产体系肯定是经济学的一个任务，但是，也只有通过交换学的研究，通过阐释一个有货币价格和经济计算的行为体系，才可能着手研究假想的计划经济体系。

对经济学的否认

有一些学说坚决否认存在一门被称作"经济学"的科学。当今，在大多数大学里以经济学为名所传授的东西，实际上是在否定经济学。

否定经济学存在的人实际上是在拒绝承认：人的幸福可能遭到外界稀缺因素的干扰。他们暗示，只要某一社会改革成功地克服了一些由不当的制度所造成的障碍，每个人就能完全满足自己的所有欲望。大自然是慷慨的，它非常大方地赐给人类丰富的礼物。对于生生不息的人类来说，现实情况可以像天堂那样美好。生存资源的稀缺是制度与积习所造成的结果，废除这些制度与积习，人类就可以过上富饶的生活。

在有些学说里，稀缺只不过是一个历史性元素。稀缺是人类历史在原始阶段的特征，未来会因财产私有制的废除而永远消失。一旦人类从必然（受制于外物）的领域跳跃到完全自由的领域[1]，从而达到"全面计划经济社会的高级阶段"，富饶将成为常态，因此"各取所需"将可以实现。这些学说断言，在全面计划经济体制下，工作将不再是痛苦，而是享乐，是"生命的基本需要"，劳动有负效用的事实就这么被忽视了。俄国实验的不愉快经验被解读为资产阶级的反抗造成的，因为全面计划经济只在一个国家实施还不够完善，所以还不能够达到"高级阶段"，而最近的失败则是战争的缘故。

然后，有许多极端的通货膨胀论者，例如：以蒲鲁东（Pierre Joseph Proudhon）和索尔维（Ernest Solvay）为代表的学者，以及在当今美国以"功能性财政"学说为代表的那些改革者。在他们看来，资源稀缺的情况是对信用扩张和其他增加货币流通数量的方法的限制造成的，而这些限制则是银行家与其他剥削者基于自私的阶级利益强灌给容易上当受骗的大众的。他们建议，以无限制的公共支出治疗一切社会沉疴。

---

[1] 参见恩格斯的《欧根·杜林先生在科学中实行的变革》（第七版，斯图加特，1910年），第30页。

在美国，有不少人提倡以富饶的经济体制取代据称是人为造成的稀缺的经济体制。其中，首屈一指的代表性人物是美国前副总统亨利·华莱士（Henry A. Wallace）。华莱士先生将被历史铭记，他曾经发起过一个空前庞大的以政府法令强制执行的食物和原料供应缩减计划，然而，这个计划丝毫无损于他的学说广受大众欢迎。

这就是潜在的充足与富饶的神话。经济学可以留给历史学家和心理学家去解释：这种一厢情愿的想法和自我陶醉的白日梦为什么这么流行？对于这种空谈，经济学家不得不说的是：经济学所研究的那些问题正是人的生活受限于自然生产要素的稀缺所必须面对的问题。它研究行为，即研究以消除不适感为目的的有意识的行为。在一个机会无限多，却基本上不可能实现的，甚至人的理智也无法想象的世界里会发生什么样的情况，经济学对此没有什么可说的。在这样一个世界里，不会有价值法则，不会有稀缺，也不会有经济问题。之所以不会有这些问题是因为人不会面对两难的选择问题。由于不会有行为发生，因此也不会有需要使用理智解决的问题。在这样一个世界里茁壮成长起来的"生灵"绝不会推理和思考。如果这样一个世界真的被赐给人类的后裔，这些蒙受祝福的"生灵"将会看到：他们的思考能力枯萎消失，他们不再是人类。因为理智的主要任务就在于有意识地应对大自然给人设下的种种限制，即对抗稀缺。能有所行为且能思考的人是一个稀缺世界的产物，在这样的世界里，任何能取得的幸福都是对辛苦和磨难的奖励，都是被通俗地称为经济行为的成果。

第二节 想象的构建

经济学所特有的研究方法是关于想象的构建（假想情况）。

这个方法也是行为学的方法。它之所以在狭义的经济学研究领域中被打造得如此完美，完全是由于至少到目前为止，经济学是行为学当中最发达的学科。每一个想对经济问题发表观点的人，都必须采用这个方法。利用一些想象的构建进行思辨当然不是唯一一种研究经济问题时所采用的科学方法。外行人在面对经济问题时，也会采用同样的方法。不过，外行人所使用的想象的构建或多或少是混乱的，而经济学则以最小心、最谨慎与最仔细的态度去精心构建一些假想的情况，并以严格批判的眼光检视它们的条件和假设。

假想的情况是指想象中的概念性事件，这一系列事件是根据行为的逻辑从行为元素推衍出来的，这些行为元素是为了形成讨论中的想象的构建而特别选定的。想象的构建是逻辑演绎的结果，最终源自行为的基本元素，即源自取舍的行为逻辑。在设计这种想象的构建时，经济学家不在乎它是否描述了自己想分析的现实情况，他也不关心假想的那一系列事件是否能被视作一个真实存在且有效运作的系统。一些想象的构建即使是不可思议、自相矛盾或无法实现的，只要经济学家知道怎样适当地使用它们，那么这些想象的构建对于理解现实还是能提供有用的甚至不可或缺的帮助。

那些利用想象的构建所取得的思想成就可以证明，这种方法是一个有效的方法。行为学不可能像自然科学那样把学说建立在实验室的实验和感官对外物的感知上，它不得不发展出一些完全不同于物理学和生物学的方法。如果有人想在自然科学领域寻找类似想象的构建的东西，那将是一个严重的错误。行为学的各种想象的构建绝不能拿去和任何外界事物的经验进行比较，也绝不能从这些经验出发来评价和批判它们。它的功能是帮助我们考察一些不可能依靠人的感官去考察的情况。在比较各种想象的构建和现实时，我们不能追问它是否符合经验或者是否能充分描述经验数据。我们必须关注的是，想象的构建所依据的那些假设，是否和我们要想象和理解的那些行为的条件完全一致。

想象的构建主要的设计公式是从实际行为中抽离一些有效运作的条件或元素，然后掌握没有这些条件或元素时的假想结果，以及想象这些条件存在时的结果。例如，我们借由假想某个人可能因为完全满足而没有任何不适，或者依据因为不知道任何可望增进幸福（满足状态）的办法而没有做出任何行为的情况，来构想一般行为的概念。又比如，我们在构想本源利息的概念时，假想人们没有时序偏好的情况，即假想人们只在乎满足时间的长短，而不在乎满足的起点距离行动的那一刻有多么遥远。

对行为学来说，利用想象的构建的方法是不可或缺的，它是行为学和经济学唯一的研究方法。它无疑是一个高难度的操作方法，因为它很容易导致演绎推理的谬误，宛如走在一条高耸狭窄的棱线上，两旁是广阔无边的愚蠢和荒谬。研究者只有通过毫不留情地自我批判才能避免一头栽入深不见底的愚蠢和荒谬里。

第三节　纯粹的市场经济

　　一个假想的或未受干扰的纯粹的市场经济存在着分工与私有生产工具，从而存在财货与服务的市场交换。它假设市场的运作未受到任何制度因素的干扰，它假设政府这个有强制性的社会机构专心于维持市场体系，绝不妨碍市场运行，并且可以保护市场免受外力的侵害。这个假想的市场是自由的，完全没有非市场因素干预价格、工资和利率。经济学从这些假设出发，尝试说明一个纯粹的市场经济是如何运作的。直到后来某个阶段，当经济学已经彻底探讨完从想象的构建中所能学到的每一个定理之后，才转向研究政府和其他机构运用强制与胁迫手段干预市场运作所产生的各种问题。

　　令人惊讶的是，这个在逻辑上无可争议的程序也是唯一一个适合解决相关问题的程序，但它却遭到了激烈的抨击。有些人称它是拥护自由经济政策的先入之见，并把这种政策称为反动的经济保皇主义、曼彻斯特自由贸易主义、消极不作为主义等。他们认为致力于研究这个想象的构建于认识现实无益。然而，这些蛮横的批评者其实是在自打嘴巴，因为他们在提倡自己的主张时，也采用了同样的逻辑推理。在要求最低工资率时，他们描述的是一个未受干扰的劳动市场中不尽如人意的情况。而在要求关税保护时，他们描述的是自由贸易所导致的灾难。当然，想要对纯粹市场因素的自由运作采取某种限制措施，并说明它会产生什么效果，除了首先研究经济自由状态下事态究竟如何发展，没有别的办法。

　　没错，经济学家通过研究获得的结论是：大多数人，可以说所有人想通过辛苦工作以及借由经济政策达到的那些目标，在未遭到政府法令干扰的自由市场体系下是可以很好地实现的。但是，这个结论可不是一个未充分探讨政府干预市场措施的预设判断，恰恰相反，它是在仔细而又公平地考察政府干预的所有方面后得出的结论。

没错，古典经济学家及其追随者习惯把未受干扰的市场经济称作"自然的"（natural），而把政府干预市场现象称作"人为的"（artifical）和"扰民的"（disturbing）。但是，这些用语也是他们仔细研究政府干预的诸多问题后所得出的结论。他们遵照所处时代的语意习惯把不受欢迎的社会事态称作"违反自然的"事态。

启蒙时代的有神论和自然神论把自然规律视为上帝的旨意。当启蒙时代的哲学家发现人的行为和社会演化也有规律时，他们就自然而然地把它当成是宇宙创造者如慈父般关怀世人的证据。这就是某些经济学家所阐释的"天定和谐说"的真义。[1]君主专制统治的社会哲学强调，君主和独裁统治者秉承上帝预先指定的统治人民的神圣使命。自由主义者则反驳说，一个未受干扰的市场运作所带来的结果，比上帝选定的统治者颁布法令所能达成的目标更令人满意，因为在市场上，消费者（每一

---

[1] 这个主张在未受法令干扰的市场体系运作下所呈现的"天定和谐"学说绝不可和市场体系内所有个人"正确了解利益和谐"的定理相混淆，虽然两者之间有一定的相似性。见第二十四章第三节。

"天定和谐说"和"正确了解利益和谐说"的区别在于，人的理性所扮演的角色在"天定和谐说"中缺席，所以，对每个人来说，"天定和谐"是不知不觉的和谐。相反，"正确了解利益和谐"需要人的理性有意识地介入，并采取促成和谐的行为模式。——译者注

个公民）是至高无上的。他们说，只要仔细观察市场体系的运作，你将发现上帝的手指就在其中。

除了假想纯粹的市场经济，古典经济学家也详细地论述了市场经济在行为逻辑上的相关体系——假想的计划经济国度。在摸索乃至最后发现市场经济规律性运作的过程中，这个假想的计划经济秩序甚至在逻辑上是先于假想的市场经济秩序的。首先吸引经济学家全神贯注研究的一个问题是：如果政府没有强制命令面包师和鞋匠供应面包和鞋子，裁缝是否能获得面包和鞋子。他们可能首先想到的是，要每一个专业师傅为他人提供服务，政府权力的干预是必要的，但是当经济学家发现市场根本不需要这种强制手段时，他们还真的吓了一跳。在对生产性和获利性，私利和公益以及利己和利他进行对比时，经济学家暗地里参照的是假想的计划经济体系。他们之所以惊讶于市场体系那近乎"自动"的运作，正是因为他们意识到，"无政府的"生产状态导致人们获得的供应比中央集权之下全能政府所能提供的要更好。计划经济完全由某个计划当局控制和管理的社会分工体系的想法并不是乌托邦改革者想出来的。起初，这些空想家希望成立许多小规模的自给自足的团体，这些团体在经济上彼此独立但却和谐共存，如傅立叶所鼓吹的人口约一千八百人的共产村庄（Phalange）。后来，当这些改革者把经济学家的理论所隐含的那种假想的由某一国政府或某一世界级权威当局管理的经济体系拿来当作新社会秩序的模型时，他们的基本教义才转向计划经济。

利润最大化

一般人都认为，经济学家在研究市场经济问题时相当地不切实际，他们假设所有人永远渴望尽可能地获得最大的利益。有人说，在经济学家的想象中，人是一个完全自私的理性存在，说他们除了利润以外，别的什么都不在乎。他们认为，这样一个假想的经济人也许很像证券经纪商和投机者，但是与大多数人是非常不同的，研究这个虚妄的经济人的行为对我们认识现实没有任何助益。

对于该争论所隐含的一切混乱、错误和扭曲，此处无须再加以辩驳，本书前两篇已经揭露了其中诸多谬误。在这个环节，我们只需处理利润最大化的问题就够了。

一般来说，行为学以及特殊领域经济学关于人的行为根源的表述，除了假设行为人希望消除不适感之外，别无他求。在市场交易中，行为的意思就是买和卖。经济学针对需求和供给做出的任何陈述都适用于所有需求和供给情况，而并非仅适用于某些特殊情况——需要特别描述或限定条件的需求和供给。我们可以断言，希望出售某件商品的某人在面对比较高或比较低的售价时——如果其他情况相同，会选择比较高的售价，这样的断言不需要任何进一步的假设作为依据。对卖主来说，较高的售价表示他的需要可以比较好地被满足，同样的道理也适用于任何一个买方。以较低价格购买有关商品所节省下来的钱让买主有更多筹码来满足别的需要。在最便宜的市场买进，在最昂贵的市场卖出，如果其他情况相同，这种行为模式不需要行为人的动机或道德的特殊假设作为前提。在市场交换的情况下，它只不过是任何行为的必然派生物。

一个商人是消费者的仆人，他们一定会顺应消费者的渴望，而不会沉溺在自己的奇思怪想里。但是，对商人来说，顾客的奇思怪想是法则，只要他们愿意为自己的奇思怪想掏钱即可。商人会为了适应消费者的需求而不得不调整自己的行为。如果消费者没有审美品位，喜欢丑陋粗俗的事物，他就必须违背自己的信念供应这种事物。[1] 如果消费者不想为本国产品支付高于舶来品的价格，他就必须买进国外的产品——只要它比较便宜。雇主没办法以牺牲消费者的利益为代价来向员工施惠。如果买主不愿意支付比较高的价格来购买工资率比较高的工厂所生产的商品，雇主就没办法支付比市场所决定的工资水平更高的工资水平。

然而，对于一个花费自己收入的顾客来说，情况就不同了，他可以随意做自己想做的事情。他能施舍救济，能基于相信某些教条或偏见歧视某一产地或来源的商品，偏好比较差劲或比较贵的产品，而舍弃选用物美价廉的同种产品。人们在买东西时，通常不会送礼给卖主，但是，也有例外的情况：购买所需的商品与服务和施舍救济之间的界线有时候很难分辨。在慈善义卖会上，买东西的人通常把购买行为和慈善捐赠合并执行。某人给了一个在街头演奏的盲人乐师一块钱，他当然不是在支付酬劳给那个低水平的表演者，他纯粹是在施舍。

人在实施某个行为时，是各种身份的统一体。一个经营企

---

[1] 如果一个画家决心专门画一些能以高价出售的画作，那么这个画家就是一个商人。一个画家，如果不向买画的大众品味妥协，并且蔑视所有不愉快的后果，坚持完全按照自己的理想创作，那么他便是一个艺术家，一个创造性天才。见第七章第三节：创造性天才。

业的商人有时候可以抹去生意和慈善救济之间的界线。如果他想帮助某个陷入财务困境的朋友，那么他那体贴之心也许会促使他采取什么方法，既能帮到朋友又能免除朋友因接受他的救济而感到的难堪。他可能给朋友提供一份办公室里的工作——他原本不需要帮助朋友或者他能以较低薪资聘用某个能力相当的帮手。于是，他所赠予的薪资在形式上等同于生意上的一部分开销。实际上，这部分开销是这个商人从收入中支出的一部分花费。严格来说，这部分开销属于消费，而不是计划用来增加企业利润的一项支出。[1]

一些令人尴尬的错误源自人们倾向于只注意有形的、看得见的和可测量的事物，而忽略其他事物。消费者购买的不仅仅是食物或热量而已，他不会像一头狼那样吞咽，而是要像一个人那样进食。对许多人来说，食物烹调得越美味可口，餐桌布置得越优雅别致，用餐环境越舒适惬意，就越能满足他们的食欲。如果只考虑消化过程的生理性，这些事情将毫无意义，[2]但是，上述因素对食物价格的确有重大影响。这个事实与断言人们会在其他情况相同时选择在最便宜的市场买东西，丝毫没有矛盾之处。若某个买主在化学家和科技专家认为完全相同的两件东西之间选购了那个比较贵的东西，他总是有理由的。如果他没犯错，他就是愿意多花钱购买一些服务，而这些服务是化

---

[1] 这种跨越企业支出和消费支出界线的支出，时常受到某些制度性因素的鼓舞。当作交易费用出账的支出会减少企业的净利润，从而减少应付的税金。如果税收吸纳50%的净利润，慈善乐捐的商人实际只从自己的口袋掏出50%的慈善捐款，其余则由国税局承担。

[2] 当然，如果从营养生理学的观点来考虑，这些事情将不会被视为无足轻重的。

学家与科技专家以他们特有的研究方法所不能理解的。如果某个人在两家夜店之间选择了消费比较高的一家，可能是因为他喜欢在某位公爵或者时常进出该夜店的名流旁边啜饮鸡尾酒，我们也许可以议论他的虚荣心荒谬可笑，但是我们绝不能说，那个人的行为不是以增加自己的满足感为目的的。

一个人的所作所为永远都以增加自己的满足感为目的。仅在这个意义上，我们便可以自由使用"自私"一词，强调行为必然总是自私的。即使某个行为直接以改善他人的处境为目的，这个行为也是自私的。因为这个行为人认为，让别人有的吃比让他自己有的吃更让他感到满足，他的不适感是由于知道别人处于穷困之境这个事实所造成的。

没错，许多人其实以另一种方式在实施某些行为，他们宁可填饱自己的肚子也不愿意施惠于他人。但是，这个事实和经济学无关，它是一项既定的历史事实。无论如何，经济学处理的是行为，而不管行为的动机究竟是某个人渴望自己享受还是渴望他人享受。

利润最大化的意思如果是指一个人在所有市场交易中以尽可能多获益为目的，那这种说法就是一个冗长累赘的说法，它实际上只是在陈述一般行为概念所隐含的意思，如果还有别的意思那就是在表达某个错误的想法。

有些经济学家认为，经济学的任务是研究如何在整个社会范围内，让所有人或绝大多数人达到最大可能的满足。这些经济学家没意识到，没有方法可以测量不同个人达到的满足状态，他们误解了对不同个体之间的幸福进行比较（判断）的性质。他们只是在表述武断的价值判断，却自以为在确认某个不得了的事实。某人也许可以称劫富济贫为正义之举，然而，认为某事公平或不公平，永远是一个主观的价值判断。因此，这纯粹是个人的意见，既不可能证明是错的，也不可能证明是对的。经济学无意展示价值判断，它的主要任务是认识一些行为模式的后果。

有些人曾宣称，所有人的生理需求都是相同的，这个相同点提供了一个标准，可用来测量行为人的客观满足程度。一个人在表达这种观点，并建议使用这种标准指导政府政策时，就等于是在建议大家按照牲畜饲养者处理牲畜的观点去处理人的问题。但是，这种"改革者"未能意识到，对人来说，没有任何普遍有效的"饲养原则"。在诸多不同的"饲养原则"当中，究竟要采用哪一个，要看某人想达到什么目的。牧牛者饲养母牛的目的不是要让它们快乐，而是要让它们达成他在计划中指派给它们的目的。他所指派的目的也许是更多的牛乳、更多的牛肉或别的什么东西。把人当作饲养对象，究竟想饲养出什么类型的人呢？是运动员还是数学家？是战士还是工人？某个人若是想把人变成具有特定目的的某一饲养计划里的"生产材料"，就会想要霸占专制统治的权力，想要利用同胞作为手段以达成他个人的目的，而这绝不是他的同胞自己想要达成的目的。

一个人的价值判断就是，他自己在分辨什么使他更满足，什么使他不怎么满足。当一个人在说别人的满足状态多么好或不好的时候，他说的完全不是别人的满足状态，而是别人会让他觉得比较满意。那些妄称以追求一般人的最大满足为目的的社会改革者只是在告诉我们：别人的哪种状态最适合改革者自己的品位。

第四节　封闭经济

没有什么想象的构建会比一个独自存在且经济上完全依赖行为人自己更让人惊异了。然而，经济学不能没有它。为了研究人与人的交换，经济学必须拿人与人的交换和独自交换的情况相比较。经济学建构了两种假想的封闭经济体系：一是封闭的个人经济体系，二是计划经济体系。在利用这种构建的经济体系时，经济学家不考虑这种体系是否真能有效运作，[1]他们已经充分意识到，这种构建纯属虚构。小说中的鲁滨孙·克鲁索（Robinson Crusoe）（虽然有可能真的存在）以及某个从未存在过且完全孤立的计划经济国家的企业管理者绝不可能只借助经济计算就能去计划和采取某个行为。然而，在我们的构建框架里，不妨假想他们能计算，只要这样的假想有助于讨论我们特别想处理的问题即可。

假想的封闭经济体系是人们得以区分生产性（productivity）和获利性（profitability）这两个概念的基础，并且也是人们将其作为价值判断的一个标准。认同这种区分的人认为，封闭的经济体系，尤其是计划经济体系，是最令人满意的、最完美的经济管理体系。市场经济中的一个现象好坏与否，主要看它能否从计划经济体系的角度予以证明：只有在计划经济体系管理者的计划中被适当安排的活动才具有正面价值，才可称为具有生产性的活动；而人们执行的其他市场经济活动都是非生产性

---

[1]　我们这里探讨的是理论问题，而不是历史问题。所以，我们用不着指出自给自足的家庭经济在历史上所扮演的角色，以反驳某些人针对封闭的行为人假想所提出来的反对理由。

的，尽管实际上对执行者来说，它们是可以获利的，比如，促销、广告和银行业务被认为是可获利但非生产性的活动。

对于这种武断的价值判断，经济学当然无话可说。

第五节　静止状态和均匀轮转经济

处理行为问题的唯一方法是，设想行为的最终目的是达到不再有任何行为的状态。在这种状态下，可能所有不适感已经消除，或者无法进一步感觉到不适。就这样，行为趋向某种静止状态，某种没有行为的状态。

于是，价格理论便朝这个方向分析人与人的交换。人们在市场上持续交易，直到不再有进一步的交易为止。因为这时已经没有任何一方预期自己可以进一步通过新的交易来改善自身处境。潜在的买主不满意潜在的卖主所提出的价格，反之亦然；于是，不再有交易发生，一个静止状态出现了。我们可以把这个静止状态称为单纯的静止状态，它不仅仅是一个假想的情况，还是实际生活中频繁发生的现象。每天证券市场收盘时，证券经纪人已经处理完所有能按市场价格执行的订单，还没交易的订单只属于那些认为市场价格太低或太高的潜在卖主与买主。[1]这个陈述对于所有交易同样有效，整个市场经济都可以说是一个庞大的交易所。在任何时刻，买方和卖方都愿意按可实现的价格完成所有交易，而新的交易只有在买卖双方的价值

---

[1] 为了简化起见，我们忽略交易日当天的价格起伏。

评估有了变化以后才可能实现。

有些人曾宣称,单纯的静止状态是一个不能令人满意的概念。他们认为这种状态仅仅表示供应量已确定的商品价格是如何决定的,至于这些价格如何影响商品的生产,则完全不涉及。这个反对意见是没有道理的,单纯的静止状态的概念所隐含的那些定理,对于任何交易来说都是有效的。没错,生产要素的买主会立即从事生产并且很快会再进入市场兜售产品,购买供他们自己消费以及继续投入生产所需的东西。即便如此,这个事实也不会导致这个假想概念失效。这个概念当然没说静止状态将永远持续下去,一旦导致暂时静止状态的情况改变,静止状态当然就消失不见了。

单纯的静止状态不只是一个想象的构建,它适当地描述了每个市场中一再发生的现象,就这一点而言,它和假想的最终静止状态截然不同。

在处理单纯的静止状态时,我们只需要注意当下发生了什么事,我们把注意力局限在当下已经发生的状况,而不管下一刻、明天或更远的未来将发生什么事。这时,我们只处理真正的交易价格,即最近发生的实际销售价格,而不问未来价格是否跟这些价格一样。

但是,现在我们要更进一步注意那些势必会引起价格变动的因素。我们试图找出在所有驱动价格改变的力量消失时,在出现一个新的静止状态之前,这种变化趋势会必然朝向的那个目标。和未来静止状态相对应的价格被经济学家前辈称为"自然价格"(natural price)——现在人们则一般使用"静态价格"(static price)一词。为了避免误导,我们可以称它为"最终价格"(final price),而且也可以称相应的静止状态为"最终静止状态"（final state of rest），这样会更合适。这个最终静止状态是一个想象的构建，而不是一种对真实情况的描述，因为最终静止状态永远也不会达到。在它"实现"以前，新的扰动因素会不断出现。我们之所以必须求助于这个想象的构建是因为市场每时每刻都在往最终静止状态移动，每一个新时刻都能产生一些新事实，从而改变静止状态，但是，市场总是因努力追求最终静止状态而变化不定。

市场价格是一个真实的现象，它是已完成的交易的实际交换比率，而最终价格则是一个假想的价格。市场价格是历史事实，所以我们能够精确地指出它们是几块几毛钱，而最终价格则只能以它之所以出现的必要条件来表示。我们不可能明确地说，若以货币数量表示，最终价格是几块几毛钱，或者若以其他财货数量表示，最终价格又是多少。最终价格永远不会在市场上出现，市场价格也永远不可能等于最终静止状态出现时的最终价格。但是，如果交换学不处理最终价格，就完不成分析价格是如何形成的任务。因为在市场价格实际出现的市场中，已经有一些潜在力量在发生作用。在没有新的给定（或外在）条件出现的情况下，这些力量将继续引导市场价格变动，直到最终价格和最终静止状态形成。[1] 如果我们只注意暂时的市场价格和单纯的静止状态，而忽略市场已经受到一些因素扰动的事实，我们对于价格形成问题的研究将受到不当的限制，因为那些因素一定会导致价格进一步变动，使市场趋向另一个（单纯的）静止状态。

---

[1] 关于市场的外生给定条件或外在条件的详细讨论，见第二十三章。——译者注

我们必须面对的事实是，那些决定价格形成的因素并非一旦有所变化就会立即产生所有结果。在所有结果完全出现之前，必定会经过一段时间。在新的给定条件出现以及市场完全调整到适应这个条件之前，必定会经过一段时间（而且，在这一段时间，当然还会出现新的给定条件）。在处理任何市场因素变动所产生的结果时，我们绝不能忘记自己是在处理一个接一个发生的事件。我们无法事先知道要经过多长时间，但是我们确切地知道一定会经过一段时间，即使这段时间很短暂，以致在实际生活中几乎可以忽略。

经济学家时常会犯下忽略时间因素的错误，关于货币数量变动影响的争论，就是一个例证。有些经济学家只关注货币数量变动的长期影响，即只关注最终价格和最终静止状态；还有些经济学家只注意短期影响，即只注意给定事实改变后的即时影响。这些经济学家的处理方式都是错误的，因此他们所得出的结论也都是无效的。同样错误的例子还有许多。

经济学家在建构最终静止状态时，对市场现象在一段时间内的一系列变化给予充分关注，这一点和建构均匀轮转经济假想不同。经济学家在建构均匀轮转经济假想时，完全抽离外在给定条件的变动和时间因素（均匀轮转经济的构建通常被称为静态经济或静态均衡。这实在是很不恰当，也很容易引起误解。把它和假想的停滞经济混淆在一起更是一个严重的错误）。[1] 均匀轮转经济也是一个假想的体系，其中所有财货与服务的市场价格等于最终价格。在这个假想的体系里，没有任何价格变动，

---

[1] 参见本章第六节：停滞的经济。

有的只是完全稳定的价格，同样的市场交易不断重复发生。较高顺位的财货按相同组合数量经过相同的加工步骤，直到最后生产出消费品，并落到消费者手中被消费掉。外在给定的市场因素没有任何变动，即今天和昨天没什么两样，而明天也将和今天相同。整个经济体系处于永远流动的状态，但总是待在同一个位置，它均匀地绕着某一固定的中心轮转。单纯的静止状态一再被扰乱，但随即重新回归先前的状态。所有（给定的）市场因素，包括那些反复扰乱单纯静止状态的因素都维持不变。所以，所有价格通常被称为静态价格或均衡价格，也维持不变。

均匀轮转经济的构建的精髓之处在于排除了时间的流逝和市场现象的不断变化。供给与需求方面的任何改变和这种想象的构建是不兼容的，这种想象的构建只容得下那些不会影响价格的决定性因素的变化。在均匀轮转经济里生活的人不一定是永恒不朽、永葆青春和不会繁衍的人。我们可以想象，婴儿出生、长大、变老，直至死去，只要总人口和各个年龄段的人口维持不变，那么和年龄相关的商品消费需求就会维持不变——虽然这种需求来自不同的个人。

实际上，绝不会有均匀轮转经济体系这种东西存在。然而，为了分析外在给定因素变动的问题，以及市场不均衡且不规则变动的问题，我们必须拿这些变动或者假设这些变动已被排除的想象的构建相对照。所以，有些人实在很荒谬，他们认为，假想的均匀轮转经济无助于解释一个变化不断的世界，并且要求经济学家用"动态经济学"取代"静态经济学"。这个所谓的静态方法恰恰是研究变化的唯一合适的思考工具。研究复杂的行为现象没有其他办法，首先要完全抽离一些变动因素，然后引进某一孤立的因素以引起变动，接着在假设其他因素维持不变的情况下分析它的结果。再者，有些人荒唐地认为，我们想研究的实际的行为领域越是和均匀轮转经济这个假想相符，即这个领域越是没有变化，均匀轮转经济假想就越有分析价值。然而，利用均匀轮转经济假想进行理论分析，这个所谓静态分析的方法其实就是唯一一种分析市场变动的合适方法，不管该变动因素是大还是小，是急促还是缓慢。

迄今为止，那些反对利用均匀轮转经济假想进行理论分析的理由完全文不对题。提出这些反对理由的人既不知道这种假想在哪方面是有问题的，也不知道它为什么很容易产生错误与混乱。

行为即改变，而改变存在于不可逆的时间顺序中。但是，在均匀轮转经济假想里，改变和事件发生的顺序都被排除掉了。行为是选择，是应对不确定的未来，但是，在均匀轮转经济假想里，没有选择，而未来也是不确定的，因为未来和现在已知的情况没什么两样。居住在这样一个僵化的体系里的生命，不会做选择，也不是可能犯错的活人。这个假想的体系是一个由没有灵魂、不会思考、没有自主意识的机器人组成的世界，它不是人的社会，它是一个蚂蚁窝。

然而，这些无法消除的矛盾并不妨碍这个假想在处理唯一一个非得利用它才能处理的问题上发挥作用。这个问题是：各种产品价格和生产它们所需的要素价格之间究竟有什么样的关系，以及该问题本身所隐含的企业家才能和利润与亏损的意义。为了掌握企业家才能和利润与亏损的意义，我们假想一个没有企业家也没有利润与亏损的行为体系。这个想象的构建只是我们的一个思考工具，并不是在描述一个可能实现的情况。我们甚至不可能毫无矛盾地彻底想通均匀轮转经济假想所有的逻辑后果。因为企业家的角色绝不可能在任何市场经济的想象中予以抹除，各种互补的生产要素不可能自发地凑在一起，而是需要一些人在刻意追求某些目的时通过努力才会将它们组合起来。这些人的努力源于他们渴望改变自己的满足状态。抹除了企业家，也就抹除了整个市场体系的动力。

接下来是第二个缺陷。均匀轮转经济假想隐含了间接交易和对货币的使用，那么它究竟会使用哪种货币呢？在一个没有任何变化的体系里，未来没有任何的不确定性，任何人都不需要持有货币。每个人都确切地知道，他在未来的哪个时刻将需要多少货币，所以他能够把所有积攒的货币按某种方式贷出，在他需要货币的时候又刚好到期偿还。让我们假设市场中只使用一种金币，而且也只有一个中央银行。随着某个均匀轮转经济状态逐渐形成，所有个人和企业会逐步减少他们持有的现金，而且不断有黄金被释放出来并流入非货币工业的生产中。当均匀轮转经济均衡状态终于实现时，不再有人持有货币，不再有黄金被当作货币使用；所有个人和企业都拥有对中央银行的债权，每一笔债权都恰好在他们需要清偿债务时到期，而且金额也恰好相等；中央银行也不需要有任何黄金储备，因为客户每天支付的款项总和恰好等于提取的款项总和；事实上，所有交易都能通过开立在中央银行的存款账户转账完成；于是，这个体系里的"货币"不是一种交易媒介，它根本不是货币，它只是一个计价单位（numéraire），一个虚无缥缈的记账单位。在某些经济学家的幻想和许多外行人的错误观念里，这种记账单位被误认为具有实际货币所拥有的某种含混不清的性质。在卖主和买主之间插入以这种记账单位表示的数值对买卖的本质毫无影响。对于人们的经济活动，这种记账单位是中立的，但是，一个中立货币的概念本身就是不可能实现，而且也是不可想象的。[1]如果借用当代许多经济学著作所采用的不太恰当的术语，我们不得不说，货币必然是一个"动态因素"。在一个静态体系里，货币没有容身的空间，但是，一个没有货币的市场经济本身便是自相矛盾的。

均匀轮转经济假想是一个极限概念，在这个假想的框架里其实不再有任何行为，自动反应会取代人的思考——有意识地消除不适感的努力。我们在利用这个想象的构建时，要牢记我们设计它的初衷。第一，我们想分析的那种朝均匀轮转经济状态趋近的行为是每个行为都有的倾向。在进行这方面的分析时，我们必须永远记得，在一个并非固定不变的世界里，即在一个活的世界里，这种倾向绝不可能成为现实。第二，我们需要理解一个有行为发生的活生生的世界在哪些方面不同于一个固定不变的世界，而只有通过假想一个固定不变的世界所提供的反面论证才能有所发现。于是，我们一步步获得基本的认识：应对未来的不确定性行为，即投机，是每一个行为固有的一个因素，而利润与亏损则是行为必然会有的结果，任何一厢情愿的想法都不能使这些特征消失。那些充分掌握这些基本认知的经济学家所采取的研究过程可以被称为经济学的逻辑方法，以区别于数学方法。

对于不可能实现的假想情况，即在没有更多新的给定因素将会出现的情况下，数理经济学家完全不予理会那些必定会在均匀轮转经济状态中出现的行为。他们没有注意到，投机者的

---

[1] 参见第十七章第五节。

一些目的不在于建立均匀轮转经济状态，而在于采取行动改善自己的状况，从而更有利于达到他的目的，并尽可能消除他的不适感。他们唯独强调，所有由投机行为形成的复杂结构在给定的因素没有进一步变动时将会达到的那个假想的均衡状态。他们以联立微分方程式描述此一假想的均衡状态。他们未能意识到，他们所处理的那种事物状态是一个不再有任何行为的状态，而只有某个神秘的原始动力源所引发的一系列事件。他们尽一切努力以数学符号描述不同的均衡状态，即静止的、没有任何行为的状态。他们处理均衡状态的方式宛如它是一个真实的存在，而不是一个极限的概念和单纯的思考工具。他们所做的一切只是在徒劳地玩弄数学符号，只是一种无法传达任何知识的消遣。[1]

第六节　停滞的经济

人们有时候会把停滞的经济假想和均匀轮转经济假想混淆在一起，但其实这是两个不同的想象的构建。

假想的停滞经济是所有个人的财富和收入维持不变的经济体系。有一些变动与这个假想的经济体系相容，却与均匀轮转经济假想不相容。比如，人口可以增加或减少，但这些变动需要伴随着财富和收入相应增减；某些商品的需求可以变动，但是，这些变动必须是缓慢的，以致人们可以不必在需求萎缩的

---

[1] 对于数理经济学，第十六章第五节有更进一步的批判性阐述。

生产部门重置耗损掉的生产设备，转而投资需求扩张的生产部门，从而使资本从那些需求萎缩且必须减产的生产部门转移至那些需求扩张的生产部门。

停滞的经济假想进一步产生两种假想的经济体系：进步的（或扩张的）经济体系以及退步的（或萎缩的）经济体系。前一种想象的构建是，每个人的财富和收入，以及总人口趋于比较高的数值，而后一种想象的构建则与之相反。

在停滞的经济里，利润总和与亏损总和等于零。在发展的经济体中，利润总和超过亏损总和；在衰退的经济体中，利润总和小于亏损总和。

这三种假想经济是不怎么可靠的思考工具，它们的不可靠之处在于它们隐含了财富和收入可以测量的假设。然而，由于财富和收入是不可测量的，甚至是不可想象的，所以根本不可能利用这三种假想经济来严格划分实际的经济情况。每当经济史冒险按照停滞、进步或退步的经济架构来划分某一历史时期的经济演变时，它事实上是求助于历史的了解，而不是在"测量"。

第七节　市场交换功能的整合

当人们在各自处理自己的行为问题，以及当经济史、叙述性经济学和经济统计在报告他人的行为过程中使用企业家、资本家、地主、工人和消费者这些名词的时候，他们讲的是一些理念类型（ideal types）。当经济学使用这些名词的时候，讲的却是市场过程中的操作元素（catallactic categories）。经济理论里的企业家、资本家、地主、工人和消费者不是我们在实际生活中和历史上碰到的那些活生生的人，他们是市场运行中一些不同功能的化身。在逻辑推理过程中，行为人和历史科学都会应用经济学的成果，而且也会依据并参见行为学理论中的市场操作元素，建构所需的理念类型。但是，这些事实不妨碍理念类型和市场操作元素在逻辑上的截然不同。我们所处理的市场操作元素所指的是被拟人化的市场功能，而理念类型则指的是历史事件。活生生的行为人必然会融合一些不同的市场功能于一身，他绝不会只是一个消费者。除了是消费者，他还可能是企业家、地主、资本家或工人，也可能是一个靠这些人挣得的收入维生的人。再者，企业家、地主、资本家和工人等不同功能，往往融合在同样的人身上。历史学专注于按照人们追求什么目的和应用什么手段实现他们的目的，从而把人们进行分类。经济学研究的是市场社会里的行为结构，而不管人们追求什么目的和使用什么手段，它专注于辨别不同的行为元素和功能。这是两种不同的任务，其间的差异可以通过讨论交换学的企业家概念来得到最好的证明。

在均匀轮转经济假想里，没有企业家才能容身的空间，因为这个想象的构建抹除了任何能影响价格变动的给定因素。一旦我们抛弃给定因素不变的假定，我们就会发现，行为必然会受到每一个变动的给定因素的影响。由于行为必然会影响某一未来的情况（即使有时候未来只是瞬间到来的下一刻），所以在行为开始发生到行为结束的那个期间（照应期[1]）所出现的每一

---

[1] 参见第十八章第一节。

个没有被正确预料到的变动的给定因素对行为的效果一定会有影响，因此，行为的结果总是不确定的。这个定理不仅对市场经济有效，而且对"鲁滨孙·克鲁索"这个假想的孤独行为人，以及对计划经济也同样有效。在均匀轮转经济假想里，没有企业家或投机者，但在真实的经济体系里，每一个行为人都是一个企业家或投机者；而行为人照顾的人，比如幼小的家庭成员，以及计划经济社会里的人民群众，因为这些人本身不是行为人，所以也不是投机者，但也一样会受到行为人投机结果的影响。

经济学在讲到企业家的时候，想到的不是什么人，而是某种确切的功能。这种功能不是某个特殊群体或某个阶级的人所特有的，而是每一个行为固有的元素，是每一个行为人的责任。把这种功能具体化为某种假想人物是我们在论证方法上的一个权宜之计。交换学理论中的企业家概念所隐含的是，专门从每一个行为所固有的不确定性这一点来看待行为人。在使用这个术语时，绝不能忘记，每一个行为都镶嵌在不断流逝的时间中，所以行为都包含投机因素。资本家、地主和劳动者必然都是投机者，消费者在为预期的未来需要做准备时，也是一个投机者。毕竟世事难料，结果往往事与愿违。

让我们尝试把纯粹假想的企业家推演到它的最终逻辑结果，即让我们仔细想想，若这个企业家没有任何资本，他的企业活动所需的资本是资本家以货币贷款的方式借给他的。没错，法律认定他是用借来的钱购置生产工具的人。尽管如此，他依然没有财产，因为他的资产总额全被负债总额抵消了。如果他成功了，净利是他的；如果他失败了，亏损必定落在借钱给他的那些资本家身上。这样的企业家实际上是资本家的一个雇员，他们用资本家的钱进行投机活动，并取走百分之百的净利润，完全不关心亏损与否。这个企业家即使自己能够提供一部分所需的资本（其余的才是借的），情形也根本没有什么不同。产生的亏损如果超出这个企业家的自有资本，超出的部分将全数落在借钱给他的那些资本家身上——不管借钱的契约条件是如何规定的。资本家也永远是一个实际上的企业家与投机者，他总是冒着损失资本的风险，因为从来就没有安全投资这回事。

自给自足的地主耕种自有的地产只是为了供应自己的家庭所需，他也不能不受所有对他的农场的生产力或所需物品有影响的变动因素的影响。在市场经济体系里，对一个农夫来说，与他所持有的土地在市场供给中相关的因素，一旦有所变动，就会影响他的生产活动。即便以世俗的眼光来看，这个农夫显然也是一个企业家。任何拥有生产工具的人，不管其生产工具是有形的财货还是货币，都不能不受未来的不确定性的影响。使用任何有形的财货或货币进行生产，就是在为将来做准备，这本身就是一种企业家的冒险活动。

对劳动者来说，情形基本上是一样的。他拥有某些与生俱来的能力，他固有的能力是一种生产手段，比较适合某些类型的工作，比较不适合另外一些类型的工作，完全不适合其他工作。[1] 如果他已经掌握了某些劳动所需的技能，那么相对于相关教育训练所用掉的时间和材料而言，他是一个投资者。他在希望获得足够的产出补偿时已经做了一些投入。就这个劳动者的工资取决于他能完成的那种工作的市场价格而言，他就是一个企业家。这个价格和其他每一种生产要素的价格一样，都随

---

[1] 关于劳动是一种非特殊性的生产要素究竟是什么意思，参见第七章第三节。

着市场情况的变动而变动。

在经济理论中，企业家这个名词的意义是这样的：企业家指的是面对市场给定因素发生变动而采取行动的人；资本家和地主指的是面对价值与价格的某种特别变化而采取行动的人。这种变化纯粹是时间推移的结果，前提是所有市场给定因素保持不变。而时间推移之所以能产生这种变化，则是因为行为人对现有的和未来的财货有不同的价值评价。[1] 工人指的是利用自己的劳动作为生产要素的行为人。于是，每个功能都有一个巧妙的假想化身：企业家赚取利润或蒙受损失；生产工具（资本财或土地）的所有人赚取本源利息；工人赚取工资。在这个意义上，我们阐述了构建功能性分配的假想有别于实际的历史分配概念。[2]

然而，经济学过去是，现在也仍然是在按一种不同于假想的功能性分配里所指的企业家的含义而使用企业家一词。经济学也称某些人为企业家，这些人特别渴望预先调整生产活动，

---

[1] 简而言之，资本家和地主的概念包括行为人的时序偏好这一面。——译者注
[2] 让我们再次强调，每个人，包括外行人，在思考收入由什么决定的问题时，总是求助于这个假想的分配概念。它不是经济学家发明的，经济学家只是对它进行了精炼，从中清除掉通俗的想法所特有的一些缺点。关于功能性分配的认识论问题，请参见约翰·贝茨·克拉克（John Bates Clark）的书《财富的分配》(*The Distribution of Wealth*) 和庞巴维克于1924年在维也纳出版的文集。"分配"一词应该不至于误导任何人。它为什么出现在这个语境中呢？我们应该用经济思想史中假想的计划经济国度所扮演的角色来解释（请参见第三节）。在市场经济的操作过程中，没有什么能被恰当地称作分配的事项。财货并非像假想的计划经济国度假定将会做的那样首先被生产出来，然后再被分配。"功能性分配"（functional distribution）一词里的"分配"的意思和150年前人们所认为的"分配"的意思是一样的。但是，在现代惯用的英语里，"分配"表示通过商业运作把商品分销给众多消费者。

以适应预期的情况变化来获利。他们具有更加主动的开创精神，敢于冒险，他们的眼光比群众更锐利，他们是推动经济发展的先锋。这个企业家概念比假想的功能性分配里所采用的那个企业家概念要窄些，它不能包括后者涵盖的全部例子。使用同一名词表达两种不同的意思，实在很不方便，用另一个名词表示第二个意思，比如，用"首倡者"（promoter）表示会比较恰当。

我们得承认，企业家—首倡者（entrepreneur-promoter）这个概念，不像行为学的其他概念那样能被严格定义（就这一点来说，它和货币一样，货币也没有严格的行为学定义，这和交换媒介的概念不同[1]）。然而，经济学不能没有首倡者这个概念，因为它涉及人性的一个一般特征，这个特征是一个给定的市场因素，它出现在所有市场交易里，并且深深地影响着市场交易。我们说的是这个事实：对于实际情况的变动，不同的人有不同的反应速度和方式；由于人们天生的品性和人生阅历不同，所以他们是不相同的，而这种不同也以上述方式显现。在市场中，有些人是走在前面的领头羊，而其余的人则只会跟在后面模仿他们。在市场中和在其他人类的活动领域一样，领导和被领导是一个真实的现象。推动市场的力量，也就是使市场趋向于不断创新和获得改善的元素蕴含在首倡者不安分的个性以及他对尽可能牟取最大利润的渴望中。

然而，在阐述交换体系时，使用"企业家"这个双关词应该不至于产生疑义，凡是在有可能出现疑义的地方，只要以"首倡者"一词取代"企业家"，一切疑义便可消除。

---

[1] 参见第十七章第一节。

停滞经济里的企业家才能

期货市场可以解除企业家的一部分功能。只要一个企业家通过适当的远期交易合约给自己"买了保险"以避免损失，他就不再是一个企业家，同时他的企业家才能被移交给该合约的另一方。一个纺纱厂厂主如果在为他的纺纱厂买进原棉现货的时候也卖出同一数量的原棉期货，那么他便已抛弃他的一部分企业家才能。在期货合约的存续期间，原棉的价格若有变动，他将不会因此而获得利润或蒙受损失。当然，他并非完全不再发挥企业家才能。如果一般棉纱的价格或他所生产的特定数量与特殊种类的棉纱价格出现一些变动，并且这些变动不是由原棉价格变动而引起的，那么这些变动对他的利润或损失还是会有影响的。即使他只按某一议定的报酬为别人代工生产棉纱，就他已投资于纺纱厂的资金而言，他仍然是一个发挥企业家才能的人。

我们可以假想一个经济体系，其中，对于财货与服务来说，所有建立期货市场所需具备的条件都得到了满足。在这样一个假想的经济体系里，企业家才能和其他市场功能完全分开了，那里出现了一个纯粹的企业家阶级。期货市场所决定的价格指导整个体系的生产活动。只有期货市场的那些交易商会赚取利润或蒙受损失，其他人可以说都买了保险，不会受到未来的不确定性的影响。各企业的老板享有安全保障，等同于只赚取固定收入的雇员。

如果我们进一步假设，这个经济体系是一个停滞的经济体系，而且所有期货交易合约都集中于某一公司，那么这家公司在期货交易上的总损失显然会恰好等于它的总利润。我们只需把这家公司收归国有，便可实现一个既没有利润也没有亏损的计划经济体制，达到一个平静的安全与稳定状态。但是，之所以出现这种情况，全是因为我们所定义的停滞经济体系隐含了总亏损等于总利润。在一个非停滞的经济体系里，必定会出现总利润多于或少于总亏损的情形。

继续讨论这些过度复杂的想象的构建，对深入分析经济问题毫无帮助，只是在浪费时间。这里之所以提到它们，只是因为，它们所反映的一些想法不仅是某些批评者反对资本主义经济体制的基础，也是某些虚妄的计划当局建议实施计划经济的基础。没错，计划经济与均匀轮转经济和停滞的经济这两个不可能实现的想象的构建在逻辑上是彼此契合的。数理经济学家的嗜好是只专注于处理这些假想经济的情况，以及它们所隐含的均衡状态。这种嗜好使人们忘了，事实上这些想象的构建只不过是一些虚构的自相矛盾的和图一时方便的思考工具罢了。它们肯定不是什么恰当的模型，更不用说要据此构建一个活生生的行为人社会。

第十五章 市　场

第一节　市场经济的特征

　　市场经济是生产手段私有制下的社会分工体系。每个人都为自己的利益而行动，但是，每个人的行为除了满足自己的需要以外，也满足了别人的需要。每个人通过行动帮助同胞，而另一方面，每个人也获得了同胞的帮助。每个人既是一个手段，也是一个目的。对他自己来说，他是一个最终目的；而对别人来说，他是一个手段，别人试图利用他来达成自己的目的。

　　这个分工体系接受市场的引导，市场引导个人活动进入最能满足别人的需要的有效途径。在市场运作中，没有强制和胁迫。国家，这个施行强制和胁迫的社会机构既不干预市场，也不干预市场所引导的人的活动。国家若使用权力迫使人屈服，纯粹是为了杜绝那些对市场经济顺畅运行有害的行为。国家保护个人生命、健康和财产，使之不受国内匪徒和国外敌人的暴力威胁和欺诈侵害。于是，国家创造并维持允许市场经济安全运作的环境。"无政府的生产体系"适当地描述了这个社会结构的特征：没有独裁者指挥这个经济体系，没有指挥生产活动的经济沙皇给每个人分派任务，并强迫每个人服从命令和执行任务。每个人都是自由的，没有人必须服从他人的命令，个人出于自愿和别人合作，把自己融入社会合作体系。市场引导并示意他该怎样做才能既适合增进别人的幸福，也适合增进他自己的幸福。市场是至高无上的，市场使整个社会体系井然有序并使其具有意义。

市场不是一个场所、一件事物或一个集体单位，市场是一个过程，是个人在分工合作下相互作用所驱动的一个过程。市场状态是不断变化的，个别价值判断以及这些价值判断所引发的个人行为是决定市场状态的力量。某一时刻的市场状态是指当时的价格结构，即渴望买卖的人彼此互动所确立的交换率。市场没有什么超凡的或神秘的属性可言，市场过程完全是众多个人行为的结果，每个市场现象都可以溯源至市场社会成员的某些确定的选择。

市场过程是市场社会众多（个别行动的）成员为了互相合作所进行的行为调整。市场价格告诉生产者生产什么、如何生产和生产多少。市场是众人活动会聚的焦点，也是众人活动向外扩散的中心。

我们必须严格区分市场经济和另一种可以想象但不可能实现的社会分工合作体系——生产手段社会（或政府）所有制。这种体系通常称为计划经济、全面计划经济体制或国家资本主义。通常被称为"资本主义"的市场经济和计划经济是不兼容的。这两种体系的混合既是不可能的，也是不可想象的；不可能有混合经济这回事,不可能存在一部分是资本主义、一部分是计划经济的经济体系。生产活动要么受市场引导,要么受某一指挥生产活动的独裁者或独裁委员会所发布的命令引导,没有第三种方式。

如果在一个以生产手段私有制为基础的社会里,某些生产手段是公有或国营,即由政府及其代理机构拥有或经营,这并不会形成一个结合计划经济和资本主义的混合体系。国家或政府拥有和经营一些工厂的事实,不会改变市场经济的特征。这些公有企业或国营企业同样受到市场的主导。作为原料、设备和劳动的买方,以及作为财货与服务的卖方,这些公有企业或国营企业必须使自己融入市场经济体系。它们受制于市场法则,依赖于那些既可以光顾它们也可以不光顾它们的消费者。它们必须争取获得利润,或至少避免亏损。没错,政府可以利用公共财源,弥补国营工厂或商店的亏损。但是,这不会消除或减缓市场至高无上的影响力,而只是把市场的影响力转移至另一个市场部门,因为弥补亏损的财源必须以征税的手段筹措。但是,这些征收的税会影响市场,会按照市场法则影响经济结构。是市场而不是征得税收的政府决定这些税最后由谁承担,以及它们如何影响生产和消费。因此,这些国营企业的运作效果取决于市场,而不是取决于某个政府单位。

就行为学或经济学的意义而言,任何与市场运作发生联结的事物都不能被称为计划经济。所有计划经济者设想和定义的计划经济概念都隐含了去除生产要素市场和生产要素价格。个别工厂、商店和农场的国有化,即把它们从私有转移成公有是一个逐步实现计划经济的方法。它是走向计划经济的一个步骤,但它本身还不是计划经济。

政府经营的企业和苏联的经济体系仅凭它们在市场上买卖的

事实，便可断定它们和资本主义体系是有联系的。通过它们按照货币计算的行为便可证实这个联系，它们运用了自己所疯狂谴责的资本主义体系特有的心智操作方法（the mtellectual methods）。

货币的经济计算是市场经济的心智操作基础，在任何存在分工的社会体系里要实施某种行为，不能没有经济计算。市场经济按照货币价格进行计算，这一事实在市场经济的演进中曾起到了决定性的作用，在今天则是市场经济每天得以运行的一个条件。市场经济是真实存在的，因为它能计算。

第二节 资　本

市场经济的思考工具是经济计算。经济计算的基本概念是资本及其相关收入的概念。

资本和收入这两个概念在会计学上是手段，在人们的日常思考中则是目的。行为人擅长精打细算的大脑会在两种财货之间画下一条界线：一边是消费品——行为人计划用于立即满足自己的需要；另一边是所有顺位的财货——包括第一顺位的财货，行为人计划用来应对更多更远的行为以满足自己未来的需要[1]。于是手段和目的的区分，变成追求财富和消费的区分、事业和家庭的区分以及商用财货和家用财货的区分。所有各式各样预定用于事业经营并追求财富的财货，按货币当量予以估价和加总，

---

[1] 对这个人来说，这些财货不是第一顺位的财货，而是较高顺位的财货，即进一步生产所需的要素。

得出的总和资本是经济计算的起点。追求财富的行为的直接目的是增加资本或至少保持资本不变。在一定时间内，能消费掉而不会使资本减少的那个金额被称作收入。如果消费超过收入，这个差额称作资本消费；如果收入大于消费掉的金额，这个差额称作储蓄。确定收入、储蓄和资本消费的大小比例是经济计算的三个主要任务。

有一些特别的思虑潜伏在每一个行为人的预想和计划中，这些思虑逐步将行为人引向资本和收入的概念所隐含的一些观念。即使原始社会的农夫也会模模糊糊意识到那些在现代会计人员眼里显然是资本消费行为的后果。猎人不愿意猎杀怀孕的母鹿，以及即使是最冷酷无情的勇士在砍伐果树时也不免会内心不安，这显示他们的心态受到这些思虑的影响。这些思虑出现在古老的用益权（usufruct）法律制度以及类似的习俗与惯例中。但是，只有那些懂得使用货币计算的人，才能区分经济财和经济财所衍生的利益这两个概念，并将之阐述得足够清晰，也才能把这些概念恰当地应用到所有等级、所有类别和所有顺位的财货与服务上。在面对各种高度发展且不断变化的加工业，以及包含无数专业工作与行业的复杂社会合作结构时，只有他们才能清晰地表明这种概念上的区别。

根据现代会计学所提供的知识，通过回顾野蛮时期人类祖先的情况，我们可以说，他们也会使用"资本"。现代的会计人员能将所有专业方法应用在人类祖先的原始渔猎工具、牲畜饲养和土地耕作上，只要他知道该给各种相关项目分派什么价格。有些经济学家因此下结论说，"资本"是人类所有生产活动的一个元素，它出现在每一个可以想象的生产管理体制里，也就是说它不仅可以出现在鲁滨孙·克鲁索那种非自愿的独居状态，也可以出现在计划经济社会；换言之，它不以货币计算的惯常使用为先决条件。[1]然而，这样的结论其实是思想混淆的结果。资本这个概念不能和货币计算的情境分离，也不能和市场经济的社会结构分离，因为唯独在市场经济中，才能执行货币计算。在市场经济的情境之外，资本这个概念是没有意义的。资本只在某些行为人的计划和记录中发生作用，这些人在以生产手段私有制为基础的市场经济里各自负责他们的行为。此外，资本这个概念其实是随着货币计算的逐渐普及而发展起来的。[2]

现代会计方法是历史长期演化的结果。如今，商人和会计人员对于资本的意义有一个共识。资本是指在某一特定日期用来经营某一特定生产单位的所有资产项目的货币当量总数额减去所有负债项目的货币当量总数额的差额。至于这些资产项目具体是什么则无关紧要，它们可以是土地、建筑、机器设备、工具、任何种类和顺位的财货、求偿权、应收账款、现金，等等。

历史事实表明，在会计方法发展初期，带头走向货币计算的零售商大多没把他们的建筑物和土地的货币当量纳入资本的范畴。另一个历史事实表明，农夫迟迟未把资本的概念应用到他们的土地经营上。即使在今天的大部分发达国家，也只有一部分农夫熟悉完整的会计方法。许多农夫因循使用的记账制度，仍然忽视土地及其对生产的贡献：他们的账本不包含土地的货币当量，因此对此当量的变化也漠不关心。这样的记账方式是

---

[1] 参见施特里格尔的《资本与生产》(*Kapital und Produktion*)（维也纳，1934年），第3页。
[2] 参见《社会科学百科全书》(*Encyclopaedia of the Social Sciences*)中的弗兰克·A·费特（Frank A. Fetter）的词条。

有瑕疵的，因为它们不能传达资本会计想要掌握的唯一信息：它们没有显示农场的操作是否已经导致土地产能变差，即是否已经导致土地客观使用价值的恶化。如果土壤发生侵蚀，而账簿忽略了它，于是他们计算出来的收入（净收益）就会大于采用相对完整的记账方法所显示的数值。

这里之所以必须提到这些历史事实是因为它们曾误导经济学家构建"实际资本"这个概念。

经济学家从过去到现在都面临一个相同的迷信问题。这个迷信问题认为，借由增加货币流通数量和信用扩张，人们可以完全消除生产要素稀缺的情况，或至少可以将其减轻到一定程度。为了适当地处理这个与经济政策息息相关的根本问题，并且鉴于商人的资本计算涉及的是所有错综复杂的求财活动，经济学家认为必须构建一个"实际资本"的概念来对抗商人所使用的资本的概念。在经济学家开始这方面的努力时，土地的货币当量在资本概念里的位置仍然受到人们的质疑。于是，经济学家认为，在构建实际资本的概念时，忽略土地是合理的，从而把实际资本界定为全部可供利用的生产出来的生产要素。有些经济学家开始吹毛求疵地讨论，企业持有的消费财存货是否属于实际资本问题。不过，经济学家几乎一致认为，现金不是实际资本。

所谓"生产要素总和"（the produced factors of production）这个概念其实是一个空洞的概念。某一企业单位所拥有的各种生产要素的货币当量可以在被确定之后加总；但是，如果将这种以货币表示的估价抽离出来，那么"生产要素总和"就只是一份列举无数不同财货实际数量的清单。对行为人来说，这样的一份财货盘点清单是没有用的。它只从科技和地域的角度描述世界的一部分情况，完全没有触及人们努力改善其处境所导致的问题。我们可以勉强接受以"资本财"这个专门术语称呼生产要素总和，但是，这样的名称并不会使实际资本的概念更有意义。

使用实际资本这个虚构的概念所带来的最坏副作用就是，经济学家开始遐想所谓（实际）资本生产力的虚假问题。根据定义，生产要素是指能帮助某一生产过程获得成功的事物，它的市场价格完全反映了人们认为这种帮助的价值有多大。在生产要素市场的交易中，人们预期利用某项生产要素而获得的那些服务（该生产要素对生产力的贡献）会按照人们认为的那些服务的全部价值获得偿付。生产要素之所以被认为有价值，是因为它能提供某些服务，而这些服务也是人们向生产要素支付价格的唯一理由。人们一旦向一项生产要素支付了市场价格，生产要素就不再有什么额外的生产服务贡献能促使什么人向它支付更多报酬，把利息解释为资本生产力所衍生的收入，是一大错误。[1]

实际资本概念所导致的第二个思想混淆也同样有害。人们开始构思一个有别于私人资本的"社会资本"概念。从假想的计划经济出发，他们致力于定义一个适合这种经济体系，且适合企业的总经理在进行经济活动时所使用的资本概念。他们"正确地"意识到，这个总经理渴望知道自己的经营管理是否会成功（从他自己的一些价值判断，以及他根据这些价值判断所追求的一些目的来看是否成功），以及他可以花费多少生产要素供应他所监管的人民消费才不会使可供使用的生产要素存量减少，以致损害未来的产量。没错，计划经济体制的政府迫切需要资本和收入的概念来引导它的经济运作，然而，在一个没有

---

[1] 参见第十九章第二节和第三节。

生产手段私有财产权、没有市场和生产手段价格的经济体系里，资本和收入的概念只是学术性假设，没有任何实际应用意义。在一个计划经济体系里，有资本财，但没有资本。

只有在市场经济中，资本的概念才有意义。对于在市场经济体系里自负盈亏的人以及由他们组成的团体来说，资本这个行为学概念有利于他们为实现自身的目的并做到精打细算。资本的概念是那些渴望获得利润和避免亏损的资本家、企业家和农夫的思考工具。资本的概念不是所有行为的一个元素，而是市场经济行为特有的元素。

第三节　资本主义

迄今为止的一切文明都以生产手段私有制为基础，可以说，文明和私有财产制一直联结在一起。主张经济学是实验性科学却又建议生产手段公有的那些人自相矛盾得令人吃惊。如果历史经验能教我们什么，那无疑就是，私有财产制和文明的联结是不可分割的。迄今为止，还没有任何经验显示，计划经济能和资本主义提供一样高的生活水平。[1]

市场经济体系从来没有被彻底地和纯粹地尝试过。但是，在西方文明范围内，15世纪以来的一般趋势主要是朝向废除阻碍市场经济运作的一些制度发展。伴随着这种发展趋势，人口

---

[1] 关于俄国"实验"成果的检视，参见米塞斯的《计划出来的混乱》(*Planned Chaos*)，第80—87页。

大幅增加，一般民众的生活水平提高到一个前所未有的水平。现今美国一个普通工人享有的诸多生活便利设施，连以前的克里萨斯王、克拉苏、梅第奇家族和路易十四都会羡慕。

计划经济者和干预主义者针对市场经济所做出的诸多批判纯属经济方面的问题，只能以本书所采取的方式来处理，即对人的行为和所有想象得到的社会合作体系进行彻底分析。至于人们为什么鄙视资本主义，为什么把每一件他们不喜欢的事物称作"资本主义的"，则是一个涉及历史的心理问题，必须留给历史学家去处理。但是，有几个问题我们必须在这里提出以供讨论。

极权主义的支持者认为，资本主义是一个恐怖的恶灵，是人类突然感染的可怕疾病。在计划经济者眼里，资本主义是一个不可避免的人类演化阶段。即便如此，资本主义仍是祸害，所幸，救赎即将来临，人类即将解放，他们将永远远离这个祸害。在其他人看来，只要人们更有道德感或选择更高明的经济政策，人类历史就可以避免资本主义。所有这些研究论述都有一个共同特征，即都把资本主义看成偶然发生的现象。即使消除它，也不会改变文明人赖以行动和思考的基本条件。由于他们疏于关心经济计算问题，因此他们没有意识到废除货币计算必将导致的后果。他们没有意识到，计划经济体制中的人在心态和思考模式上完全不同于我们当代人，因为计算在他们制订计划时没有任何用处。在处理计划经济问题时，我们绝不可忽略此心态的转变，即使我们准备默默接受计划经济对人类物质幸福即将造成的灾难性后果。

市场经济是人们在分工制度下形成的一种人的行为模式，但这不等于说，它是偶然发生的或可以用另一种模式取代的非自然的行为模式。市场经济是长期演化的产物，是人们努力调整自己的行为，尽可能适应他们所不能改变的给定环境的结果。市场经济可以说是一个策略，该策略的应用使人们得以从野蛮进化到文明。

在当今的论述者中非常流行这样一个论证模式：在过去的两百年间，资本主义这个经济体制，完成了不可思议的惊人成就，所以它注定要完蛋，因为过去有益的事物对我们这个时代以及对未来都不可能是有益的。这样的推理公然抵触了实验认知原则。这里无须再讨论，人的行为科学是否能采用实验的自然科学研究方法。即使这个问题的答案是肯定的，但是由这些违反常理的实验主义者做出的这种论证还是很荒谬的。实验的科学论证会说：因为 a 在以往是有效的，所以它在将来也有效；它绝不会反过来说：因为 a 在以往有效，所以在将来是无效的。

经济学家时常因为"漠视历史"而遭到指责。有人声称，经济学家认为市场经济是唯一理想的永恒的社会合作模式，他们集中研究和探索市场经济，而忽略其他因素。他们对于资本主义是最近两百年才出现的事实以及对于它现在仅局限在相对狭小的地理范围和少数民族中一直漠不关心。而且，从古至今还有一些别的文明具有不同于资本主义的心态和处理经济事务的模式。从永恒的观点来看，资本主义不过是一时现象、一个短暂的历史演化阶段和前资本主义时期过渡到后资本主义时期的短暂阶段。

以上对经济学家的所有批评都是错误的。经济学当然不是历史学或别的什么科学，它是人的行为通论，是一些研究行为所必需的不可改变的因素，以及这些因素在所有能想象得到的特殊行为情境中怎样运作的一般科学。它因此提供了处理历史与民族学问题不可或缺的思考工具。如果一个历史学家或民族志学者在他的工作中疏于充分利用经济学的理论成果，那么他就不是一个称职的历史学家或民族志学者。事实上，他在着手处理研究主题时，并非不受他所鄙弃的一些理论概念的影响。在他的工作过程中，包括他在收集据称是纯粹的事实时，以及在安排这些事实和在根据这些事实推衍结论时，他都受到一些肤浅的经济学说混乱观念残余的引导。而这些肤浅的学说，往往是由一些笨拙的论述者构建的，在经济学获得发展之前的好几个世纪前就被彻底驳倒了。

市场社会是唯一容许行为人将经济计算应用于计划的行为模式，因此，唯有通过分析市场社会问题，我们才有可能进一步分析所有能想象得到的行为模式，以及分析历史学家和民族志学者所面对的一切经济问题。所有非资本主义的经济管理方法只有在假想它们也能使用基数记录过去行为与计划未来的情况下，才能加以分析研究。这也是经济学家为什么把纯粹的市场经济置于其研究核心的理由。

缺乏"历史感"和忽视演化因素的不是经济学家，反而是他们的批评者。经济学家始终清楚，市场经济事实上是一个长久历史过程的产物，这个过程开始于人类超脱其他灵长类动物之际。那些被误称为"历史相对论"学说的捍卫者热衷于撤销历史演化改变的效果。在他们眼里，任何存在的社会制度如果不能被他们回溯到过去某一遥远的年代，或不能在某些波利尼西亚原始部落的习俗里被他们发现，那么这些社会制度就是不自然的，甚至是堕落的。他们认为，某一制度不为野蛮人所知的事实足以证明它的无用和腐败。当普鲁士历史学派的教授得知私有财产权只是一个历史现象时异常欢喜：对他们来说，这是他们的计划经济可以实现的明证。[1]

有创造性的天才和普通市民格格不入，作为前所未闻的新事物的开创者，他和那些不加批判地一股脑儿接受传统标准与价值的同胞是对立的。在他眼里，守规矩的市民或普通人的那种按部就班简直愚蠢至极。对他来说，"布尔乔亚"（Bourgeois）是愚昧的同义词。[2]一些乐于模仿这位天才风格的落魄艺术家，为了忘却和隐藏他们的无能采纳了这一词语。这些落魄的艺术家把每一样他们不喜欢的事物都称为"布尔乔亚"。有些学者把"资本主义的"等同于"布尔乔亚"，他们将这两个形容词当作同义词使用。在所有语言词汇中，凡是可耻的和不道德的，现在都用"资本主义的"或"布尔乔亚"来表

---

[1] 这个普遍的思维方式最令人惊异的产物是一位名叫佰恩·哈德·洛姆（Bernhard Laum）的普鲁士教授写的书《连接》（Tübingen）。洛姆收集了一大堆摘自某些民族学著作的引文，显示许多原始部落认为经济闭关自守和自给自足是自然的、必要的、道德良善的。他于是下结论说，闭关自守和自给自足是自然的，也是最合宜的经济管理制度。他还说，回到他所倡议的自给自足状态，是"生物学上一个必然的过程"。

[2] 莫泊桑在分析福楼拜对布尔乔亚的憎恶时说，福楼拜"aimait le monde"，意思是福楼拜喜欢在贵族、富有的布尔乔亚以及精英艺术家、作家、哲学家、科学家、政治家、企业家（首倡者）组成的巴黎社交圈走动。福楼拜把"布尔乔亚"一词当作愚昧的同义词，并且这样定义它："凡是思想卑鄙（pense basement）的人，我都称之为布尔乔亚。"很明显，在使用布尔乔亚一词时，福楼拜想到的不是作为一个社会阶级的资产阶级（bourgeoisie），而是他经常在这个阶级中碰到的一种愚昧。他心里也对普通人（le bon peuple）充满鄙视。然而，由于他通常接触的是上流社会的人（gens du monde），而不是工薪阶级，因此，前者的愚昧比后者的愚昧更让他恼羞。莫泊桑的这些评论，不仅对福楼拜有效，也适用于所有艺术家的"反布尔乔亚"情绪。必须附带强调的是，福楼拜是一个"资产阶级的"作家，而他写的那些小说则是"资本主义或布尔乔亚生产模式"的一个"意识形态的上层结构"。

示。[1] 这种思辨的模式是这样的：某人称任何他不喜欢的事物为"资本主义的"，然后根据这个称呼推断哪些事物是不好的。

这样的语义混淆还远不止于此。西斯蒙第（Sismondi）、浪漫的中古世代讴歌者、所有鼓吹计划经济的作家、普鲁士历史学派和美国制度学派都认为，资本主义是一种不公平的剥削体系，它牺牲了大多数人的重要利益，换取的是一小群牟取暴利者的利益。正派人士绝不可能拥护这个"疯狂的"体系。经济学家是"资产阶级的谄媚者"，因为这些人声称，资本主义不仅对一小群人有利，而且对每个人也都有利。经济学家若不是笨得认不清事实，就是一群被收买了的诡辩者，他们专为剥削者自私的阶级利益辩解。

在这些反对自由、民主和市场经济人士的术语中，"资本主义"指的是那些由大企业家和富豪所提倡的经济政策。面对某些——无疑不是全部，富有的企业家和资本家支持的一些措施，并限制自由贸易和竞争从而导致独占这样的事实，他们说，当今的资本主义代表保护主义、卡特尔和废除竞争。他们还说，在过去的某个时间，英国的资本主义的确支持自由贸易，不管是在国内市场，还是在国际贸易方面。但这是因为当时这样的政策对英国资产阶级有利。然而，现在情况已经改变了，今天的资本主义，即剥削阶级所拥护的政策是在推行另一种措施。

本书前面已经指出，这个说法严重扭曲了经济理论和历史事实。[2] 过去曾经有且将来也总是会有一些人基于自私与野心要求政府保护他们的既得利益，并且希望从限制竞争的政府措

---

[1] 纳粹党把"犹太人的"当作是"资本主义的"和"布尔乔亚"的同义词。
[2] 参见第三章第三节。

施中获利。一些年老力衰的企业家以及一些过去成功者的颓废子嗣不喜欢机敏灵巧的新贵分享他们的财富，挑战他们在社会中的显赫地位。他们希望经济情况保持固定不变，希望阻挠社会进步，他们的心愿能否实现取决于舆论形势。19世纪，享有威望的自由主义经济学家的学说所塑造的意识形态结构使这种愿望无效。当自由主义时代的科技进步彻底改变了传统的生产、运输和营销方法时，既得利益受到损害的那些人并未要求政府保护，因为他们知道这种要求是无法获得正面响应的。然而，如今的大多数人认为，政府的一个正当任务是阻止比较有效率的人和比较没效率的人竞争。公共舆论与那些力求阻碍进步的强势压力团体站在一起。奶油生产者在反对人造奶油的抗争中相当成功，而音乐家在反对留声机的过程中也取得了同样的成功，工会是每一部新机器的死对头。在这样的环境下，效率低的商人希望获得政府保护以对抗高效率的竞争者带来的冲击，一点儿也不奇怪。

我们可以这样描述当前的情况：现在的一些工商业团体不再是自由主义者了，他们不拥护纯粹的市场经济和自由企业，反而要求政府以各种措施干预工商活动。资本主义这个概念是一个经济学概念，如果它有什么含义的话，那只能是市场经济。我们如果默认它有另一种含义，那就抛弃了一个可以用来适当处理当代历史和经济政策问题的语义工具。只有当我们意识到，应用"成熟的资本主义"或"后期资本主义"等词汇的那些伪经济学家和政客所希望的是阻止人们知道市场经济的真义时，人们才能理解这个错误的命名法。他们希望人们误以为，政府的限制性政策所引起的那些令人厌恶的后果都是由资本主义造成的。

第四节 消费者主权至上

在市场经济中,管理所有经济事务是企业家的任务。他们控制生产过程,好比掌握舵轮的舵手操纵着船只。肤浅的旁观者也许会认为他们是至高无上的,其实并不是这样,因为他们必须无条件服从船长的命令,而船长就相当于市场中的消费者。决定生产什么的既不是企业家,也不是农夫或资本家,能做决定的是消费者。如果某位商人不严格遵守消费者以市场价格结构传递给他的那些命令,他就会蒙受损失,就会破产,然后被拉下掌握舵轮的显赫位置,取代他的是使消费者的需求得到更好满足的人。

消费者之所以光顾某些商店,是因为他们在那里能以最便宜的价格买到想要的东西。他们的买或不买决定了谁该拥有并经营工厂与农场。消费者使穷人变富,也使富人变穷,他们严格地决定该生产什么东西以及其质量和数量。他们是自私自利的无情老板,满脑子都是反复无常的奇怪念头和幻想,而且这些念头和幻想还无法预测。对他们来说,什么都不重要,除了自己的需求能否得到满足,他们丝毫不在乎商家过去的优点和既得利益。如果有人提议卖给他们一个他们比较喜欢或比较便宜的东西,他们就会舍弃原来的供货商。作为购买方和消费者,他们是铁石心肠、冷酷无情的,完全不会考虑别人的感受。

只有销售第一顺位财货与服务的商家才直接和消费者接触,才直接听从他们的命令。但是,这些商家会把得自消费者的命令传达给所有生产较高顺位财货与服务的那些商家。因为提供消费财的制造者、零售商以及相关的服务业等各个行业不得不向最便宜的供货商购买他们自己做生意所需的生产要素。如果他们不尽心尽力在最便宜的市场买进生产要素，并且适当处理这些生产要素，以最好和最便宜的方式满足消费者的需求，他们将不得不倒闭。一些在买进和处理生产要素方面比他们更成功和更有效率的人将会取代他们。消费者可以放纵自己的任性与奇思妙想，但是，企业家、资本家和农夫不可以任意行动，他们在生意方面必须听从消费者的命令。任何偏离消费者需求所指定的经营路线都会记在他们的账簿上，即使最轻微的偏离（不管是故意造成的，还是由于错误的判断与无效率造成的）也会使他们的利润降低，甚至消失；而比较严重的偏离则将导致亏损，从而导致破产乃至完全吞噬掉他们的财富。资本家、企业家和地主只能以最佳方式听从消费者的命令，从而保持和增加他们自己的财富。他们在事业经营上不能随意花钱，除非消费者愿意通过支付较高的价格购买他们的产品或归还他们花掉的那笔钱。在生产经营中，他们必须是无情无义的，因为消费者作为他们的老板也是铁石心肠的。

消费者不仅是消费财价格的最终决定者，同样也是所有生产要素价格的最终决定者，他们决定市场经济里每一个成员的收入。最终支付每个工人以及富有魅力的电影明星和保洁人员工资酬劳的是消费者，而不是企业家。消费者以花掉的每一分钱来决定所有生产过程和所有工商活动的组织细节。为了描述这种情况，有人把市场称为一个民主体制，每一分钱都有权利投下一张选票。[1] 比较正确的说法应该是，民主宪政是一个可

---

[1] 参见费特的《经济学原理》，(*The Principles of Economics*)（第三版，纽约，1913，第三版），第 394 页、第 410 页。

以比拟市场经济的方案，这个方案让消费者在市场经济中拥有和政府制定政策时同样的权力。然而，这个比拟是不完美的，在民主体制中，只有投给多数方候选人或多数方计划的选票才能有效地决定事态的发展，而少数方获得的选票不会直接影响政策。但是，在市场上，消费者投下的每一张选票都不会是无效的，他们花出去的每一分钱都发挥了影响生产过程的作用。出版商不仅出版侦探小说迎合多数民众，也出版抒情的诗作和哲学论文集迎合少数人的阅读兴趣；面包坊不仅为健康大众烘焙大量普通面包，也为少数需要特殊饮食的病人烘焙特制面包。每个消费者的决定都按他愿意支付的金额产生效果。

没错，在市场上，并非每个人都有相同的投票权，富人比穷人有更多的投票权，这种不平等本身就是先前某一投票过程的结果。在一个纯粹的市场经济社会里，富有是以最佳方式成功满足消费者需求的结果。一个富有的人只有继续以最有效率的方式满足消费者，才能保持他的财富。

因此，物质类生产要素的拥有者和企业家实际上是消费者通过每天重复的"选举程序"任命的可撤销的代理人或受托人。

在市场经济中，资产阶级只在一种情况下不完全受制于消费者的最高权力，即独占价格侵害了消费者至高无上的权力。

政治术语的隐喻

商人在管理自己的事业时所下达的命令是他人能听到和看到的，即使是传令的小伙计也知道店老板是发号施令管理店务的人。但是，人们必须多花一点心思才能意识到企业家是听命于市场的，消费者所给的那些命令是无形的，是感官觉察不到的。许多人欠缺认识这些无形命令的洞察力,这些人陷入错觉,误认为企业家和资本家是不负责任的独裁者,即误认为不会有人要求他们为其所作所为承担责任。[1]

这种心态的副作用是人们习惯将有关政治统治和军事行动的术语应用在商界。人们称一些成功的商人为国王或公爵,称他们的企业为帝国、王国或大公国。如果这种惯用语只是无伤大雅的比喻,那我们就无须多费唇舌批评它,但是,它成为许多严重错误的源头,这些错误在某些当代的学说中产生了恶劣的影响。

政府是一个强制与胁迫机构,有权力强迫人民服从命令。政治上的最高统治机构只要获得了相关意识形态力量的支持,不管它是一个独裁者还是一个受人民委托的代理人,都有权力镇压反叛者。[2]

企业家和资本家在市场经济中所处的地位和政府在政治统治中所处的地位性质不同。一个"巧克力国王"没有权力控制消费者(他的顾客),他要尽可能以质量最好而价格最低的巧克力供应他的顾客。"巧克力国王"不是在统治消费者,而是在服侍他们;消费者可没有将自己拴在他身上,他们可以不光顾他的店铺;如果消费者选择把钱花在别的地方,他就会失去他的"王国";而且他也不能"统治"他的工人,他雇佣工人,付给他们薪水,数额恰恰等于消费者在购买巧克力时愿意支付(偿

---

[1] 比阿特丽斯·韦伯(Beatrice Webb)在《我的学徒生涯》(*My Apprenticeship*)一书中描写的帕斯菲尔德夫人是一个富商的女儿,这个人物的心态就是一个明显的例子。

[2] 参见第九章,特别是第三节。——译者注

还)给他的金额。一般资本家和企业家更说不上行使什么政治支配权。欧美的文明国家曾经被长期控制在一些不怎么阻挠市场经济运作的政府手中,但如今,在这些国家掌权的许多政党对资本主义都不友善。这些政党认为,凡是让资本家和企业家受到伤害的事情都是最有利于人民的事情。

在未受干扰的市场经济里,一方面,资本家和企业家不能期望以贿赂官员和政客获取利益;另一方面,官员和政客也不可能通过勒索商人榨取不法利益。在干预主义国家,一些强大的压力团体热衷于为它们的成员谋取特权,这不免会以牺牲弱势团体和人民的利益为代价。这时,有些商人可能会认为,为了保护自己免于行政官员和立法机构的歧视,行贿不失为权宜之计,而一旦习惯了这种操作,他们甚至可能借此为自己谋取一些特权。无论如何,商人向某些政客和官员行贿,以及遭到这些政客和官员勒索敲诈的事实,并不表示商人是至高无上的或商人可以统治国家。行贿和送礼的是被统治者,而不是统治者。

大多数商人要么受他们的道德信念的影响,要么因为害怕而不敢采用行贿的办法,他们试着以合法的民主方法努力保护自由企业体制,并保护自己免受歧视。他们会组成同业公会,并尝试影响舆论。这些努力的成果一直相当可怜——许多反资本主义政策大行其道就是一个明证。他们迄今所能获得的最好结果是使某些可憎的措施稍微延缓一下。

一些煽动家以粗暴的方式歪曲这种事实:他们告诉我们说,某些银行家和制造商组成的同业公会才是他们国家真正的统治者,并且,被他们称为"财阀民主的"统治机构恰恰是由这些银行家和制造商支配的。实际上,简单列举过去几十年间任何一个国家立法机构所通过的法律，便足以推翻这种谬论。

第五节 竞 争

　　自然界充斥着不可调和的利益冲突。生存手段是稀缺的，自然繁殖倾向于超过生存手段容许的范围，只有适者生存。一只濒于饿死的动物和一只从它嘴里抢走食物的动物是敌对的。

　　分工下的社会合作可以消除这种对立，以合作互助取代敌意对抗，社会成员可以联合起来为同一目标而共同努力。

　　当我们把"竞争"一词用在动物的生活情境中时，比如动物之间为了争夺食物而互相厮杀，我们可以称此种现象为生物性竞争。生物性竞争绝不可和社会性竞争相混淆，后者是指人们在社会合作体系里，努力想要获取最有利的地位。因为总是会有一些位置在人们看来比别的位置更重要，于是人们希望超越别的竞争者以得到那些位置。因此，每一个想象得到的社会组织模式都存在社会性竞争。如果我们想象一个没有社会性竞争的情况，我们就必须构建这样一个社会（计划经济体制）：这个社会的首领在努力给每个人指定和分派社会中的位置和任务时，根本不需要下属显露任何野心就会协助他完成该分派过程。人们对这些东西漠不关心，也不会申请任何特殊的任命。他们表现得像种马一样，在他们的主人要挑选一匹公马和母马配种时，没有丝毫想法要把自己最优秀的那一面展现出来，这样的人将不再是行为人。

　　在一个极权主义体系里，社会性竞争表现为人们努力巴结掌权者。在市场经济中，社会性竞争表现为卖方必须在提供更好或更便宜的商品与服务上彼此超越，而买方必须在开出更高的价格上彼此超越。在处理这种可以称为市场竞争的社会性竞争时，我们必须小心提防一些谬误大行其道。

古典经济学家赞成废除所有阻止人们在市场上竞争的贸易障碍。他们说，这种限制性法律导致生产活动从自然生产条件比较有利的地方移往条件比较不利的地方。所有贸易障碍都在保护那些低效率的人，从而对抗来自高效率对手的竞争。所有贸易障碍都倾向于永远保持落后的科学技术方法。总之，贸易障碍削减生产，并会因此降低人们的生活水平。这些经济学家主张，为了使所有人更富裕，应该允许每个人自由竞争。他们按这种意义使用"自由竞争"一词，在他们的用语里，"自由"一词没有任何玄妙之处。他们主张废除阻止人们加入某些行业或进入某些市场的特权。有不少深奥微妙的刻苦研究对"自由竞争"一词里的"自由"这个形容词的形而上学含义吹毛求疵。所有这些论述都是似是而非的，都和市场竞争问题没有任何关系。

在自然条件发生作用的范围内，只有针对那些不能作为人的行为对象的非稀缺性生产要素，竞争才可能是"自由的"。在交换行为领域，竞争永远受限于经济财货与服务的必然稀缺性。即使完全没有制度性障碍限制参与竞争者的人数，实际情况也从来不允许每个人可以在所有市场部门自由参与竞争。在各个市场部门，只有相对少数人能参与竞争。

市场竞争作为市场经济的特征之一，是一个社会现象，而不是受政府和法律保障的一项权利，它让每个人得以在分工结构中随意选择最喜欢的位置。为每个人在社会中分派适当的位置是消费者的任务。消费者的买或不买，对于每个人的社会位置有决定性的作用。消费者至高无上的地位不会因为某些个别生产者被授予某种特权而受损。对潜在的市场进入者来说，只有当消费者赞同某一生产部门扩张，或新进入者能以更好或更便宜的方式满足消费者的需求，从而成功取代原来盘踞在该生产部门的一些生产者时，该生产部门才算是可以自由进入的。新增的投资只有满足消费者最迫切的需求时，才是合理的。如果既存的工厂可以满足消费者，那么在同一生产部门投下更多资本就是浪费，市场价格结构会把新的投资者推向其他生产部门。

此处必须强调的一个事实是：因为流行的许多关于竞争不可能存在的抱怨之声源于人们未能了解这一事实，大约50年前，人们习惯宣称，你不可能和那些铁路公司竞争，不可能开辟新的竞争路线挑战它们的地位，在陆路运输领域是不会再有竞争的。但事实是，当时已经在营运的那些铁路线大致能够满足消费者的需求。对于新增的资本投入来说，改善运营中的铁路线的服务效能，或用于别的生产部门，都比兴建新铁路线更有利可图。然而，这并未妨碍科技在运输技术方面的不断进步，那些铁路公司的庞大规模与经济权力并没有阻碍汽车和飞机的出现。

现在，面对那些被大企业占据优势的产业，人们也同样声称，你不可能挑战那些大企业的地位，它们的规模太大而且太有力量了。但是，竞争的意义并不是说人们只需要模仿别人的所作所为便能成功，而是以更好或更便宜的方式服务消费者的机会没有遭到既得利益者为了不受创新的伤害而获得的特权的影响。一个想要挑战老牌企业既得利益的市场进入者最需要的是灵活的脑子和有创意的点子。尽管老牌企业的庞大规模与经济"权力"被人们大肆宣扬，但如果他的计划可以满足消费者最迫切的需要，或以比原来的供应者所提供的价格更便宜的价格供应消费者，那么他将获得成功。

市场竞争绝不可和职业拳击赛或选美比赛相混淆。这种比赛的目的是发现谁是最好的拳击手或谁是最漂亮的女孩。市场竞争的社会性功能肯定不在于确定谁是最聪明的男孩，然后给优胜者颁赠一个头衔和奖牌。它的功能是，在给定的基本经济条件下保证消费者得到最佳满足感。

在职业拳击赛和选美比赛，乃至任何竞争的场合，不管是生物性的竞争还是社会性的竞争，机会均等都不是一个基本元素。绝大多数人碍于他们身体的生理结构而失去赢得"拳击冠军"或"选美皇后"这种头衔的机会。在劳动力市场上，只有极少数人能以歌剧演员和电影明星的身份参与竞争。在科学领域，最有利的竞争机会总是留给大学里的教授，然而，成千上万的教授消失在茫茫人海中，在思想和科学进步史上，没有留下他们的任何痕迹，反倒是许多处于不利地位的圈外人凭借着其非凡贡献赢得荣誉。

市场竞争不是以相同的方式对每个人开放，这个事实常遭到人们的指责。对穷人家的小孩来说，他们创业比富人家的小孩要艰难许多。但是，消费者不关心这个问题，他们不在乎将要服侍他们的那些企业家是否是在相同的条件下创业的。他们唯一的兴趣是使自己的需要获得最大的满足。如果世袭财产制度在这方面比较有效率，消费者就会选择它，而不会选择其他效率比较低的制度。他们是从"社会利害与是否繁荣"的观点来看待问题的，而不是从"每个人都应该有平等的竞争机会"这个假想的和无法实现的"自然权利"的观点来看待问题的。若要落实这种所谓的"自然权利",就必须把天生比平常人更聪明和更有意志力的那些人摆在一个比较不利的位置上,而这显然是荒谬的。

"竞争"一词被看作是"独占"的对立面。在这个用语方式中,人们按不同的含义使用"独占"一词,所以必须对这些不同的含义加以区分。

独占的第一个含义非常频繁地出现,指的是独占者(不管是一个人还是一个团体)完全掌控某一攸关人们生死的必要条件。这个独占者有权力迫使所有不服从其命令的人活活饿死,他可以发号施令,但其他人别无选择,不是屈服就是死亡。对于这个独占者来说,没有市场竞争或任何其他类型的交易竞争,独占者是主人,而其他人则是仰其鼻息的奴隶。我们无须细究独占的意思,它完全和市场经济无关。这里只需举一个例子就够了。一个包含全世界的计划经济国度将享有这种绝对完全的独占,它将有权力把所有反对者饿死。[1]

独占的第二个含义和第一个含义的不同之处在于,它描述了一个和市场经济兼容的情况。这种含义的独占者是指,一个人或一群联合起来共同采取某一行动的人完全控制住了某一特定商品的供给。如果我们这样定义独占一词,它的使用范围便显得非常广泛。加工行业中的那些产品彼此之间多少有些不同,每个工厂都能生产出一些不同于其他工厂的产品。每家旅馆都可以独占其所在区域的旅馆服务供应。一位医生或律师所提供的专业服务绝不会完全等于其他医生或律师所提供的服务。除

---

[1] 参见哈耶克在《通往奴役之路》中引述的托洛茨基的内容。

了某些原料、食物和其他大宗物资，这个意思的独占在市场上随处可见。

然而，独占对市场的运作和价格的决定没有什么意义或影响有限，它不会使独占者在销售其产品时占有任何优势。在著作权法律的保护下，每个打油诗的作者都享有销售其诗作的独占地位，但是，这并不会影响市场运作。他的诗作可能卖不到什么价钱，最终只能被当成废纸卖掉。

就独占的第二个含义而言，只有在相关独占产品的需求曲线具有某一特定形状时，独占才会成为决定价格的一个因素。如果有一种需求情况导致独占者以比较高的价格、销售少量产品时所获得的净收益高于他以比较低的价格、销售大量产品时所获得的净收益，那么这样的话，就会使独占性价格高于市场没有独占时的潜在价格。独占性价格是一个重要的市场现象，而独占本身只有在它可能形成独占性价格时才有重要性可言。

人们通常把非独占性价格称为竞争性价格，这个用语是否合宜，也颇值得商榷，但现在已被普遍接受，很难改变。但是，我们必须小心提防它被曲解。如果我们从独占性价格和竞争性价格的对立中推断独占性价格是缺少竞争的结果，那将是一个严重的错误。在市场上，永远有市场竞争，市场竞争不仅是决定竞争性价格的一个因素，也是决定独占性价格的一个因素。独占性价格的出现以及指导独占者定价的那条需求曲线，取决于所有商品的竞争，因为所有商品全都在竞相争夺买家口袋里的钱。独占者把准备出售的产品的价格定得越高，就有越多潜在买家把钱投向其他准备出售的商品。在市场上，每一样商品都在和其他商品竞争。

有些人主张，交换学的价格理论对于现实的研究没有什么用处，因为从来没有"自由的竞争"，至少现在已不再有自由竞争这回事了。这些人的所有主张都是错的，[1]他们误解了竞争，根本不知道竞争的真义。事实上，过去几十年的历史是一页以限制竞争为目的的政策史。这些政策的明显意图是保护某些生产团体，授予它们一些特权，使它们可以远离高效率的竞争者。在许多场合，这些政策已经导致了独占性价格的出现。在其他场合，情况是这样的：限制性政策的结果只是阻止更多资本家、企业家、农夫和工人进入某些生产部门，使他们不能在那里为他们的同胞提供最有价值的服务。虽然市场竞争已经受到严重限制，虽然它遭到了政府和工会的干扰，但是市场经济仍在运作。虽然劳动生产力已经被严重削弱，市场竞争体系也仍在发挥作用。

这些反竞争政策的最终目的是以一个完全没有市场竞争的计划经济体系取代资本主义。计划经济者一方面惋惜竞争程度的下降，一方面又希望废除这个"疯狂的"竞争体系。他们已经在一些国家达到他们的目的。但是，在世界其他地方，他们只限制了某些生产部门的竞争，从而增加了其他部门的竞争人数。

以限制竞争为目的的一些力量在我们这个时代扮演了重要角色。研究这个时代历史的一个重要任务是解释这些力量是怎么来的，但经济理论不需要特别提到它们。各种贸易障碍、特权、卡特尔、政府独占事业和工会存在的事实，只是经济史的一个给定因素，因此不需要特别的经济学原理加以解释。

---

[1] 哈耶克曾驳斥一些当时流行的不完全竞争和独占性竞争理论，参见哈耶克的《个人主义和经济秩序》。

第六节 自 由

"自由"一词对于人类历史上一些最杰出的代表性人物而言是最珍贵、最让人喜欢的东西。如今,嘲讽自由成为流行性言论。现代的智者大声宣告,自由是"狡猾的布尔乔亚"的偏见。

在自然界是找不到自由的,在自然界,没有哪个现象能被有意义地冠上"自由"一词。人,无论做什么,绝不可能使自己免于自然界施加在他身上的限制,如果他想成功,他必须无条件地顺从自然法则。

自由,永远指的是人际关系。一个人是自由的,也就是他能够不受别人任意摆布,自然老去。在社会框架里,每个人都依赖他的同胞。社会人不可能完全独立,除非他舍弃所有社会合作的利益。一个自给自足的人是独立的,但他不是自由的,他任凭每一个比他强大的人摆布,比他强大的人有权力无所顾忌地杀害他。所以,如果有人大声地咆哮说,在社会联结出现前的远古时代,人们想必曾享有一种所谓"自然的""与生俱来的"自由,那就是在胡说八道。人不是生而自由的,他所拥有的任何自由都是社会给他的;只有社会能赋予一个人权利,并让他在一定范围内享有自由。

自由是指人在一个契约型社会里的处境。[1]在生产手段私有制下,社会合作指的是在市场范围内,个人无须服从、服侍某位"太上皇"。就他给别人东西或服侍别人而言,他要么是出于自愿,要么是为了获得别人的回报。在和别人交换财货与服

---

[1] 参见第十章第二节。——译者注

务时，他既不是在义务劳动，也不是在义务纳贡。他当然不是独立的，他依赖其他社会成员，不过，这种依赖是相互的：买方依赖卖方，而卖方也依赖买方。

19 世纪和 20 世纪的许多作家的主要兴趣是抹黑和扭曲这个显而易见的事实。他们说，工人任凭他们的雇主摆布。没错，雇主的确有权利解雇他的雇员，但是，如果雇主任性地使用这项权利，他就是在伤害自己的利益。如果他为了雇佣一个低效率的工人而解雇一个高效率的工人，这对他自己是不利的。市场并不直接阻止任何人任意伤害他的同胞，但它会惩罚这种行为。店老板有粗鲁对待顾客的自由，只要他准备承受这么做的后果；消费者有联合抵制某个供货商的自由，只要他们愿意承担抵制的成本。在市场中，不是出自警官、刽子手和刑事法庭的强制与胁迫，而是基于自利的考虑，人们会克制胡作非为的天性，并促使自己尽力服待他的同胞。在契约型社会中，社会成员是自由的，因为他只在服务自己的时候服务别人，约束他的只是不可避免的自然稀缺的现实，除此之外，他在市场范围内是自由的。

自由，在市场经济中除了这种形式，没有任何其他形式。在一个集权主义的支配型社会里，唯一给个人留下的自由便是自杀的自由，因为对他来说，这种自由是无法剥夺的。

政府这个用来强制与胁迫的社会机构必然是一个霸权支配关系结构体。如果政府能够随意扩张其权力，它将废除市场经济并代以全面的集权体制。为了防止这种情况发生，必须遏制政府的权力扩张，这是所有宪法、人权法案和法律的任务，这是为自由而战的人们的一切奋斗意义。

那些抹黑自由的人称自由为一个"布尔乔亚的议题"，他们谴责所谓保障自由的法律权利只是消极的权利，但就这个消极意义来说，他们是对的。在国家和政府行为领域，自由是指对警察权力的行使施加了约束。

"自由"一词是用来形容市场社会里个体成员的处境的。在市场社会中，政府这个不可或缺的霸权支配关系结构体的权力遭到遏制，从而不会危及市场运作。在极权主义体制里，没有什么事物能冠上"自由的"形容词，只剩下独裁者肆意妄为。

如果那些呼吁废除自由的人未曾刻意制造语义上的混淆，那么我们也无须为这个明显的事实多费唇舌。他们意识到，如果公开坦率地为束缚与奴役而战，是没希望获得成功的。自由理念的威望极高，任何政治宣传绝无可能动摇它的受欢迎程度。自古以来，在西方文明范围内，自由一直被认为是最珍贵的东西。西方文明最突出的特征就在于它对自由——一个对东方人来说是陌生的社会理想的重视。西方哲学基本上是一个关于自由的哲学，欧洲人和欧洲移民，以及其后裔在世界其他地方所建立国家的历史主要就是争取自由的奋斗史。"彻底的个人主义"是西方文明的标识，任何公开攻击个人自由的政治诉求都没有丝毫成功的希望。

于是，极权主义的提倡者选择了其他战术。他们颠倒语词的意义，把人们除了服从命令，别无其他权利的体制下的处境，称作"真实的自由"或"纯正的自由"。他们称自己为真正的"自由主义者"，他们为实现这样一个社会秩序而奋斗。他们把俄国的各种独裁统治称为"民主"，把工会暴力与胁迫的方法称为"工业民主"，把那种只有政府才可以自由出版书籍和报纸的情况，称为"新闻自由"。他们把自由定义为，有机会做"对的"事情，而他们当然也妄称，"什么是对的"以及"什么是错的"得由他们来决定。在他们看来，政府万能就是完全自由。解放警察的权力，免除一切限制，是他们为自由而奋斗的真正意义。

这些自封的自由主义者说，市场经济只让一个寄生的剥削阶级——资产阶级享有自由。这些寄生的恶棍享有奴役人民群众的自由，靠工资生活的人是不自由的，他们必须为老板或雇主的利益而辛勤工作。按照不可剥夺的天赋人权学说，本该属于工人的利益却被资本家据为己有。在计划经济下，工人将享有自由与人性的尊严，因为他们将不再像奴隶那样为资本家辛苦工作。计划经济代表了平民得以解放，代表所有人都得到自由，此外，计划经济也让所有人都变得富有。

这些学说之所以能一直大行其道，是因为还没有人对它们提出有效的理性评判。有些经济学家在揭露计划经济学说的一些愚蠢的谬误和矛盾上表现得十分亮眼，但是，一般民众却忽视了经济学的这些引导。对于通俗小报和八卦杂志的读者来说，经济学的那些引导太过沉重，而一般政客和学者所提出的那些反对论点要不是愚蠢可笑，就是无关宏旨。如果有人断言最重要的"自然权利"是收入平等，那么认为人们有拥有财产的"自然的权利"就是没有用的，这样的争执永远不可能得出结果。批评计划经济中一些非必要的附带性特征是无济于事的，驳斥计划经济者在宗教、婚姻、节育和艺术方面的主张，是不可能驳倒计划经济的。再者，在处理这些议题时，计划经济的批评者经常犯错。例如，在布尔什维克党迫害俄国东正教一事上，批评者太过笨拙，以至于把对该迫害事件的挞伐转变为赞成那个堕落的、固执的和不宽容的宗教，即认同那些基于迷信的惯常做法。

尽管经济自由的辩护者有严重的缺陷，但是，永远向所有人欺瞒计划经济的基本特征仍然是不可能的。最狂热的计划经济者不得不承认，他们的计划包含了废除人们在资本主义和"财阀民主"下所享有的许多自由。由于被逼问到陷入窘境，他们诉诸一个新的遁词伎俩。他们强调，要被废除的自由只是资本家伤害一般人的那种虚假的经济自由，在经济领域之外，自由不仅将予以完全保留，而且还会大大增强。"为自由而计划"近年来已成为集权主义政府以及所有国家俄国化运动拥护者最流行的口号。

这种错误论点的根源在于，它似是而非地将人们的生活与行为区分成两个完全分离的领域，即"经济领域"和"非经济领域"。关于这个问题，本书前面已经说过，这里无须赘述。然而，另外有一点必须在这里强调一下。

在从前自由主义盛行的年代，西方民主国家的人民所享有的那种自由不是宪法、人权法案等法律的产物。那些法律规章的目的仅在于保护市场经济的运作所需要的那些自由，使它们免受官僚的侵害。任何政府和任何法律只有把支持和保护市场经济作为根本制度，才能保证自由的实现。政府永远代表的是强制与胁迫，所以它必然是自由的反面。只有当政府行使权力的范围被充分限制在保护经济自由的范围内，政府才是自由的保证人，才不会与自由对立。凡是在没有市场经济的地方，即使立意最良善的宪法和法律，也不过是一堆条文罢了。

个人在资本主义下享有的自由是竞争的一个结果，工人不必依赖任何雇主的仁慈和善意，如果他的雇主解雇他，他就去寻找另一个雇主。[1] 消费者不会任凭商家的老板摆布，他可以

---

[1] 参见第二十一章第四节。

随时光顾另一家商店——只要他喜欢。没有人必须对别人卑躬屈膝或担心别人会不会讨厌他。人际关系是理性和务实的，是不带情绪的。财货与服务的交换（人与人的交换）是相互的，卖什么或买什么都不是在施舍恩惠，而是买卖双方基于私利完成的一笔交易。

没错，每个人作为生产者，不是直接（如企业家），就是间接（如受雇的工人）依赖消费者的需求。然而，这种对消费者至高权力的依赖不是无限的。如果某人有重大理由抗拒消费者的至高权力，他可以试试。在市场范围内，每个人都有实际且有效的权利来反抗压迫，没有人会违背良心，没有人会被迫进入烈酒产业或枪炮工厂。他可能必须为自己的信念付出一些代价，毕竟在这个世界上，没有什么目的是可以免费达成的。不过，一个人在一项物质利益和他自认为的使命召唤之间怎样取舍，完全由自己决定。在市场经济中，在有关个人满足的问题上，唯有行为人自己才是至高无上的仲裁者。[1]

资本主义社会没有其他办法强迫个人改变他的职业、住所

---

[1] 在政治领域，对已成立的政府所实施的压迫进行抵抗，是被压迫者的最后手段。不管那种压迫是多么不合法、多么难以忍受，不管反政府人士的动机是多么崇高、多么尊贵，也不管他们暴力抵抗的后果是多么有益于社会，革命总是一桩不合法的行为，因为它总是在粉碎已建立的国家统治秩序。文明政府的一项根本标志是，在它的领土内，它是唯一能够采取各种暴力措施的机构，或唯一能够宣布其他机构实施合法暴力的机构。革命是公民之间的一种战争行为，它废除一切合法性的基础，因此它顶多受到一些不可靠的关于交战状态的国际惯例的约束。如果革命成功，它能在事后建立新法律秩序和新政府，但是，它绝不可制定一项合法的"抵抗压迫的权利"。授予那些胆敢对政府的武装力量进行武装反抗的人民不受惩罚的权利，等同于鼓励无政府状态，这是和任何统治模式不相容的。第一次法国大革命的人民制宪会议愚蠢到颁布了这样的一项权利，不过，它还没愚蠢到认真遵守它自己所颁布的该项权利。

或工作，而只能提供较高的工资作为他顺应消费者需求的补偿。正是这种压力让许多人难以忍受，以至于他们希望看到它在计划经济下被废除。他们太迟钝了，以至于没有意识到，替代这种压力的唯一办法就是让有关当局全权决定个人该在哪个部门以及在哪个地方工作。

在资本主义制度下，个人作为消费者也同样是自由的。他独自决定什么对他比较重要，什么比较不重要。他按照自己的意愿选择怎样花他自己赚来的钱。

计划经济取代市场经济的结果是剥夺一切自由，只留给个人服从的权利。有关当局指挥所有的经济事务，控制个人的一切生活与行动，它是个人唯一的雇主。一切劳动变成义务劳动，因为雇员必须接受领导所指定的工作。这个经济独裁机构决定消费者可以消费什么以及每一样东西可以消费多少。生活再也没有任何部分是留给个人做价值判断和由个人做决定的。有关当局给个人指派一定的任务，训练他适合这个任务，在有关当局认为合适的地方以它认为合适的方式来雇佣他。

一旦市场经济授予个体成员的经济自由被剥夺了，所有政治方面的自由和人权法案就变成了废话。一旦有关当局有充分的权力以经济权宜为借口，把每一个它不喜欢的公民下放到北极或沙漠，乃至让他终身"服苦役"，人身保护权和陪审团制度将不过是骗人的幌子。一旦有关当局控制所有印刷厂和造纸厂，新闻自由也不过是掩耳盗铃的谎言。以此类推，其他的人权也都是这样。

一个人是自由的，只要他可以按照自己的计划过自己的人生。而如果一个人的命运是由某个上级权威的计划来决定的，而计划的权力又全部归属于这个上级权威，那么按照所有人使用与理解"自由的"这个形容词的意思来说，他都不是自由的。

若不是语义混淆造成我们这个时代的语义革命,他也不会认为自己是自由的。

第七节 财富和收入的不平等

人们的财富和收入不平等是市场经济的一个基本特征。

财富和收入平等与自由是不相容的,这个事实有许多论述者强调过。我们在此处无须重复检视,也没必要讨论这些论述所提到的情绪化论点:放弃自由是否就足以保证财富和收入平等,以及一个社会是否能在这种平等的基础上持续存在呢?我们这里的任务只是描述不平等在市场社会里所发挥的作用。

在市场社会,政府实施直接的强制与胁迫仅仅是为了防止损害社会合作的行为。除此之外,人们不会受到警察力量的干扰,守法的公民无须担心狱卒和刽子手的存在。促使个人为社会合作生产而贡献一份力量的压力来自市场的价格结构,这种压力是间接的。市场按照消费者所认定的每个人的贡献有多大的价值来划分贡献等级,并因此给予个人报酬。一方面,市场按照每个人所完成的工作的价值报答他的努力;另一方面,市场让每个人自由选择,并由他自己决定要把各种天赋与能力发挥到什么程度。这个方法当然不能消除个人因天赋较差而导致的竞争劣势,但是,市场却给每个人提供了一个诱因来激励他尽量发挥自己的各种天赋和能力。

市场间接对个人施加经济压力的唯一替代方法就是由有关当局利用警察权力对个人直接施予压力与强制。有关当局必须被委以重任，以负责决定每个人该完成的工作数量和质量。由于人们的能力不同，这种责任便要求有关当局检视每个人的能力。于是，每个人就好比是监狱里的囚犯，由当局向他分派一定的工作。如果有关当局命令他做的工作未能达成，他就得接受惩罚。

认清为了防止犯罪而实施的直接压迫和为了一定的行为结果而实施的直接压迫之间的差异是很重要的。在前一个场景中，个人必须做到的不过是避免某种由法律准确界定的行为模式，而确定这样的禁令是否已经被遵守通常很容易。在第二种场景中，个人有责任完成某一确定的任务。不过，法律只迫使他做出某种不明确的行为，至于实际该做出什么行为则留给行政当局去决定。不管行政当局命令个人去做什么，他都必须服从。尽管行政当局发出的命令是否适合他的能力，以及他是否已经尽力服从命令，都很难确定，但是可以确定的是，每个人的能力以及他的所作所为任由行政当局决定。在市场经济中，在刑事法庭的审判过程中，检察官有义务提出充分的证据证明被告有罪；但是，在有关当局分派的强制工作问题上，被告要提出证据去证明分派给被告的工作超过他的能力或被告已经竭尽所能地尝试完成分派给他的工作，于是举证责任便转移到了被告的身上。行政当局的官员身兼立法者、执法者、公诉检察官和法官等职能，而被告只能完全听凭当局摆布。这正是人们在讲到欠缺自由时所想到的情况。

任何社会分工体系都需要一种方法来促使每个成员为自己在社会生产过程中所要做出的贡献负起责任。如果激起这种责任感的办法不是市场的价格结构——这个结构导致财富和收入不平等，那么社会就必须利用警察权力直接强制人们负起责任。

第八节　企业家的利润与亏损

就广义上的利润而言，它是指行为所产生的增益，即行为所引起的满足感增加（或不适感减少）。它是行为所产生的结果中的较高价值和行为结果（所做出的牺牲）的较低价值之间的差额。换言之，它是行为的收益减掉成本。获得利润永远是行为的目的；如果某一行为未能达成所追求的目的，则该行为的收益要么没有超过其成本，要么就低于其成本；后一种情形意味着行为的结果是亏损，它表示满足感的减少。

这种原始意义上的利润与亏损是一种心理现象，因此是不能测量的，是不可能以某种表达方式把关于它们的强度信息传达给别人的。某人可以告诉他人说，a 比 b 更适合他，即他从 a 中得到的满足超过从 b 中得到的满足，但究竟超过多少呢？除非他随便说一个数字，否则他无法将具体数额告知别人。

在市场经济中，所有使用货币买卖的东西都能标记货币价格。在存在货币计算的情况下，利润表现为货币收入超过货币支出的余额，而亏损则表现为货币支出超出货币收入的余额。利润和亏损可以用确定数量的货币来表示，货币计算可以确定某个人（通过市场交易）究竟能得到多少利润或蒙受多少亏损。然而，这可不是一则关于这个人的心理利润或亏损的陈述，而是一则关于某一社会现象的陈述：一个人对社会共同生产工作的贡献在其他成员心里的估价。某个人通过市场交易所获得的利润或所蒙受的亏损并非与他个人的满足或幸福增减信息有关，而仅仅反映的是他的同胞就他对社会合作生产贡献的大小的估价。这个估价最终取决于每个社会成员为了得到最大可能的心理利润所做出的各种努力。换言之，该估价（或以货币表示的利润与亏损）是每个社会成员所做出的个别的价值判断通过他们在市场上的买卖行为的综合效应所产生的结果。不过，该估价绝不可和价值判断本身相混淆。[1]

我们甚至无法想象，在什么情况下，人们的行为不想争取心理利润，或人们的行为既没产生心理利润，也没产生心理亏损。[2]在假想的均匀轮转经济情境里，既没有以货币计算的利润（货币利润），也没有以货币计算的亏损（货币亏损），但是，每个人都从自己的行为中得到了一些心理利润，否则他根本不会采取什么行动。农夫之所以饲养乳牛、挤奶和卖牛奶，是因为他认为，由此赚来的钱所买到东西的价值会高于他所花掉的钱。在这种均匀轮转的假想经济里，如果我们忽略眼前财货（在人们心目中）的价值相对于未来财货的价值所产生的价格差额，那么就没有货币利润或亏损，这是因为"生产所需的所有互补生产要素的价格总和恰恰等于产品价格"这个假想的事实的存在。

在变动的真实世界里，互补生产要素的价格总和与产品价格之间一再出现落差，正是这些落差导致了货币利润和货币亏损。关于市场变动会怎样影响劳动者、原始生产要素出售者和作为放贷者的资本家，我们将在稍后阐述。在这里，我们只处理企业家的利润和亏损问题。当人们在日常谈话中提到利润和

---

[1] 读者不妨参见第十六章第二节，或许有助于深入理解本段论述。——译者注
[2] 即使某一行为既没改善也没减损满足状态，仍然会隐含一些心理亏损，因为所花掉的心理努力毫无效果。如果他什么都没做，安安静静地享受生命，该行为人会感到更幸福。

亏损时，他们心里想的就是这个问题。

和每个行为人一样，企业家也永远是一个处理未来的不确定性的投机者。他的成功或失败取决于他对种种不确定事件的预料是否正确。如果他对未来的情况了解错误，他就可能失败。一个企业家获得利润的唯一来源是他对于消费者的未来需求能预测得比别人更准确。如果每个人都能正确预测某一商品未来的市场情况，则市场现在就会把该商品和相关互补生产要素价格调整到适应那个未来的情况，于是，从事这门商品生意便不可能出现利润或亏损。

企业家具有的特殊功能就在于他会决定如何利用生产要素，他是可以把生产要素配置到各种特殊用途的那个人。企业家做这种事纯粹是出于他想赚取利润和累积财富的私利考虑。但是，他无法规避市场法则，而只能以提供消费者最好的服务来获得成功，他的利润依赖于消费者赞同他的行为。

绝不能把企业家的利润和亏损与影响企业家个人收入的其他因素混为一谈。

企业家本人的技术能力无关乎企业家的利润。他自己的技术对企业收入，以及对他个人净收入的贡献而言，也只是一笔工作报酬，是支付给他的劳动工资。每个生产过程未必都能在技术上成功生产出预期产品，这个事实也无关企业家的利润或亏损。生产过程在技术上的失败有些可以避免，有些不可避免。在可避免失败的场合，失败的原因是应用技术处理生产问题时没有效率或根本就没有能力生产，这时所导致的亏损就应该归咎于企业家个人的技术能力不足，即要么他本身欠缺技术能力，要么他没有能力雇佣适当的科技人才。在失败不可避免的场合，失败的原因是当前的科技知识无法提供生产成功所需的一切条件。这种缺憾要么是因为人们对生产成功的条件欠缺完整的知识，要么是因为还不能完全掌控某些已知会影响生产成败的条件。知识和科技能力这种不能令人满意的状况，会反映在生产要素的价格上。例如，耕地的价格取决于预测的平均收成，它需要反映人力无法控制的气候会导致收成减少。酒瓶突然爆破、香槟酒产量减少的事实无关乎企业家的利润和亏损，它只是决定香槟酒生产成本和价格的一些因素。[1]

那些影响生产过程、生产工具和产品库存的意外事故，是生产成本账上的项目。经验除了为商人提供科技知识，也提供关于这些意外事故可能使实际产出平均减损多少的信息。借由设立意外损失准备金账户，可以把这些意外事故的影响转变为经常性的生产成本。对于预期发生频率过于罕见、没有规律，以致正常的企业无法借此方式单独处理的意外事故，可以集合数目足够多的企业，采取协调一致的行动来解决。众多企业，在保险制度下，可以合作应对火灾、水灾或其他类似的意外事故所造成的损失。这时，保险费的支付便会取代意外损失准备金的拨付。无论如何，意外事故所引起的风险，并不会给科学技术的实施过程带来不确定因素。[2]如果某个企业家疏于适当处理这些意外事故，他便是在证明自己的技术能力不足；如此招致的损失，应该归咎于他的生产技术效率低下，而不是归咎

---

[1] 参见曼格尔特的《创业利润的教训》（*Die Lehre vom Unternehmergewinn*）（莱比锡，1855），第82页。利用一百公升的原味葡萄酒，不可能生产出一百公升的香槟酒，而只能生产较少数量的香槟酒；这个事实的意义和一百公斤的甜菜不可能生产出一百公斤糖，而只能生产较少数量的糖，是一样的。

[2] 参见奈特的《风险、不确定性和利润》（*Risk, Uncertainty and Profit*）（波士顿，1921），第211—213页。

于他的企业家才能。

市场上，有些企业家可能因为未能提高企业的技术效率，也可能因为自己对技术一无所知，以致成本估算出错，而另一些企业家则因为企业家才能有所缺失而被淘汰出局。一个企业家可能在发挥企业家才能上获得巨大成功，以至于能弥补他在技术失败上所造成的损失；也可能以本身优越的技术能力所产生的利益，或以雇佣到一些生产力较高的劳动力所产生的差额租金来抵消他在企业家的才能上的欠缺所导致的损失。但是，我们绝不可混淆企业单位中各种不同要素功能的结合。高效率的工人挣得的工资比低效率的工人高，同样，技术效率高的企业家挣得的工资或准工资也比技术效率低的企业家高。效率更高的机器和更肥沃的土地，其单位成本支出会有更高的实际产出；和效率较低的机器以及更贫瘠的土地相比，它们会获得一笔差额租金收益。在其他条件相同的情况下，这些较高的工资率和较高的租金收益是实际产出较高的一个必然结果。但是，企业家的利润和亏损不是实际产出数量多少造成的，它们取决于企业家根据消费者最迫切的需求所做的产出调整。利润和亏损所反映的是企业家在预测未来不确定的市场状况上成功或失败的程度。

企业家也可能受到各种政治风险的伤害，政府的政策、革命和战争都会使他的企业受损，甚至破产。这些事情不仅会影响他，还会影响整个市场经济和所有人，当然每个人受到的影响是不一样的。对个别企业家来说，上述影响是他无力改变的外生给定因素。如果他很有效率，他将会及时预测到它们。但是，他不见得总是能够以某种方式调整生产来避免损失。如果预期的风险只涉及他的企业家活动范围内的一部分区域，他还可以避免在受威胁的区域运营企业，或移转到风险更低的国家运营企业。但是，如果他不能移居国外，就必须待在原来的地方。即使所有企业家都彻底相信布尔什维克主义将取得全面胜利，他们也肯定不会放弃他们的企业家活动。如果财产即将遭到没收，资本家会倾向于消费自己的财产，因此企业家将不得不调整他们的企业计划以适应这种资本消费，从而使他们的商店与工厂适应国有化威胁的市场情况。但是，他们不会停止运营自己的企业。如果某些企业家倒闭或歇业，其他企业家将会取代他们——一些新的企业家会出现，或者原来的（未倒闭的）企业家会扩大他们的企业规模。在市场经济中，永远会有企业家存在。对资本主义不友善的一些政策也许会剥夺消费者原本可以从不受限制的企业家活动中获得的大部分利益，但是，这些政策不可能消灭整个企业家群体，只要这些政策还没彻底摧毁市场经济。

企业家利润与亏损的最终来源是未来供需结构的不确定性。

如果所有的企业家都能正确预料未来的市场情况，那就不会有利润或亏损，因为所有生产要素的当下价格已经完全调整到与未来相对应的产品价格；在购买生产要素时，企业家的花费必须（在适当计算现在的财货和未来的财货价格之间的差额之后）不少于未来产品购买方将付给他的金额。一个企业家只有在比其他企业家对未来的市场情况预测得更为准确时，才能在未来赚到利润，因为他现在买进的互补生产要素价格总和小于他未来出售的产品价格。

如果我们要想象一个既没有利润也没有亏损而供需情况又不停变动的世界，那么我们就必须借助一个不可能实现的假想——所有人对未来的所有事情都有准确的预测。如果那些最先将生产要素累积起来的原始社会的猎人与渔夫事先知道未来所有的世事变迁,而且如果他们自己和他们的后代,甚至是世界末日前的子孙都一样无所不知,都能按照他们确知的未来给所有生产要素估价,那么企业家的利润与亏损就永远不会出现。企业家的利润与亏损是先前预测的价格和后来市场实际决定的价格之间的落差造成的。没错,政府确实能没收利润,确实能从获得利润者的手中拿走利润并移转给他人,但是,除非这世界上全是无所不知的人,否则利润与亏损绝不可能从正在变化的世界中消失。

第九节 经济发展中的企业家利润和亏损

在假想的停滞经济里,所有企业家的利润总和等于所有企业家的亏损总和。在整个经济体系里,一个企业家的利润被另一个企业家的亏损抵消。所有消费者在购买某一商品上多支出的金钱会被他们在购买其他商品上少支出的金钱抵消。[1]

但在一个发展的经济体中,情形就不一样了。

我们将每一个人均资本投入正在增加的经济体称为发展的经济体。我们使用的这个名词没有任何价值判断的意思。我们既没有采取"物质主义的"观点认为这样的进步是好的,也没有采取"理想主义的"观点认为它是不好的,或任何"较高级

---

[1] 在这里,如果我们要使用通俗语言中所使用的"国民收入"这个错误的概念,我们就得说,国民收入的任何一部分都不能归入利润。

的观点"认为它一点也不重要。当然，众所周知，绝大多数人认为，这种意义上的发展将产生最令人满意的结果，并期盼出现经济发展的条件。

在停滞的经济里，企业家所能发挥的才能无非就是从某些产业撤出一些尚能转换用途[1]的生产要素让其他产业使用，或者把在生产过程中因用掉的资本财而获取的等价物导向某些产业，并让其他产业萎缩，除此之外他们什么也做不了。在发展的经济体中，企业家的活动还包括决定如何运用（新的储蓄所累积的）新增资本财。这些新增资本财的注入势必会提高生产的总收入，即势必会提高可供消费的消费财的供给，而不至于减少用于生产消费财的资本设备，从而不至于减少未来的消费财产出。总收入的提高可能是由于生产活动在生产技术方法未变的情况下扩大了，也可能是由于生产技术方法改善了，而这种改善在先前资本财供给较不充裕的情况下是不可能发生的。

企业家的利润总和超过企业家的亏损总和的差额就源于新增收入，但是，我们很容易就能证明，这个差额绝不可能吞没经济发展所带来的新增收入。市场法则会把新增收入分配给企业家、劳动者和某些物质类生产要素的供给者，其中的大部分则是分配给非企业家群体。

首先，我们必须认清，企业家获得利润不是一种持久的现象，它不过是一种暂时的现象。市场固有的内在趋势是促使利润和亏损消失，市场总是在往终极价格结构和终极静止状态之间移动。如果给定的市场因素没有出现新的变化打断这种趋势，

---

[1] 资本财的移转问题，将在第十八章第五节和第六节进行阐述。

并导致市场需要重新调整生产结构来适应新情况,所有互补的生产要素价格最终(适当考虑时序偏好所造成的价格差额)都会等于产品的价格,这时利润或亏损将不再有存在的空间。长期而言,社会生产力的提高所带来的利益增加都归于劳动者、土地的所有者和资本财的所有者。

资本财所有者中获得利益的是以下几方面:

(1)增加储蓄的人也使资本财的供应量增加。他们将拥有新增财富,这是他们节约的结果。

(2)某些先前已存在的资本财所有者。他们的资本财由于生产技术方法的改善而被更好地利用。当然,这些利益只是暂时的,必定会消失,因为这些利益会导致相关资本财扩大生产和供应。

另一方面,资本财供应量的增加会降低资本财的边际生产力,并因此导致资本财价格下跌,从而损害某些资本家的利益。这些受损的资本家在储蓄和积累新增资本财的过程中,要么完全没有参与,要么参与程度不够。

获得利益的土地所有者受惠于他们的农场、林地、渔场、矿场……在新的经济形势下,这些土地有了比从前更高的生产力。另一方面,也由于这些土地具有了更高的生产力,其他一些土地则变成边际成本的土地或边际成本以下的土地,从而使其他土地所有者的利益受到损害。

所有劳动者则因劳动边际生产力的提高而获得了长久的利益,但是,另一方面,一些劳动者在短期内可能蒙受损失。这些人原来从事的工作因技术进步而遭到淘汰,尽管工资率普遍提高,但他们只适合从事那些比以前赚得更少的工作。

在企业家采取行动,以及调整生产过程适应新的市场状况时，所有这些生产要素价格的变化就开始了。处理这个问题和处理市场给定因素的变动所引起的其他问题是一样的，我们必须小心谨慎，以免犯下在长期效应和短期效应之间画下一条泾渭分明的界线的错误。短期内发生的那些效应正是导致长期效应那一连串相继发生的转变中的几个阶段。就眼下这个问题来说，长期效应是企业家的利润和亏损消失，短期效应则是这个消除过程的初级阶段；如果市场给定因素没有因进一步改变而被迫中断，那么这个消除过程最后将导致均匀轮转经济的出现。

我们必须明白，企业家的利润总额大于亏损总额这种现象的出现是因为，企业家利润和亏损消失的过程和企业家调整生产活动结构以适应市场给定因素的改变是同步进行的。在整个事态演变过程中，那些源自资本供应量增加和生产技术进步的好处绝不可能仅仅让企业家独享。如果其他社会阶层的财富和收入保持不变，而这些人购买了某些新增产品时，他们只能相应地缩减他们购买其他产品的金额。这时，一群企业家所获得的利润将恰好等于其他企业家所蒙受的亏损。

事实就是，企业家在启用新积累起来的资本财和新近改善的生产技术方法时，需要利用一些互补的生产要素。他们对这些生产要素的需求属于新增的需求，必然会抬高它们的价格。只有当生产要素价格和工资率因此而上涨时，消费者才能够购买新的产品并且无须减少其他产品的购买。只有在这样的情况下，所有企业家的利润总额才可能大于所有企业家的亏损总额。

经济发展源自储蓄的新增资本财积累和生产技术的改善，后者的实现几乎总是以前者所提供的新资本为基础。发展的动因来自企业家，这些人热衷于调整企业的经营方向，以使消费者得到最大可能的满足，从而赚取利润。他们在执行计划以实现经济发展的过程中，势必会和工人以及一部分资本家和地主分享源自经济发展的利益，而且，他们分享给这些人的那部分利益势必会逐步提高，直到他们自己享有的那部分利益完全消失不见为止。

由此可见，"利润率""正常利润率"或"平均利润率"的说法实在是荒谬至极。利润的多少和企业家所使用的资本数量没有关系，资本不会"产生"利润。利润和亏损完全取决于企业家能否适应消费者需求从而调整生产决策。在所有利润当中，没有什么是"正常的"利润，也永远不会有什么"均衡的"利润。相反，利润和亏损永远是一个偏离"常态"的现象，是一个由大多数人预料之外的变化所引起的现象，是一种"不均衡"的现象。在常态和均衡的假想世界里没有利润和亏损容身的空间。在一个变化的经济体中，永远有一个内在的强大趋势使利润和亏损消失。只有出现新的变化才能使利润和亏损反复出现。在停滞的经济体中，利润和亏损的"平均率"是零。利润总额超过亏损总额正是经济发展以及所有阶层人民生活水平获得改善等事实存在的证据。利润额超过亏损额的幅度越大，社会也就越繁荣。

许多人完全不能克制自己的嫉妒和不满情绪，以至于不能理性处理企业家利润这个现象。在他们看来，利润源自对获取工资者和消费者的剥削，即利润源自不公平地降低工资率以及不公平地提高产品价格。公平地说，根本不该有任何利润存在。

经济学不关心这种武断的价值判断，也不关心根据所谓自然法以及永恒不变的道德律（据说个人的直觉或神明的启示必会传递这个道德律的准确信息），利润问题是否该受到谴责。经济学只确立一个事实：企业家的利润和亏损是市场经济的基本现象，一个没有利润和亏损的市场经济是不可能存在的。没错，动用警察力量无疑能够没收所有利润,不过,这种政策必然会使市场经济陷入混乱。毫无疑问,人有摧毁许多事物的能力,而在过去的历史中,也有人曾大肆使用过这种能力。人,现在也能够摧毁市场经济。

如果那些自命清高的道德家没被嫉妒蒙蔽心眼,那么他们在处理利润问题时就不会不同时处理那必然与利润相伴的亏损;他们就不会默不作声地忽略这样的事实:经济发展的前提条件是储蓄者和发明家的成就,前者的储蓄和后者的发明形成新增的资本财积累,而实际利用这些条件实现经济发展的则是企业家。其他人对经济发展没有这样的贡献,但却因别人向他们提供丰富的产品与服务而获益。

上面关于经济发展的说法只要经过必要的更改便可用于说明经济衰退的情况,即可用于人均资本投入正在减少的经济体系。在衰退的经济体中,企业家的亏损总额大于利润总额。陷入集体或整体概念谬误而无法自拔的那些人也许会问,在这样一个经济体中,怎么可能有什么企业家活动?如果某人事先知道,按照测算,他挣得利润的概率小于他蒙受亏损的概率,那么他为什么还要从事企业活动呢?然而,这是一个错误的提问方式。企业家和其他人一样,不是以作为某一阶级成员的身份在采取行动,而是以个人身份在采取行动。任何企业家都丝毫不关心全体企业家的命运。对个别企业家来说,人们根据某些理论,依据一定的特征把自己和其他人归为一类,但其他人的命运对他来说是无关紧要的。在不断变化的市场经济里,高效率的企业家总能赚得利润。在一个衰退的经济体中,亏损总额大于利润总额的事实吓不跑对自己的高效率有信心的人。一个有先见之明的企业家不会参考数学概率(mathematical probabilities）的计算，在适用历史了解的领域里，这种计算是无济于事的。[1] 有先见之明的企业家相信，他了解未来市场情况的能力要优于其他人。

企业家才能，即企业家追求利润的努力是市场经济的驱动力。利润和亏损是消费者借以在市场上行使其最高权力的机制。消费者的行为使利润和亏损出现，从而使生产手段的所有权和控制权从低效率的人手中移转到高效率的人手中。如果某个人在满足消费者的需求方面比别人更成功，那么他在领导企业活动方面会更有影响力。如果没有利润和亏损，企业家就不会知道消费者最迫切的需要是什么。即使某些企业家猜得到，他们也没有办法按照自己的猜测去调整社会的生产活动。

营利性企业必须服从消费者至高无上的权力。至于非营利机构，它本身就是至高无上的，可以自行其是，不必对公众负责。为利润而生产必然是为使用而生产，因为只有提供消费者最迫切需要的那些东西才能够赚到利润。

道德家和布道家对利润的批评是无关痛痒的。消费者——人民、普通人——偏好烈酒甚于圣经，偏好侦探小说甚于严肃的读物，以及政府偏好枪炮甚于奶油，并不是企业家的过错。企业家不会因为销售"坏"东西而赚到比销售"好"东西更大的利润。在提供满足消费者需求最强烈的那些事物上，企业家做得越成功，利润就越大。人们不是为了让"酒精资本"快乐而饮用醉人的饮料，也不是为了增加"死亡贩子"的利润而上战场。军火工业的存在是穷兵黩武精神的结果，不是产业本身

---

[1] 参见第六章关于或然性的说明，特别是该章第五节。——译者注

的原因。

使人们幡然醒悟,以健全的意识形态取代不健全的意识形态并不是企业家的本分。改变人们的观念和理想是哲学家的任务。企业家为消费者服务,不管他们是多么的邪恶和无知。

我们可以钦佩那些不从生产致命武器或烈酒中获利的人。然而,他们的行为不过是故作姿态,没有任何实际意义。即使所有企业家和资本家都效法他们,战争和酗酒者也不会消失不见。就像前资本主义时代那样,政府会在自己的兵工厂里制造武器,而酗酒者则会为自己蒸馏烈酒。

对消费不足和购买力论的一些看法

当人们说"消费不足"的时候,他们是想描述这样一种状况:一部分生产出来的财货没有被消费掉,可能消费这些财货的那些人因为贫穷而无力购买它们。这些财货会滞销或只能以低于成本的价格卖出去,因此便会产生各式各样的混乱,这种复杂的乱象被人们称为经济萧条。

一些企业家的确会错估未来的市场情况,这种事情会一再发生。他们没生产出消费者最渴望得到的那些财货,反倒生产出一些消费者不怎么需要或根本不想买的财货。这些低效率的企业家将遭受亏损,而与此同时,那些比他们高效的竞争者则因预测到消费者想要的财货而得利润。前者遭受的那些亏损不是人们普遍节制造成的,而是由于人们事实上偏好购买别的财货引起的。

即使实际情况真的像消费不足的迷思所隐含的那样,即工人实在是太穷了,因为企业家和资本家不公平地把理应分给工人的收入据为己有,以致工人买不起那些滞销产品,上面的结论也不会有任何改变。这些"剥削者"想必不会因为觉得剥削好玩而剥削。人们私底下认为,他们为了增加自己的消费或投资而牺牲"被剥削者"的利益。他们不会把掠夺来的财富抛到大海里,而会用来购买奢侈品以供自己消费,或用来购买生产资料以扩大他们的企业。当然,他们的需求所指向的财货不同于他们的利润或"剥削"收入被政府没收并分给工人以后,工人用来购买的财货。企业家对这种"剥削"所造成的各类商品市场供需情况的误判,和企业家对由其他原因造成的市场供需变化的误判并没有任何不同。市场供需结构的误判既导致一些不能干的企业家亏损,也导致另一些能干的企业家利润增加——从而抵消前者的亏损。误判使一些产业生意清淡,同时也使另一些产业生意兴旺,但不会导致所有产业都出现萧条现象。

消费不足的迷思是毫无根据和自相矛盾的胡说八道。一旦我们认真检视它的论证,它的理论就会立即瓦解。即使为了便于论证,我们姑且接受所谓"剥削"的说法,它也是站不住脚的。

关于购买力争论的说法稍微有些不同。它主张工资率上涨是生产扩张的先决条件,如果工资率没有上涨,企业增加财货生产的数量和提高其质量是没用的,因为新增的产品将找不到买主,或只能找到那些减少购买其他产品的买主。要实现经济发展,首先需要使工资率不断上涨,因此,政府或工会施加压力,强制执行较高的工资率以促进经济的发展。

前文已经证明,出现"企业家的利润总额大于亏损总额"这个现象和一部分源自资本财供应量增加与生产技术进步带来的利益流向非企业家群体的事实,是密不可分的。互补的生产要素价格上涨，尤其是工资率上涨，既不是企业家无视自己的意愿，一定要对其他人做出的让步，也不是企业家为了赚取利润而采取的精明手段，它是企业家为了赚取利润，努力调整消费财的供应以适应市场新情况而相继引发的一连串事件中的一个必然现象。导致企业家利润大于亏损的过程首先在利润大于亏损的结果出现之前会导致工资率和许多物质类生产要素价格的上涨。而且，这个过程的进一步发展将使利润大于亏损的现象消失——只要外在条件没有发生进一步变化而使资本财的供应量增加。利润大于亏损的现象不是生产要素价格上涨的一个结果。这两个现象的发生——生产要素价格上涨和利润大于亏损，都是企业家为适应资本财供应量增加和生产技术进步而调整生产的结果。只有当这一调整过程使社会中的非企业家阶层变得更富有时，利润大于亏损的现象才会暂时出现。

购买力论的基本错误在于，它误解了其中的因果关系，它颠倒是非，把工资率上涨当成经济发展的原因。

我们将在本书后面几章讨论，政府和工会组织强制工资率上涨，使其高于未受干扰的市场所决定的水平时，会产生哪些后果。[1] 在这里，我们只需补充一句解释性的话。

当讲到利润和亏损，以及价格和工资率时，我们心里想的总是实际的利润和亏损，以及实际的价格和实际的工资率。正是"名义货币"和"实际货币"的名称互换让许多人产生误解。这个问题也将在后面的章节中详细阐述。让我们在此仅顺便提及这个事实：实际工资率上涨和名义工资率下跌是可以并存的。

---

[1] 参见第三十章第三节。

第十节　首倡者、管理者、技术专家和官僚

　　企业家会雇佣技术专家，即一些有能力和技能去完成特定工作种类和工作数量的人。技术专家包括伟大的发明家、应用科学领域的一流人才、建筑师、设计师以及简单任务的执行者。只要企业家本人也参与企业计划的技术执行层面，那么他也可以加入技术专家的行列。他作为技术专家贡献自己的辛苦劳动，但指导他的劳动朝向一定目标的是他的企业家身份，而企业家本人，可以说是以一个消费者的受托人的身份在采取行动。

　　企业家不可能无时无刻亲自处理各种工作。调整生产和尽可能供应消费者最迫切需求的财货的工作不仅包括在大方向上决定该怎样利用各种资源，也包括许多细节上的调整。当然，大方向的决定毫无疑问是企业家作为首倡者和投机者的主要职责，而大方向调整之外的每一个细节看起来也许微不足道，对整个结果没什么影响，但是，许多细节的缺失和累积起来的后果却有可能使正确解决大问题的方案彻底失败。无论如何，在处理较小的问题时，每一点小缺失都会导致一些稀缺生产要素的浪费，从而损害消费者最大可能的满足。

　　在这里，我们必须注意企业家所考虑的问题在哪些方面不同于技术专家的技术任务问题，这一点很重要。在企业家决定执行他的全盘计划时便同步启动的每一个小项目都涉及许许多多细微的决定。这些小决定是否能获得成功取决于企业家是否选择了在不干扰整个项目计划的前提下，最经济的解决方案，即必须像全盘计划的那样避免不必要的成本支出。从技术专家的角度来说，他可能看不出这些细节问题的各种解决方案有什

么差别，或者他偏好一个实际产出数量比较大的方案。但是，企业家行为的动机是追求利润，这个动机督促他必须偏好最经济的解决方案，即这个方案必须避免使用那些对消费者最迫切需求的满足会带来损害的生产要素。在技术专家认为同样好的各种方案中，企业家应该偏好那个执行起来成本最小的方案。如果他的计算显示，增加的产出不会比多支出的成本更有价值，他可能会拒绝技术专家的建议，不选择成本支出较大但可获得较大实际产出的方案。在决定大方向和在处理日常事务中的一些小问题时都一样，企业家都必须完成他的任务，即根据市场价格结构所反映的消费者需求调整生产活动。

市场经济惯用的经济计算，尤其是复式记账法使企业家不用处理太多细节，让他在专注于一些伟大任务的同时做到不被世俗琐事缠身。企业家能任命一些助手，把一些次要的企业家责任托付给他们打理；而这些助手也能按照同样的原则，把一些较小范围的责任托付给他们自己的助手；整个管理阶层组织就这样建立起来。

管理者可以说是企业家的一个次要合伙人，不管雇佣管理者的合约条件与工资待遇如何，唯一重要的是，管理者基于自己的财务利益考虑会在精确界定的行为范围内竭尽所能地发挥他被托付的企业家才能。

复式记账法使管理阶层得以系统运行。由于有复式记账法，企业家能够按照一定方式计算企业各个部门的盈亏，借以评判企业各个部门所发挥的作用。于是，他能把每一个部门视为一个独立的单位，评估它对整个企业的成功贡献了多少比例。在商业计算系统里，企业的每一个部门代表了一个完整的企业体系，或者可以说，是一个假想的独立企业。假设这样的部门

"拥有"企业全部资本中的某一部分，它和其他部门做买卖，它有自己的支出和营收，它的买卖可能产生利润，也可能导致亏损。这里的利润或亏损会和其他部门的盈亏区别开来，从而评判该部门的经营效率。因此，企业家会给每一个部门的管理者分配大量独立自主的权限。接受企业家委托，承担某一特定职务的管理者收到的唯一指令是：尽可能赚取利润。企业家只需检查一下账册便可知道，管理者是否成功地执行了这个指令。每个管理者和次级管理者都为他的部门或分部的盈亏负责。如果单位账册出现利润，那是他的功劳，而如果出现亏损，则会对他不利。他自己的利益促使他在处理他的部门事务时尽心尽力。如果他造成了亏损，他将被企业家撤换，由预期更为成功的另一个管理者代替，甚至有可能整个部门都遭到裁撤。无论如何，这个管理者必然会失去他的工作。如果他成功获得利润，他的收入将会增加，或者至少不会有失去工作的风险。就他个人和负责部门运营结果的利害关系而言，管理者是否有权利享有部分归属于他负责部门的利润不是什么重要的问题。反正他个人的利益和他所负责部门的业绩本就息息相关。他的任务不像技术专家的任务，技术专家仅按照一定的方式执行一定量的工作；而管理者的任务则是在某个他接受委托而可以自由裁量的权限范围内适应市场状况，以调整他负责的部门的运营。当然，就像企业家本身可能结合企业家才能和技术专家功能一样，这种兼具多功能的情况也可能出现在管理者身上。

管理功能会永远服从和协助企业家才能，它能减轻企业家一部分的次要责任，但永远不可能演变成企业家才能的替代物。至于和这相反的谬论乃是源于将假想的功能性分配概念中所定义的企业家才能和在实际的市场经济中操作的企业家情况相混淆。[1]企业家才能离不开如何利用生产要素，以完成一定的任务。企业家控制生产要素的使用，而且也正是这种控制给他带来利润或亏损。

管理者的酬劳可能根据他受托管理的部门对企业家所赚得利润的贡献比例获得，不过，这无关宏旨。正如前面所指出的，无论如何，管理者的利益都与他受托管理的部分生意的成败息息相关。但是，管理者不可能为发生的亏损负责，这些亏损是由投资该企业的资本财所有者承担的，不可能移转给管理者承担。

资本财所有者自主决定并以最佳方式使用他们的资本财，这是社会上最正常不过的现象。资本财所有者在从事投资项目时，将他们自己的财产、财富和社会地位暴露在风险中。他们比整个社会更关心他们所投资的企业的冒险活动的成败。从社会整体来说，投资某个项目的资本如果被浪费了，也只意味着总财富的一小部分损失；然而，对这项投资的资本财所有者来说，损失就比较大，对大多数资本财所有者来说，则很可能意味着失去了全部的家当。但是，一个管理者如果得到完全自由的授权，那情形就不同了。当管理者拿别人的钱冒险投资时，他看待一个具有不确定性前景的投资项目的角度和承担亏损者看待该项目的角度是不同的。正是因为管理者不是按一定比例的利润得到酬劳，管理者才变得鲁莽起来，因为管理者无须分担投资亏损。

认为管理是企业家活动的全部以及管理功能可以完美替代

---

[1] 关于功能性分配的企业家才能以及在实际的市场经济里运营的企业家，两者的差别请参见第十四章第七节。——译者注

企业家才能，源于对公司这个典型的现代商业组织的误解。有人断言，公司由领取薪水的管理者经营，而股东只是消极的旁观者。所有权力都集中在公司雇佣的职员手上，股东是懒散且没用的，他们收割了公司管理者播种的成果。

这个说法完全忽略了资本、货币市场、股票和债券交易所——一个贴切的惯用语将这些简称为"市场"，在公司业务中所扮演的角色。"市场"中的交易遭到流行的反资本主义偏见的污蔑，被说成是危险的游戏或纯粹的赌博。实际上，普通股、优先股以及公司债券价格的变化是资本家最终控制资本流动方向的手段。在资本市场和货币市场，以及在大宗商品交易所里，资本家投机买卖所形成的价格结构决定了每一家公司的业务经营可获得多少资本供应，并且其影响下的市场形势也是管理者在运营细节上必须着力调整的重要考量。

一家公司的经营在一定程度上受到股东以及股东所推选的一些受托人——董事的指挥，他们会任免一些管理者。在较小的企业中，董事和管理者的职位时常由同一群人兼任，有时候在较大的公司中也有这种现象。一家成功的企业大部分时间绝不是由雇来的管理者掌控的。一个无所不能的管理阶层的出现并不意味着市场经济不受干扰，相反，它是刻意消除股东的影响力以及实际剥夺股东的所有权等干预主义措施衍生出的一个结果。在德国、意大利和奥地利，这种现象是政府掌控企业取代自由企业的预备步骤，就像英格兰银行和铁路公司在英国的情况那样，类似的倾向也普遍存在于美国的公用事业领域。公司化经营在过去取得的一些非凡成就不是领取薪水的政治寡头掌控企业活动的结果，而是一些拥有过半公司股份并与公司的兴衰成败密切相关联的人的成果，但这些人遭到部分民众蔑视而被认为是投机倒把的奸商。

企业家不受任何管理者的干扰，他独自决定在哪些行业使用资本以及使用多少资本。他既可以决定是否扩张或缩小整个企业或主要部门的规模，也可以决定企业的财务结构。这些都是影响企业经营的根本性决策，它们的决定权总是落在企业家手中，无论企业的法律架构是公司形式还是其他类型的组织。在这方面，任何给予企业家的协助都只是辅助性的，企业家对于过去情况的信息可以请教法律、统计和科技方面的专家，但是，他最后的决定隐含了对未来市场的判断，因而这些决定完全取决于企业家。至于他所计划的投资项目细节，则可以委托给他所雇佣的管理者执行。

对市场经济的运作而言，杰出管理者的社会功能和杰出发明家、技术专家、工程师、设计师、科学家、实验家等杰出专家的社会功能是同样不可或缺的。许多杰出的人才投身管理者的行列，为社会的经济发展大业做出了贡献。成功的管理者获得了高薪资的报酬，也时常分享企业的总利润。许多管理者在职业生涯中也变成资本家和企业家。尽管如此，管理者的功能还是不同于企业家才能。

就像流行的观念把"管理阶层"和"劳动者"列为两个反义词那样，把企业家才能和管理功能混为一谈也是一个严重的错误。当然，这个混淆是有人故意的，是为了模糊企业家才能与受托打理企业经营细节的管理者功能截然不同的事实。如果产业结构、资本在各产业和企业分配的多寡、每个工厂和商店的规模及其营业项目等都被当作给定的事实，则意味着它们不会有进一步变化的意思，在这种情况下，管理者的工作因循守旧是唯一的任务。在这种停滞的世界里，当然不需要创新者和首倡者，总利润恰好被总亏损抵消。要驳倒这个学说的种种谬论只需比较美国1945年和1915年的产业结构就够了。

不过，即使在停滞的世界里，如果按照某个流行口号的要求让"劳动者"在管理层占有一席之地，那也是荒谬的。满足这种要求将导致工团主义（syndicalism）。[1]

此外，还有一个混淆管理者和官僚的思想倾向。

官僚管理和利润管理是不同的，它是处理行政事务所应用的方法，其处理结果在市场上没有现金价值。委托警察部门处理的任务若成功执行，对社会合作秩序的维持至关重要，对每个社会成员也都有益。但是，这种任务的执行没有市场价格，不可能进行交易，所以，它的效益不能与完成它的过程中所花费的费用相比较。它会带来一些利益，但这些利益不能以金钱所表示的利润来反映，经济计算，尤其是复式记账法对它并不适用。警察部门的那些活动究竟是成功还是失败，按照营利性生产部门的那套计算程序是不可能厘清的。没有哪个会计人员能确定警察部门或其下属部门的运作是否成功。

每一个营利性生产部门所使用的资本都取决于消费者的行为。如果汽车行业把使用的资本扩大到原来的三倍，无疑将给社会大众提供更多且更好的服务，因为市场上将会有更多的汽车供应。但是，汽车行业的这一扩张，将从其他生产部门撤走它们原本要用来满足消费者更迫切需求的资本。这个事实将使汽车行业的扩张无利可图，反而提高了其他行业的利润。由于企业家要努力追求高额利润，所以他配置给每个行业的资本不

---

[1] 参见第三十三章。

得不达到满足比较迫切的消费者需求的程度，即不能损害消费者的最迫切需求。因此可以说，企业家的活动自动地接受消费财价格结构所反映的消费者需求的制约和指导。

政府各部门在执行任务时所需的经费要如何配置则不受前述可自动调节的市场机制的制约。如果把纽约市警察局的预算经费增加三倍，其服务质量无疑能大大提高。但问题是，这个部门经费的增加是否抵得过其他政府部门经费的减少？比如，卫生部门所提供的服务的减少或纳税者私人消费的缩减都不可能反映在警察局的账册上。这些账册只提供关于支出多少费用的信息，不可能提供任何关于获得多少利益的信息，因为这些结果不可能以折算成货币当量的形式表现出来。市民必须直接决定自己希望获得多少警察服务，以及愿意为此服务支付多少金钱。他们通过推选那些愿意遵从民意者来担任市议员和市政府官员，从而完成这个任务。

于是，市长和市政府各部门的负责人受到预算经费的限制。对于市民必须面对的各种问题，他们不能自由按照自己认为最有利的解决方案来采取行动。他们必须按照预算指定的用途使用预算指拨的经费，绝不能把经费用在别的任务上。公共行政领域审计工作的目标是确定各项经费是否严格按照预算使用，它与营利性企业的审计完全不同。

在营利性企业中，管理者和次级管理者的自由裁量权受到损益考量的限制。他们要遵从消费者的愿望，利润动机是他们唯一需要的指令，不需要细化指示和规定来限制他们的自由裁量权。如果他们能力超群，这些限制即便没有使他们束手束脚，也是多此一举。如果他们能力低下，这些限制也不会使他们成功，反而为他们提供了一个蹩脚的借口，让他们把失败归咎于一些不适当的规定。他们唯一需要的指示既是不言而喻的，也是不需要特别解释的，那就是：追求利润。

在公共行政和政府事务处理方面，情形就不同了。在公共行政方面，行政官员及其下属的自由裁量权并不受损益考量的限制。他们至高无上的"老板"——不管是拥有最高权力的全体人民还是某个拥有最高权力的独裁者，如果放手让行政官员及其下属自由行动，那就等于"老板"自己抛弃了至高的权力而让他们受益。行政官员将变成不负责任的代理人，他们的权力将取代全体人民或独裁者的权力。他们会做让自己觉得高兴的事，而不做"老板"希望他们做的事。为了防止这种现象的出现，也为了使他们服从"老板"的意志，他们就必须接受"老板"的详细指示，即"老板"在各个方面规定他们怎样处理事务。于是，严格遵守这些规定去处理一切事务就变成了他们的责任。他们只能在这些规定的范围内行事，不能自由调整自己的行为，以自认为合适的办法解决具体问题。他们是官僚，即他们是在任何事件中都必须遵守僵化制度的人。

官僚管理必然要遵守上级权威机构所制定的详细规则，那是唯一可以替代利润管理的管理方式。利润管理既不适用于处理在市场上没有现金价值的事务，如社会强制与胁迫机构的管理，也不适用于不以营利为目的的事务管理，如学校、医院或邮政系统等非营利机构的管理——尽管这些事务也能在营利的基础上进行运作。反正任何系统的运作只要不受利润动机的指导与限制，就必须接受官僚体制的指导与限制。

因此，官僚管理本身并不是一件坏事，它是唯一适合处理政府事务的方法，唯一适合管理政府这个社会强制与胁迫机构的方法。由于政府的存在是必要的，所以官僚主义在行政事务领域也同样是必要的。凡在经济计算不可行的地方，官僚管理的一些办法必不可少。一个计划经济国家的政府则必须把官僚管理应用到所有事务上。

任何企业，不管其规模大小或肩负什么特殊任务，只要它的运作完全是在纯粹营利的基础上进行的，它就不会变成一个官僚机构。但是，一旦它放弃追求利润，以所谓服务原则取代利润原则，并以提供服务为目的——不管这项服务的价格是否足以支付提供服务所需的费用，它就必须用官僚管理的办法代替企业家的利润管理办法。[1]

第十一节　选择过程

优胜劣汰的市场选择过程是由市场经济所有成员共同驱动的。由于每个人都渴望尽可能消除自己的不适感，一方面会努力尝试找到其他人带来最佳满足的市场位置，另一方面会尽量从其他人所提供的服务中获得好处。这也意味着，他会试图在最昂贵的市场卖出，而在最便宜的市场买进。所有人努力的综合结果不仅决定了价格结构，也决定了社会结构，即给众多不同的人分派各种不同的任务。市场使人们富有或贫穷，并决定谁经营大型工厂，谁洗刷地板，决定多少人在铜矿工作以及多少人在交响乐团演奏乐器。这些决定没有哪一个是永远不变的，

---

[1] 有关官僚问题的详细讨论，参见米塞斯的《官僚主义》(Bureaucracy, 纽黑文, 1944)。

它随时可变。市场的选择过程永不停歇，从而使社会各生产部门不断调整，以适应供需变化。市场会重新审查过去的决定，强迫每个人接受新的考验。任何人都没有绝对的安全保障，也没有权利保有过去取得的任何地位。没有人不受市场法则——消费者主权至上的约束。

生产手段的所有权不是特权，而是社会责任。资本家和地主不得不利用他们的财产让消费者获得最好的满足。他们如果在执行任务时表现迟钝，就会受到亏损的惩罚；他们如果不能接受教训，没改变行事作风，就会失去财富。没有哪一项投资永远安全。资本家和地主如果没有以最有效率的方式利用财产去服务消费者，就注定要失败。市场没有空间留给那些不动脑就享受财产的人，财产所有者必须设法运作自己的资金，使本金或收益起码不会减少。

过去在阶级特权横行和存在贸易障碍的时代，有些收入是不依赖市场的。君主和领主靠身份低下的奴隶和农奴生活，这些"下人"有缴纳什一税以及提供徭役与奉献贡品的义务。土地所有权只能通过强行占有土地或通过征服者慷慨施舍的方式取得。另一方面，土地所有权也只能通过地主取消施舍或通过另一个征服者的强行占有而丧失。后来，即使领主和他的大臣开始在市场上出售奴隶生产出来的剩余农产品，那些高效率的农产品竞争者也不可能使他们丧失地产。只在非常有限的空间内才有竞争。庄园的地产由贵族取得，城镇的房地产由城镇的公民取得，农地由乡下人取得，手工艺方面的竞争受到行会组织的限制。消费者不能以最便宜的方式满足自己的需求，因为价格管制要求卖家不得降价销售，买家只能任凭卖家摆布。拥有特权的生产者如果拒绝采用最合适的原料和最有效率的加工方法，消费者就得被迫忍受这种顽固和保守心态的后果。

完全自给自足的地主依赖自己的耕作成果生活，和市场没有关系。但是，现代农夫在市场上购买农用设备、肥料、种子、劳动和其他生产要素，并且出售农产品，因此受制于市场法则。他的收入取决于消费者，所以他必须调整自己的操作以顺应消费者的愿望。

市场的选择功能对劳动也有同样的作用。每个工人都受到他所期望的挣得最多的那种工作的吸引。和物质类生产要素一样，劳动这种生产要素也被市场配置到对消费者最有利的那些用途上。只要有更为迫切的需求尚待满足，市场就不会倾向于浪费任何劳动去满足比较不迫切的需求。像其他社会阶层那样，工人也受制于消费者至上的权力，如果他不服从，就会受到收入减少的惩罚。

市场的选择不会建立某些学者所说的社会阶级。企业家和首倡者也不会形成一个稳固的社会阶级。那么每个人都可以自由地成为首倡者。如果每个人都认为自己比其他同胞更有能力预期未来的市场情况，而且肯冒险尝试得到消费者的认同，不管他是什么身份，只要他想跻身首倡者的行列，他就得具备积极进取的精神，并甘心接受市场给每个想成为首倡者或想继续保持这种显赫地位的人一视同仁的考验。每个人都有机会冒险，市场新进者无须等待谁来邀请或鼓励，他必须在冒险中对自己负责，而且必须知道要采取什么手段。

还有人一再声称，在"后期的"或"成熟的"资本主义体系中，一文不名者不可能上升到资本家和企业家的位置，但从来没有人尝试去证明这个论点。事实上，自从这个论点首次提出以来，企业家和资本家集团的成员已经有了相当大的改变。

先前的大部分企业家和继承人已经遭到淘汰，一些新富取代了他们的位置。的确，过去几年间，已经有一些制度被刻意制定出来，如果不能尽快废除这些制度，市场运作就可能在各个方面受到阻碍，穷人就更不会有翻身的机会了。

消费者在选择由谁担任工商业领袖时，只看谁有能力调整生产结构以顺应消费者的需求，而不关心其他的长处或优点。消费者希望制鞋业者生产物美价廉的鞋子，而不会热衷于把制鞋业的经营工作托付给可爱的帅哥、有娴熟社交礼仪且风度翩翩的人、有艺术天分的人或具有任何其他美德的人。这许许多多有助于人在生活领域获得成功的才能往往是一个成熟的商人不具备的。

现在还有不少人抨击资本家和企业家，毕竟普通人更喜欢嘲讽比自己成功的人。嘲讽者可能认为，这些赢家之所以比较富有，是因为他们比自己更不择手段。嘲讽者自认为要不是基于道德律和社会责任感的考虑，他也会像他们那样成功。于是，很多人在自以为是的伪善光环中沾沾自喜。

没错，在干预主义打造的情境下，许多人能以贪污或行贿的手段致富。在许多国家，干预主义已经大大削弱了市场至上的权力，以至于对普通商人来说，依赖官员的帮助要比依赖尽可能满足消费者的需求更为有利可图。然而，那些仇富者想的不是这一点，他们声称，从道德层面来说，在纯粹的市场社会里获取财富的方法令人反感。

针对这种说法，我们必须强调，只要市场的运作没受到政府的干预和其他强制因素的破坏，商业运作的成功就是为消费者提供满意服务的证明。一个穷人在其他方面不必然会输给一个成功的商人，他有时候在科学、文学、艺术成就或行政领导力上胜出，但是，在社会生产体系里，他却是输家。一个创造型的天才也许真有资格鄙视某些人在商业方面的成就，他如果不是因为对其他事物更感兴趣，也许真的就已经在商业方面取得成功了。但是，一般职员和工人如果吹嘘自己道德高尚（贬低商业成就），那不过是在欺骗自己，通过自欺欺人寻找安慰。他们不会承认自己也曾经尝试过，但是被自己的同胞——消费者发现不够格。

时常有人声称，穷人在市场竞争中失败，是因为他们缺乏教育。他们说，只有对所有人开放各级教育，才能向他们提供平等的机会。现代人大多倾向于把人与人之间的所有差异归因于教育，不承认人们天生已然存在智力、意志力和性格方面的不平等。一般人都没有意识到，教育不过是灌输一些已发展出来的理论和观念罢了。不管教育能给人们带来什么好处，它总是在传输传统理论和价值标准，所以它必然是保守的。教育产生模仿和常规，却产生不了改善和进步。学校不可能培养出创新者和创造型的天才，而天才正是向学校曾灌输给他们的那一套东西发起挑战的人。

想在商场上成功，不需要从哪个企业管理学校取得什么学位，这些学校只能训练从事常规工作的次级管理者。它们肯定训练不出企业家，而企业家也不是训练出来的。一个人通过抓住某个机会填补了市场的某个空缺而变成企业家。要展现这样敏锐的判断、远见和活力，不需要什么特别的教育。即使是最成功的商人，如果以教书匠的学术标准来衡量，他们往往也是没有受过教育的。但是，他们能胜任自己所选择承担的社会功能——调整社会生产、顺应消费者最迫切的需求，正是因为这些优点，消费者才选择他们担任工商业的领袖。

第十二节　个人和市场

人们现在习惯说，有一种无名的力量驱动市场机制。在使用这些比喻时，人们很容易忽略一个问题，即实际引导市场决定价格的唯一因素是人们有意识的行为。没有什么无名的力量，只是人们有意识地要达到自己所选定的目的；没有什么神秘的机械力量，只是人们要消除不适感的意志；没有什么无名的力量，只是我和你，张三和李四以及其他人。而我们每个人，既是一个生产者，也是一个消费者。

对个人来说，市场是一个社会体系（social body），并且是最重要的社会体系。所有市场现象都是社会现象，都是综合每一个成员的积极贡献所得到的结果。但是，市场现象不同于个人的贡献。对个人来说，市场现象看似是某种他自己不能改变的给定事物。他未必能看出，自己是决定市场每一瞬间状态的那些综合因素的一部分——尽管是很小的一部分。正因为他未能意识到这个事实，所以在批评市场现象时，他总觉得自己可以随意挞伐别人的某个行为模式，而同样的行为模式一旦出现在他自己身上，他又认为是完全正当的。他谴责市场冷酷、不近人情、不讲情面，他要求社会控制市场，使市场"人性化"。他一方面要求采取一些措施保护消费者，以对抗生产者；另一方面，他甚至更激昂地坚持必须保护像他自己这样的生产者，以对抗消费者。这些矛盾的结果就是要求政府采取各种干预市场的办法，其中最显著的例子是德意志帝国的社会福利政策和美国的新政。

有一个古老的谬论认为，文明政府理当保护低效率的生产者，以对抗高效率的生产者的竞争。人们要求一个有别于"消费者政策"的"生产者政策"。有人一方面夸夸其谈，重申生产的唯一目的是充裕供应消费这个不言自明之理，同时又滔滔不绝地强调，"勤勉的"生产者应该获得保护，以对抗"懒散的"消费者。

然而，生产者和消费者其实是同一个人。生产和消费是行为的两个不同阶段，交换学把这两个行为阶段区分为生产者和消费者，但实际上，他们是同一个人。当然，保护低效率的生产者以对抗高效率者的竞争，是可以办到的。在未受干扰的市场里，这种特权输送的利益只有能成功满足消费者最迫切需求的那些人才得以享有。因此，这种特权必然损害消费者的满足感。如果只有某个或一小群生产者享有这种特权，这些受益者会享受到以牺牲他人利益为代价的利益。但如果所有生产者都享有同等特权，那么每个人作为消费者所损失的利益和他作为生产者所获得的利益是一样多的。此外，一旦最有效率的人受到限制，他们就不能把他们的技巧应用在原本能给消费者提供最好的服务上，所有人都将受到损害，因为产品供应势必会减少。

对某个消费者而言，如果他认为更划算或更合适，他可以用比进口谷物售价更高的价格购买国产谷物，或用比其他来源制成品售价更高的价格购买小企业生产的产品或雇佣工会成员的工厂所制造的产品。他只需弄清楚，那些待售的商品符合他愿意支付较高价格的那些条件。禁止伪造产地标识与商标的法律便可成功达到关税、劳动立法和授予小企业特权想达到的那些目的。但是，消费者显然不打算这么做。事实上，一件商品标记为进口商品并不妨碍它的销路，只要它质量比较好或比较便宜,或质量又好又便宜。买家通常希望商品尽可能便宜,不管商品来自何处或生产者有哪些特征。

当今世界上所有国家实施的生产者政策可以在一些似是而非的经济理论里找到心理根源。这些理论断然否认,让效率比较低的生产者享有特权会牺牲消费者的利益这个事实。这些理论的支持者声称,这种措施只对遭到排挤的生产者不利。当进一步追问时,他们不得不承认消费者也会受到损害,他们仍坚称,消费者虽然会蒙受一些损失,但他们的货币收入也势必因生产者保护政策的实施而大大增加,因而补偿前面的损失绰绰有余。

于是,在欧洲一些以工业为主的国家,就有保护主义者首先宣称,对农产品征收进口关税后,利益受损的只是农业出口国的农夫和谷物交易商。的确,农业出口国的这些人的利益会受到损害,但是,可以肯定的是,采取这种关税政策的进口国的消费者也会一并受损,他们必须支付较高的价格购买所需的食物。当然,保护主义者会反驳说,这可不是一项无偿的负担,因为国内消费者额外支付的金额会增加国内农夫的收入,并提高其购买力,所以国内农夫接着也会把国内消费者多付的金额全部花在购买更多国内非农业产业所生产出来的制成品上。要驳倒这个逻辑倒置的谬论很容易,只需要参见如下这则众所周知的趣闻就够了。

有个乞丐要求某个酒店的主人送他十块钱,他说这不会使该店主蒙受什么损失,因为这个乞丐答应把这十块钱全部花在他的酒店里。但是,尽管如此,这个保护主义的谬论仍然掌控了舆论,这也解释了保护主义所鼓吹的那些措施为什么会如此大受欢迎。许多人根本没有意识到,贸易保护的唯一效果是把生产活动从每单位资本与劳动投入产出比高的地方，转移到投入产出比低的地方。贸易保护使人们变得贫困而非富有。

现代保护主义以及各国之所以追求经济自给自足，最终的思想基础在于，他们误以为保护主义和经济自给自足是使每个国民或至少使绝大部分国民变富的最佳手段。在这里，我们要重申变富的意思是指个人的真实收入增加，以及个人的生活水平改善。没错，经济封锁政策是政府干预国内经济必然会导致的一个后果，也是好战倾向的一个后果，以及产生好战倾向的一个因素。但事实就是，如果不能让选民相信贸易保护不仅不会损害他们的利益，反而会大大提高他们的生活水平，他们就绝不可能接受保护主义。

我们之所以特别强调这个事实，是因为它完全驳倒了当前许多畅销书所传播的一个迷思。这些畅销书说，现代人的动机不再是渴望增进物质幸福和提高生活水平，经济学家与此相反的论断是错误的。其实，现代人会优先考虑一些"非经济的"或"非理性的"事物，一旦物质生活方面的改善与某些"理想的"目的相抵触，他们随时愿意放弃物质生活的改善。一般来说，在经济学家和企业界人士中比较常见的一个严重错误就是他们会从某种"经济的"观点解释我们这个时代的情况，并且批评当代的一些意识形态，说它们隐含一些经济谬误，说人们渴望其他事物，这种渴望比渴望过好日子更为强烈。

如此愚蠢地曲解我们这个时代的历史简直就是无比粗鲁。我们这个时代的人狂热地想要获得更多生活便利品，永不满足地渴望更多生活享受。这个时代特有的一个社会现象是压力团体的出现，这种团体是某些人组成的利益联盟，这些人渴望利用一切手段，不管是合法的还是非法的，不管是和平的还是暴力的，来增进他们自己的物质幸福感。对压力团体来说，除了让该团体的成员的真实收入增加外，什么都不重要。它不担心它的计划一旦实施是否会伤害他人、国家或民族乃至全体人类的利益。不过，每个压力团体当然都会急于辩解，既表示它的教条有利于一般大众，也会污蔑它的反对者是卑鄙的恶棍、白痴和叛徒。为了实现它的计划，它展现出了一种准宗教信仰般的激情。

毫无例外，所有政党都向支持者承诺会有较高的真实收入。在这方面，国家主义政党和国际主义政党之间，以及支持市场经济的政党和支持计划经济或干预主义的政党之间，没有什么差别。如果某个政党要求支持者为该党的主张贡献一些牺牲，它总是会解释说，这些牺牲是为了达到最终目标——改善支持者的物质幸福暂时且必要的手段。在每个政党看来，如果有人胆敢质疑它的那些计划是否真能使支持者变得更富裕，那无疑是一个狡猾的阴谋，意在破坏该党的声誉，影响其生存。对于提出批评的经济学家，每个政党都极端仇视他们，对他们恨之入骨。

所有生产者提出的各项政策都立基于提高其成员的生活水平。保护主义和经济自给自足，工会的压力和强制，劳动立法、最低工资率、公共支出、信用扩张、各种补贴和其他一些临时措施的倡议者总会强调那是最合适或唯一能使真实收入增加的手段，并大力推广给那些他们想要拉拢的选民。每一个现代政治家或政客总是一成不变地告诉选民：我的政纲将使你们得到最大可能的富足，而对手的政纲将给你们带来贫穷和不幸。

没错，一些与世隔绝的知识分子在他们自己的秘密圈子里有另一套说法。他们声称某些永恒的绝对价值高于一切，但却只在滔滔不绝的雄辩中而不是在他们个人的操守上虚伪地表达对世俗事物的鄙视。但是,一般民众对于这种长篇大论不感兴趣。当今所有政治行为的主要目标无非是分别为各种压力团体成员谋取最高的物质幸福。政治人物相信,让人们相信他的政纲最有利于达成该目标,也是唯一让他可以功成名就的途径。

各种生产政策的错误之处在于它们所宣扬的经济学都有问题。

如果你想纵容自己随波逐流,以精神病理学的术语解释世俗事务,你也许会忍不住说,现代人之所以拿生产政策和消费政策对比,是因为患了某种精神分裂症。现代人未能意识到,人是统一的和不可分割的,即他是一个完整的个体;他不仅是一个生产者,也是一个消费者。难道他的完整意识可以分裂成两部分,他的心灵可以悄悄分裂成两个,并和他自己作对?不过,对于导致这些政策的经济理论谬误,我们不一定非要这样描述。经济学不在乎某个谬误有什么病理原因,而只在乎这个谬误本身及其逻辑根源。通过推理揭露错误是最基本的科学任务,如果某个陈述的逻辑谬误没被揭露,精神病理学便不能够把产生该陈述的心理状态称为病态。如果某人自以为是暹罗国王,精神病医师必须确定的第一件事就是,他是否真的是暹罗国王。只有在这个问题的答案是否定的情况下,这个人才能被认定是一个精神病患。

没错,当代人大多固执于错误地解读生产者和消费者的关系。在购买东西时,他们的行为好像只是以买方的身份与市场产生联系;而在出售东西时,他们的行为好像只是以卖方的身份与市场产生联系。作为买方,他们支持以严厉的措施保护自己以对抗卖方;而作为卖方,他们支持以同样严厉的措施来对抗买方。不过，这种动摇社会合作根基的反社会行为不是一种病态心理的副产物，而是目光短浅、未能理解市场经济运作方式，以及未能预见自己行为的最终效果的行为。

可以这么说，在心态上和理智上，绝大多数当代人还没调整到适应市场社会生活的程度，虽然他们自己和他们的祖先都不经意地通过自己的行为创造了这个社会。但是，这种认知失调只不过是由于人们未能认清什么是错误的理论罢了。

第十三节　商业宣传

消费者并非无所不知，他不知道在什么地方能以最便宜的价格得到自己正在寻找的东西。很多时候，他甚至不知道哪种合适的商品或服务能最有效地消除他的不适感。他顶多会熟悉附近的市场情况，也只会根据这些信息安排他的计划。商业宣传的任务是将实际的市场情况传达给他。

商业宣传必定是大张旗鼓、惹人注目的。它的目标是吸引迟钝的人的注意，唤起潜在的欲望，引诱人们以创新取代固守成规的惰性。广告若想成功，必须顺应它想招揽的人的心态。广告必须适合他们的品位，讲他们惯用的语言。广告是刺耳的、喧闹的、粗俗的、夸张的，因为一般民众对端庄凝重的信息暗示没反应。一般民众的低俗趣味迫使广告商在宣传活动中展现低俗趣味。广告艺术已经演变成一门应用心理学，它是教育学的一门姐妹学科。

像所有旨在迎合大众品位的事物那样，广告也令神经灵敏的人觉得厌恶,这种厌恶影响了人们对商业宣传的评价。某些人斥责广告等商业宣传手段,认为它们是无序竞争所带来的最令人无法容忍的产物。广告应该被禁止,消费者应接受公正的专家的指导,公立学校、无党派新闻媒体和合作社组织,应该承担这个责任。

限制商人为产品打广告的权利将会限制消费者按照自己的需要与欲望支配自己收入的自由。对广告的限制将使消费者不可能获知他们原本能够获知,也希望获知的相关市场动态,以及当他们在选择买什么或不买什么的时候,可能有影响力的一切信息。他们将不再根据自己对卖方的产品宣传的见解来做决定,而是被迫根据一些指导者的建议来做决定。这些指导者也许会使他们免于一些判断错误,但此时的消费者就好比被置于某些监护人的保护监督之下。如果广告不受限制,消费者就好比是一个大陪审团,通过听取所有证人的证词,以及直接检视所有手段产生的证据来获得有关产品的一切信息。如果广告受限制,他们这个陪审团便只能听取某个官员检视证据后所做的报告,并据此得出结论。

有一个流行的谬论认为,有技巧的广告能说服消费者购买广告商希望他们购买的每样东西。按照这种说法,消费者对"高压"广告简直毫无防御能力。如果真是如此,企业的成败将仅仅取决于广告模式。然而没有人会认为广告能让蜡烛制造商成功抵制电灯泡,以守住蜡烛市场,也没有人会认为广告能让马车成功对抗汽车,让鹅毛笔成功对抗钢笔,以及让钢笔成功对抗圆珠笔。但凡承认这一点的人,就必须得承认,商品的质量是广告宣传成功的关键因素,那么,他便没有理由主张,一般民众是容易上当受骗的,而广告就是对他们行骗的一个有效方法。

毋庸置疑,广告商当然可能成功引诱某个人购买某件如果他事先知道质量便不会购买的商品。但是，只要所有竞争厂商都有打广告的自由，从消费者嗜好的观点来讲，不管他们用什么方法打广告，质量好的商品终将胜过质量差的商品。广告的一些小把戏和伎俩，不但质量差的产品的销售者会使用，质量好的产品的销售者也同样会使用，但是，只有后者能享有产品质量较好所产生的竞争优势。

商品广告的效果受制于这样的事实：购买方对于自己所购买的东西通常能够形成一个正确的评价。一个家庭主妇在尝试过某一品牌的肥皂或罐头食品后，能根据经验知道如果将来再购买这个品牌的东西是否有益。所以，只有试用后不会导致消费者拒绝再买的产品才值得广告主花钱打广告。商人一致认为，不值得为质量不好的产品打广告。

在我们无法从经验中学到任何教训的那些领域，情形完全不一样。宗教信仰、玄学和政治宣传的那些声明既不能被经验证实，也不能被经验证伪。对于那些关于来世和绝对的东西，活在这个世上的人们绝不可能有任何经验传授。在政治方面，任何经验都是复杂的，因而可以有各种不同的解释。唯一能应用在政治理论方面辨明是非对错的标准是先验的推理。因此，政治宣传和商业宣传根本是两回事，虽然它们时常采取相同的方法。

现代科技和治疗学对人的许多不幸没有补救办法。有一些疾病是无法治愈的，有一些身体的缺陷是无法修复的。令人遗憾的是，有些人尝试利用自己同胞的困境牟利，他们吹嘘可以提供秘方以解救同胞的苦难。这些江湖郎中当然不会使人返老还童，也不会使丑女变西施，他们只是在利用别人的希望牟利。如果当局禁止这些江湖郎中打广告，并禁止其宣传一些不能被实验的自然科学方法证实的效果，市场的运作应该不致受到损害。但是，如果同意授予政府这项权力的人反对政府对教会和教派的言论也必须进行同样的审查，那么他的立场就是前后矛盾的。自由是不可分割的，一旦你开始限制它，你便踏上一条难以止步的下滑之路。如果你允许政府负责审核香水和牙膏广告的真实性，那么在更为重要的宗教信仰、哲学和社会意识形态方面，你就不能反对政府为真理把关。

有人以为商业宣传能强迫消费者顺从广告商的意志，这是一个错误的想法。广告永远不可能成功地将较好或较便宜的商品挤出市场。

就生产商而言，广告费用是生产总成本的一部分。一个商人只有在预期销售额的增长会增加总的净收入的时候才会花钱做广告。在这方面，广告成本和其他生产成本是没有什么不同的。有人曾经尝试区分生产成本和销售成本，他们认为，生产成本的增加可增加供应，而销售成本（包括广告成本）的增加，则仅增加需求，[1]这是一个错误的观点。所有的生产成本支出都是为了增加消费者的需求。如果某个糖果制造商使用某种比较好的原料，他的意图是使消费者的需求增加，那么这和他把糖果包装得比较诱人或他把店铺装饰得比较漂亮或他花更多钱打广告的意图其实是一样的。在增加每单位产品的生产成本时，生产者所关注的总是增加消费者的需求。如果某个商人希望增加供应，他就必须增加总生产成本，而这时常会导致每单位产品生产成本的降低。

---

[1] 参见钱柏林的《垄断竞争理论》(*The Theory of Monopolistic Compétition*，马萨诸塞州，1935)，第 123 页。

第十四节　国家经济

市场经济是不理会政治疆界的，它的范围是全世界。

国家经济（Volkswirtschaft）是政府万能学说的德国拥护者早就在使用的一个名词。很久之后，英国人和法国人才开始讲"英国经济"（British economy）和"法国经济"（l'économie française），以便和其他国家的经济有所区分。不过，不管是英语还是法语，迄今都还没产生任何对应于德语词汇"Volkswirtschaft"的名词。随着国家计划经济和国家自给自足经济发展的现代趋势，这个德语名词所涉及的理论变得流行起来。不过，只有德语能用这个词表达其所有含义。

国家经济是指一个主权国家由政府指导和控制的经济活动所构成的综合体系，它是在单个国家的政治疆界内实现的计划经济。在使用这个名词的时候，人们充分认识到，真实的情况和他们觉得满意的唯一状态还是有差距的。不过，他们却根据自己的理想评判市场经济发生的一切。他们认为，在国家经济和渴望获取利润的那些自私的个人之间有着不可调和的利益冲突。他们毫不犹豫地认为，国家的经济利益应当优先于个人的利益。正直的公民应该永远把国家经济利益摆在他自己的私利之上，他应该像政府官员在执行政府命令那样主动安排自己的行为。国家的幸福优先于个人的自私自利（Gemeinnutz geht vor Eigennutz），是纳粹主义经济管理的根本原则。但是，由于人们"太笨又太邪恶"，他们无法自觉遵守这个原则，所以强制执行这个原则便是政府的任务。17世纪和18世纪的德国君主，尤其是勃兰登堡的霍亨索伦家族的诸侯和普鲁士国王就完全可以胜任这个任务。19世纪，从英法引进的自由主义意识形态，在德国居然取代了那些久经试验且被视为自然法则的国家主义政策。然而，经历了俾斯麦及其继任者的社会福利政策以及后来的纳粹主义，国家主义政策还是在德国复苏了。

国家经济理论的倡导者认为，一个国家的经济利益不仅不可调和地与公民的个人利益相对立，而且也一样不可调和地与别的国家经济利益相对立。一个国家的经济最令人满意的状态是在经济方面完全实现自给自足。如果一个国家依赖任何国外进口产品，那它就是缺乏经济独立性，它的独立自主就只是一个骗人的幌子。所以，如果一个国家不能在国内生产它所需要的一切东西，那它就必须征服所有的领土。一个国家要真正独立自主，就必须有足够的生存空间，即领土要足够辽阔，自然资源要足够丰富，以便能在一个不低于其他国家的生活水平下实现自给自足。

因此，国家经济这个概念是对市场经济所有原则最为根本的否定。过去几十年来，或多或少地引导所有国家经济政策的就是这一理念。正是这一理念导致了这个世纪那些可怕的战争，也有可能在将来导致更多更具毁灭性的战争。

从人类早期的历史开始，市场经济和国家经济这两个对立的原则就不停缠斗。政府，即一个强制与胁迫的社会机构是和平的社会合作的一个必要条件。市场经济不能不靠警察来威吓或以暴力对待和平的破坏者，以保障市场经济的顺畅运作。但是，不可或缺的政府管理者以及他们的武装护卫队总是忍不住使用手中的武力建立自己的极权统治。对野心勃勃的国王和军队最高统帅来说，如果存在一个不受他们统一指挥的个人生活领域，那就是在挑战他们的权威。君主、总督和将军永远不会是自发的自由主义者，除非受到公民强迫，否则他们是不会变成自由主义者的。

计划经济者和干预主义者的那些计划所引起的各种问题，本书在之后的章节将予以处理。这里只需剖析这个问题：国家经济这个理念是否有什么基本特点能与市场经济兼容。因为国家经济的倡导者认为，他们的方案并非建立未来社会秩序的一个模型。他们特别强调，即使在市场经济体系下——当然，在他们眼里，这个体系是违背人性的政策所造成的一个卑劣产物——各个国家的国家经济也是利益永远对立且无法协调的个别单位。把某个国家的国家经济和其他国家的国家经济区分开来的绝非经济学家所揭示的一些政治制度上的原因。造成国内贸易和国外贸易差别的并非政府为了干预商业而建立的那些贸易壁垒、移民障碍，也不是各国的法律差异，例如，对不同国籍的人给予不同的保护。相反，国内外贸易的差别，是事物本质的多样性的必然结果。不管立法、行政和司法部门是否注意到它，这个因素不会被任何意识形态驱除，它一直会发挥它的作用。国家经济是一个自然给定的事实，而包含人类大同社会的世界经济（Weltwirtschaft）则只是一个似是而非的学说，是一个旨在毁灭人类文明所虚构的一个幻影。

事实上，人们以身兼生产者与消费者或同时具备卖方与买方的身份行动时是不会区分国内市场和国外市场的，他们仅在运输成本方面区分本地贸易和远距离的贸易。如果政府加以干预，比如，设定关税使国际交易的成本增加，那么他们看待这一事实的方式无非就是运输成本的上涨。对鱼子酱课征关税，除了使运输成本上升外，没有其他作用。严格禁止鱼子酱进口的情况和鱼子酱经过船运后质量会变差所引起的情况是没有两样的。

在西欧历史上，从来没有出现过哪个区域或国家能够实现自给自足这种事情。我们承认，也许在某个时期，分工没有跨越家庭共同生活成员的范围，也出现过一些自给自足的家庭和部落，它们之间没有人际交易。但是，人际交易从一开始出现便是跨越政治团体的。在邻居之间出现以物易物的交易习惯之前，便已存在距离较远的区域居民之间，以及不同部落、村庄和政治团体成员之间彼此以物易物的交易。人们通过以物易物和区域贸易首先想要获得的是一些他们利用自己的资源不能生产的东西。盐、稀有矿物和金属、国内土地栽种不出来的谷物和特定区域的居民才能制造的一些器物是最早的贸易标的。所以，贸易是从国外贸易开始的，直到后来才发展出国内邻居之间的贸易。最初打通封闭的家庭生活经济圈的是来自遥远区域的产品，是它们打开了人际交易的先河。没有哪个消费者在为自己的利益打算时，会关心他所买的盐和金属是"本国"生产的还是"外国"生产的。如果人们不关心产品来自国内还是国外，政府将不会有任何理由以关税和其他国际贸易壁垒为手段来干预贸易。

但是，即使某个政府成功地设置了不可逾越的障碍，将国内市场和国外市场彻底分开，从而完全建立本国的自给自足体制，它也没有创造出一个国家经济。市场经济尽管是完全自给自足的状态，也还是市场经济，它构成的是一个封闭和孤立的交换体系。该国的公民失去了原本能从国际分工中获得的好处，这个事实只是他们的经济处境中的一个给定因素。只有当这样一个孤立且封闭的国家彻底走向计划经济，该国才把它的市场经济转变成国家经济。

受到新重商主义的蛊惑，人们的一些习惯用语开始变得不仅和他们的行为原则大相径庭，也和他们身处其中的社会秩序形成鲜明对比。很早以前，英国人开始把位于大不列颠的工厂和农场，甚至把位于大英国自治领、东印度和殖民地的工厂和农场称为"我们的工厂和农场"。但是，一个人如果不是为了哗众取宠，才展现他的爱国热情，他是不会放弃价格比较低的"外国"产品而以比较高的价格去购买他所谓"自己的"工厂的产品的。即使他真的这么做了，把位于本国政治疆界内的工厂称作"我们的工厂"也是不妥的。一个伦敦人在什么意义上才会把位于英格兰的一座不属于他的煤矿（在被收归国有之前）称作"我们的"煤矿，而把德国鲁尔区的煤矿称作"外国的"煤矿呢？不管他是购买"英国的"煤还是"德国的"煤，他总是必须支付全部的市场价格。不是"美国"向"法国"购买香槟酒，永远是某个美国人向某个法国人购买香槟酒。

只要还保留一些供人们自主行为的空间，只要还有私人财产，以及还有人与人之间的财货与服务交易，便不存在什么国家经济。只有在政府控制完全取代人的自主选择时，国家经济才会作为一个真正的实体出现。

第十六章 价　格

第一节　价格形成的过程

　　平常不靠做买卖维生的人若偶尔发生一次以物易物，他们交换的是平常未经过讨价还价的财货，交换比率的区间范围较广。至于实际的交换比率会落在哪个区间，交换学无法根据价格理论，通过研究交换比率来确定。对于这一类交换，交换学只能判定，唯有买卖双方都认为各自换得的东西比各自出让的东西更有价值时，交换才会完成。

　　在以私有财产权为基础的社会里，随着分工的演化，个别的交换行为一再重复，于是便逐步产生了市场。当"为别人的消费而生产"成为常态时，社会成员就必须进行买卖了。交换行为的增多以及求购或售卖相同商品人数的增加缩小了商品价值评估在众多买方和卖方之间的差距。间接交换，以及因使用货币而完善了的交换程序把交换细分成两个不同的部分：买入和卖出。在某一方看来是卖出的行为，在另一方看来却是买入的行为。由于货币实际上可以无限细分，所以商品的交换比率可以被精准地确定下来，这时，交换比率通常是指以货币进行计算的价格（简称货币价格）。可以确定的是，这些交换比率会落在一个狭窄的范围内：这个范围的一边是边际购买者和放弃出售机会的边际报价人的价值评估，另一边则是边际出售者和放弃购买机会的边际潜在购买者的价值评估。

众多交换行为所形成的市场是企业家、首倡者、期货交易商和套利者行动的结果。有人曾断言，交换学以违背现实的假定为基础，即假定每个人都拥有关于市场情况的完整知识，所以都能够尽量通过买卖获得最大的利益。没错，有些经济学者确实相信价格理论隐含这样的假定，这些学者并未意识到，一个所有人都具备完全相同的知识以及所有人都同样有远见的世界与经济学家的理论所描述的真实世界究竟在哪些方面不一样。此外，他们的错误还在于，他们并没有察觉到，自己在论述价格时并未采用这样的假定。

在一个经济体系里，如果每个行为人都有相同的洞察力，都能够正确地认识市场情况，那么每当市场情况出现变化时，相应的价格调整将瞬间完成。我们无法想象每个人对于市场情况的变化能有如此正确的认识和估计（除非获得某种神力加持）。我们将不得不假设，每个人都得到了某位天使的支持，这位天使告诉他们发生了什么变化，并且建议他们如何以最适当的方式调整自己的行为以适应这种变化。交换学所论述的市场中无疑充斥着各式各样的人，他们对市场变化有不同的认识，即便他们对市场变化有相同的认识，但对市场变化将产生什么影响也会有不同的预期。市场的运作反映了这样的事实：最初，市场的变化只有少数人能察觉到，而且不同的人对于这些变化的影响所得出的结论也是不同的。比较有野心的聪明人带头行动，其余的人则紧随其后。和不聪明的人相比，头脑灵活的人对市场变化的预测更为准确，他们的行动也更有可能获得成功。经济学家在推理过程中绝不可忽视这样的事实：由于先天能力和后天能力的不同，人们在对环境变化的适应上也会出现差异。

驱动市场过程的力量既不是来自消费者，也不是来自土地、资本财和劳动等生产手段的所有者，而是来自倡导创新和思考投机的企业家。这种人一心想从价格的差异中获取利润，他们比别人更具悟性，也更有远见，他们四处搜寻利润的源头。他们在（自己认为）价格低的某时某地买进，而在（自己认为）价格高的某时某地卖出。他们和生产要素的所有者接触，他们之间的竞争会抬高生产要素的价格，直到这个价格和他们预期的未来产品的价格相匹配；他们和消费者接触，他们之间的竞争会压低消费品的价格，直到这个价格能保证他们的供给全部卖掉。追求利润的投机行为是驱动市场的力量，也是驱动生产的力量。

市场的变化永不止歇，均匀轮转经济假想绝不可能实现。换句话说，市场绝不可能出现这样的情况：在适当考虑时序偏好引起的价格差后，互补生产要素的价格总和恰恰等于产品价格，并且所有价格将不会有任何进一步的变动。实际上，永远会有利润空间在等待某个企业家来赚取，也永远有可以获利的投机者进入市场，并使市场发生变化。

均匀轮转经济假想是学者的思考工具，学者用其理解企业家的利润和亏损。确切地说，它不是为了理解价格的形成过程而设计的。和这个想象的构建相对应的最终价格绝不可能等于实际的市场价格。在经济领域，引导企业家或其他人行动的绝不会基于均衡价格或均匀轮转经济等的考虑。企业家考虑的是预期的未来价格，不是最终价格或均衡价格。他们发现了互补生产要素价格和未来产品预期价格之间的差距，并致力于利用这种差距牟取利润。只要决定市场的基本数据未发生进一步的变化，企业家的这种努力最终将导致均匀轮转经济的出现。

如果忽略运输成本和所需花费的时间，企业家的经营会使相同的商品在所有市场细分领域的价格趋于相等。价格差异是暂时的，而且终究会被企业家的经营所抹除，这种价格差异的出现是因为某些特殊障碍阻挡了市场固有的价格均等化趋势。这些障碍阻止了追求利润的企业活动，旁观者则因为不够熟悉市场实际情况往往看不出有什么制度性障碍在阻挠价格均等化趋势。但是，有切身利益的商人始终知道究竟是什么让他们不能利用这些价格差去牟利。

统计学家在处理这个问题时太过轻率。当他们发现某一商品的销售价格在两个城市或国家之间有差距，且这种差距不完全由运输成本、关税和货物税所引起的，他们便默认两地之间的货币购买力和价格水平不同。[1]根据这样的陈述，人们制订了以货币措施消除价格差距的方案。然而，价格差异的根本原因不可能出现在货币方面。如果两国的商品价格是以同一种货币表示的，那就必须首先解决这个问题：究竟是什么阻止商人

---

[1] 有时候价格统计所确立的价格差异只是表面上的差异。如果商品的报价不同，那其涉及的有关商品质量也许就会不同。或者，按照各地的商业惯例，商品报价不同说明买方实际获得的商品及其服务是不同的。譬如，商品报价可能包含也可能不包含包装费用，商品报价不同也可能涉及现金支付或延期支付等。

从事那些势必会消除价格差异的买卖？如果两国的商品价格不是以同一种货币表示的，那么情况也没什么不同，因为不同货币之间的互换比率会趋向某一水平，在这种水平下将不存在利用商品价格差异牟取利润的空间。每当异地之间的商品价格差异持续存在时，经济史和叙述性经济学的一个任务便是确定哪些制度性障碍阻碍了商人执行那些必然会导致价格均等化的交易。

我们知道的所有价格都是过去的价格，即都属于经济史的事实。当我们提及"现在的价格"时，它的含义是未来（不久之后）价格将会和过去（不久之前）价格一样。然而，关于未来的价格，人们所说的一切只不过是反映人们对于未来变化的一个认识罢了。

经济史的事实或经验无非要告诉我们，在某一确切的时间和某一确切的地点，A 和 B 用某一确切数量的 a 商品交换了某一确切数目的 p 货币。在谈论有关买卖 a 商品的市场价格时，我们接受了某一理论性见解的引导，这个见解是从某一先验的出发点推衍出来的。这个见解就是：当不存在导致价格差异的特殊因素时，在同一时间和同一地点购买同一数量的同一商品所支付的价格趋于相等，即趋向最终价格。但是，实际的市场价格从来不会达到这个最终价格。我们所能知悉的那些不同的市场价格是由不同的市场条件决定的，千万不可把这些市场价格的平均价格与最终价格相混淆。

只有在涉及那些通过有组织的证券交易或商品交易能够议价转让的可替代（fungible）商品时，我们才能在价格比较中假设它们是相同质量的商品。除了这种通过交易所达成的成交价格，以及除了用技术分析方法精准确定为同质商品的价格，忽略价格比较中的商品质量的差异，就犯了一个严重的错误。甚至在批发未经加工的纺织品时，物品种类繁多且质量差异巨大也是一个主要的事实。由于各种消费品的质量千差万别，比较它们的价格多半只会产生误导作用。单笔交易的买卖数量对所支付的单位价格高低也是有影响的。一次性大量出售的公司股票的单位价格和分多笔出售的股票单位价格是不同的。

这里之所以必须再次强调这些事实，是因为现在有些人习惯用统计的价格数据来攻击价格理论。然而，价格统计是完全不可靠的，它的理论基础是靠不住的，因为实际情况大多不允许人们把各种各样的价格数据拿来比较，并把它们相加或计算它们的各种平均数。统计学家头脑发热，急于着手数学演算，他们受不了诱惑，对所获取的资料没有可比性视而不见。某一店家在某一特定时间，按每双6块钱的价格出售某一款鞋子，这样的信息叙述的是经济史的一个事实。至于一份关于1923年至1939年间的鞋子价格走势的研究，不管它所应用的统计方法多么深奥微妙，其推测结果终究是盲目的。

交换学的研究表明，企业家的行动倾向于消除那些并非由运输成本和贸易障碍所造成的价格差异，目前还没有任何实际经验曾驳倒过这个定理。把一些不同的事物视作相同的事物，并因此而得出的那些结论和这个定理毫不相关。

第二节　评值和估价

价格最终取决于消费者的价值判断。价格是"偏好 a 甚于 b"这样的价值判断或评值（valuation）的结果。价格是社会现象，因为价格是由所有参与市场运作的人各自的评值及其相互作用形成的。每个人的抉择（买或不买，卖或不卖）对市场价格的形成都发挥了各自的作用。但是，市场越大，每个人的影响力就越小。于是，对于每个人来说，市场的价格结构就是一个既定事实，是他必须通过自我调整而去适应的事实。

形成价格的那些评值是彼此不同的，每个人都认为自己换得的价值比付出的更高。交换比率，即价格不是评价相等的结果，反倒是评值互异的结果。

估价（appraisement）和评值必须明确区别开来。估价绝不取决于人的主观评值。从事估价的人志不在于确定有关财货的主观使用价值，而在于预测市场将决定的价格高低；评值是一个表达价值差异的价值判断。估价是对某一未来事实的预估，旨在确定某种商品在市场上将按什么价格出售，或购买某种商品将支付多少货币。

然而，评值和估价是密切相关的。一个自给自足的农夫对各种手段的评值就是直接比较各种生产手段对于消除他的不适感在他看来有多重要。但是，一个在市场上进行买卖的人对各种财货或生产手段的评值绝不可忽略市场的价格结构，他的评值有赖于他的估价。为了知晓某一价格的意义，他必须知晓相对于这个价格的那笔货币的购买力。整体而言，他必须熟悉他想获得的那些财货的价格，并且能够根据这些信息对它们未来的价格作出预测。当某个人讲到某些已经获得的财货的购买成本，或讲到某些他计划获得的财货的未来购买成本时，他所说的购买成本是一定数量的货币。但是，在他看来，如果用一定数量的货币来获得其他财货，那么这一定数量的货币所代表的是他可能得到的满足程度。因此，他对各种财货做了一个迂回的评值,他的评值是经过对市场价格结构的估价得出来的,但是,他的评值永远着眼于比较各种消除不适感的生产手段的效用的大小。

最终决定价格形成的永远是人们的主观价值判断。在分析价格形成的过程时,交换学必然要回溯至行为的基本要素——对 a 的偏好甚于对 b 的偏好。鉴于存在一些流行的错误观念,我们在此必须强调,交换学所处理的价格是那些在确切的交易中被支付的真实价格,而不是什么假想的价格。最终价格的概念只是一个用来掌握某个特殊问题的思考工具,这个思考工具被用作分析企业家利润和亏损出现的原因。"公平的价格"或"合理的价格"概念完全没有任何科学意义,它是某种愿望的伪装,即有人希望有一个和现实不同的状况。现实的市场价格完全取决于人们在实际行动中所做出的价值判断。

如果某人说价格趋向于某个点,在这个点上的总需求等于总供给,他不过是在以另一种方式表述一些相同的现象的联结。需求和供给是实际从事买卖的那些人的行为结果,如果供给增加,而其他条件不变,价格必定会下跌。在原先的价格条件下,所有愿意支付该价格的那些人都能买到他们想要买到的那个数量。如果供给增加,他们购买的数量一定会比较多,或一些先前没买的人现在一定变得有意购买——这种情况只有在出现某个较低的价格时才能实现。

我们可以把前面所讲的相互作用予以图像化,比如,画两条曲线,一条需求曲线和一条供给曲线,它们的交叉点表示价格(也表示买卖成交数量)。我们同样也可以用数学符号来表示这种相互作用,但是,我们必须得知道,这种借助图形的表达方式或利用数学的表述方式,对我们前面的解释没有任何本质上的影响，而且对我们的认知也没有丝毫增益。再者，有一点也很重要，我们必须认识到我们没有任何关于这种曲线形状的知识或经验。我们所知道的，始终只是市场价格，即我们永远不知道那两条曲线是什么样的，而只知道它们会相交于某个点，这个点被我们解释为两条曲线的交叉点。这两条曲线也许真的可以把有关问题清楚地呈现给大学生，然而，对交换学的真正任务来说，它们只是偏离主题的小插曲罢了。

第三节　较高顺位财货的价格

　　市场过程是连续且不可分割的，它是诸多行为及其引起的反应行为，动作和相应动作的一个难解难分的结合体。但是，由于我们的心智能力不足，不得不把它拆解成几个部分，并一个一个地加以分析。在采用这种人为的拆解程序时，我们绝不可忽视这些看似独立存在的部分其实只是为了方便我们思考而不得不采用的暂时的想象。它们是某个整体中的诸多部分，我们甚至不能想象它们会独立存在于它们所构成的那个整体结构之外。

　　各种较高顺位财货的价格最终取决于第一顺位财货的价格（最低顺位财货的价格），即取决于消费品的价格。基于这种依附关系，它们最终取决于市场社会所有成员的主观评值。然而，重要的是，我们必须认识到我们所面对的这种依附关系是价格方面的关系，而不是评值方面的关系。互补生产要素的价格依附于消费品的价格。生产要素的价格是通过参照品的价格获得估价的，它们的价格源于该估价。把第一顺位财货移变成较高顺位财货的因素不是评值，而是估价。消费品价格所引起的行为变化决定了生产要素的价格。生产要素的价格和消费品价格有直接关系，它们和评值只有间接关系，即各种生产要素通过消费品的价格这个媒介与评值产生联系。

要完成生产要素价格理论的任务，我们应该采用与消费品价格理论相同的研究方法。我们可以从两个方面设想消费品市场的运行情况。一方面，我们可以考虑产生交换行为的情况。这种情况就是，个人的不适感在某种程度上是能够被消除的，因为不同的人对相同的事物有不同的价值判断。另一方面，我们也要考虑不再有交换行为的情况。这种情况是，没有人预期进一步的交换对自己的满足程度会有增益。我们依照同样的方式设想生产要素价格的形成。生产要素市场的运作是由倡导创新的企业家启动的，而且也因企业家的努力保持运转。一方面，企业家渴望从生产要素的市场价格和产品的预期价格之间的差额中牟取利润。另一方面，这种市场现象将趋于消失，如果真的出现这样的情况，互补生产要素的价格总和——不算利息的话，要等于产品的价格，而且还要满足一个条件，即没人认为价格结构会有进一步的变化。我们先从正面指出什么情况会启动市场定价过程，然后再反过来指出什么情况将中断它的运转，这样我们就能充分且完整地陈述这个过程。我们应该重视正面的陈述，至于反面的陈述——最终价格和均匀轮转经济这些想象的构建，只有辅助推理的作用。因为这种陈述的真正任务不是论述一些永远不会出现在现实生活中的有关行为的假想概念，而是论述市场上较高顺位财货的实际交易价格。

我们得感谢戈森、门格尔和庞巴维克给了我们这个方法。

这个方法的优点在于，它向我们展示了一个离不开市场过程的价格形成现象。它区别于下列这两种事情：①直接为生产要素评值，将产品的价值置于互补的生产要素整体之中；②单个生产要素价格的形成是市场上参与竞争的最高出价者一致行动所导致的结果。独自存在的行为人（比如，鲁滨孙·克鲁索或某个计划经济国度的生产管理当局）的评值永远不能决定价值分配。评值只能把各式各样的财货按照偏好顺序进行排列，而绝不可能把某种可以被称作"价值数量"的东西分配给某一财货。评值加总或价值加总的说法是荒谬的。我们可以说，某一产品的估值在适当折算时序偏好的因素后等于互补生产要素的整体价值；但是，如果就此断言某一产品的估值等于各种互补生产要素被分配到的各个价值的"总和"，那就荒唐透顶了。价值或评值是不能加总的。以货币数表示的价格能加总，但偏好的优次顺序是不能加总的。价值是不可分割的，也不能对它进行定量分析。一个价值判断就是某人偏好 a 甚于 b，除此之外，绝对不会有别的含义。

价值的整体性概念不代表我们可以从产品的总价值中推导出单个生产要素的价值。它不会产生可以作为经济计算要素的结果。只有市场才能在确立各生产要素价格时创造出经济计算所需的条件。经济计算总是针对价格，永远不会针对价值。

市场决定生产要素价格的方式和它决定消费品价格的方式相同。市场过程是着力消除不适感的人们一起互动的过程，在讲到市场过程时，我们不可能不涉及启动市场运行的人；在研究消费品市场时，我们不能忽略消费者的行为；在处理较高顺位财货的市场时，我们不能忽略企业家的行为。在企业家的买卖行为中，货币的使用也是必不可少的条件。没有什么自动的或机械的力量在驱动市场。企业家渴望赚取利润，并以出价者的身份出现在一个类似拍卖场的地方，在那里，生产要素所有者拿出土地、资本财和劳动等待出售。每个企业家都渴望胜过竞争对手，所以他们会竞相喊出比对手高一些的价格。企业家的出价一方面受限于企业家对未来产品价格的预估，另一方面又必须胜过其他竞争对手，只有这样他才能买下所需的生产要素。

企业家是专门打破某种生产状态固定不变的力量，该生产状态不能以最便宜的方式满足消费者最迫切的需要。所有人都渴望尽量满足自己的需要，就这个意义而言，他们都在奋力争取他们所能得到的最高利润。首倡者、投机者和企业家的心态与其他人并无不同，他们只是在智力和行动力方面优于一般大众，是迈向物质富裕道路的领头人。他们第一个知道在目前能做到的和未来可能做到的事情之间的差距。他们会猜测消费者想要的东西，并且下定决心为消费者供应这些东西。在落实这种计划的过程中，他们以比较高的价格购买某些生产要素，并且降低了其他生产要素的价格，因为他们的行为缩减了对其他生产要素的需求。在向市场供应能获得最高利润的那些消费品时，他们使这些消费品的价格趋于下跌；而在减少没有希望获利的那些消费品时，他们使这些消费品的价格趋于上升。所有这些不断发生的变化只有在均匀轮转经济和静态的均衡这些（不可能实现的）想象的构建真的发生时才会停止。

企业家在筹谋自己的计划时，首先考虑的是"刚刚过去的价格"，这些价格通常被误称为"现在的价格"。当然，企业家绝不会不考虑未来价格的变化就把这些价格纳入他的计算。对企业家来说，这些"刚刚过去的价格"只是思考的起点，他在意的是如何预估未来的价格。过去的价格对未来的价格形成没有影响，是企业家对于未来产品价格的预估决定了互补生产要素价格的高低。就各种商品之间的交换比率而言，[1]价格的决定性因素和过去的价格没有直接的因果关系。不能转换用途的生产要素在各个生产部门的配置，[2]以及可供未来生产使用的资本财数量是既定的历史事实；就这一点而言，过去的价格对未来的生产过程和未来的价格是有影响的，但是，就直接关系而言，生产要素的价格完全取决于企业家对未来产品价格的预估。人们过去对商品有什么评值或估价是无关紧要的，消费者既不在乎企业家为适应过去的市场情况所做的那些投资，也不关心价格结构的变化对企业家、资本家、地主和工人的既得利益可能造成的损害。消费者的这种情感上的东西对于价格的形成没有什么作用（正是因为现实中市场"不尊重"既得利益，有关人士才请求政府干预市场）。对于企业家这个未来生产结构的塑造者来说，过去的价格只不过是一个思考工具。企业家不会天天想象一套崭新的价格结构，或天天在不同的生产部门之间重新配置各种生产要素。他们仅仅是在改造过去遗留下来的生产结构，使它更适应市场的变化。在过去的生产结构中，他们会保留哪些因素以及他们会改变哪些因素，主要由市场的基本条件能改变到什么程度来决定。

经济过程是生产与消费不断相互作用的过程。一方面，今天的各种生产活动通过科技知识、各种可供使用的资本财的质量以及这些资本财的所有权在人们之间的分配与过去的生产活动产生联系；

---

[1] 货币和在售的商品或服务之间的相互交换比率不同于在这里所讨论的情况。见第十七章第四节。

[2] 不可转换用途的资本财问题在第十八章第五节处理。

而另一方面，生产活动则通过人的行为本质与未来产生联系。行为永远旨在改善未来的情况。为了在不确定的未来看到自己的方向，个人只能依靠两个助力：过去的经验以及他自己的理解能力。了解过去的价格是这种经验的一部分，同时也是了解未来的起点。

如果所有关于过去价格的记忆都消失了，价格形成的过程就会比较麻烦，但是，就不同商品之间的互换比率这个问题而言，并非不可能实现。在这种情况下，企业家要调整生产并适应大众的需求会变得比较困难，但是他们仍然能够进行这种工作。他们必须重新汇总所有需要用来作为行动基础的数据，这难免会犯错，但是参考以往的经验会让他们避免犯错。价格波动刚开始会比较剧烈，有些生产要素会被浪费掉，大众的需求满足程度会受损，但是，在付出昂贵的学费后，企业家最终将再次取得让市场过程顺畅运作所需的经验。

事实上，正是追逐利润的企业家之间的竞争让错误的生产要素价格难以持续存在。只要市场没有进一步的变化，企业家的行动便倾向于均匀轮转经济（实际上不可能出现）。在被称为市场的公共卖场（世界范围内）上，企业家是出价购买生产要素的人。在竞价中，他们可以说是消费者的委托人。每个企业家都代表消费者需求的不同方面，要么是不同的商品，要么是以不同的生产方式生产的同种商品。企业家彼此之间的竞争归根结底是为消除不适感而提供的各种消费品的生产方式之间的竞争。消费者购买某样商品以及延缓购买某样商品决定了制造这些商品所需的生产要素价格。企业家之间的竞争让消费品价格反映在生产要素价格上，企业家之间的竞争把生产要素的稀缺性在每个人心里引起的矛盾反映到外在世界，企业家之间的竞争使消费者对于无特殊用途的生产要素应该用在什么地方以及有特殊用途的生产要素应该用到什么程度的想法得以实现。

价格的形成过程是一个社会过程，它是由所有社会成员的某种互动关系完成的。在分工体系下，所有社会成员都在自己选择的特定岗位上与别人通力合作。每个成员都发挥了作用，他们在合作中竞争，在竞争中合作，于是便形成了市场的价格结构，与此同时，他们为了满足消费者的不同需求，把生产要素配置在各个生产部门，并决定了每个成员所获得的产品份额。这三点不是三件不同的事，它们是一个不可分割现象的不同方面，被我们拆成三个部分进行分析。在市场过程中，它们是同时完成的。只有那些被计划经济所迷惑、无法摆脱计划经济方法的人才会在论述市场现象时，认为它们是三个不同的过程：价格的形成、生产手段的配置和生产成果的分配。

生产要素价格形成的限制条件

使生产要素价格从产品价格衍生出来只有在下述条件下才能形成：那些没有替代品的互补生产要素只有一种具有绝对的特殊用途（absolutely specific factors），它无法用于其他用途。如果生产某种产品需要两种或两种以上有绝对特殊用途的生产要素，那就只能为它们分配一个综合性的价格。如果所有生产要素都具有绝对特殊用途，那么生产要素价格就是这个综合性的价格。我们可以这样描述它的形成过程：3a 和 5b 的结合能生产出 1 单位的 p，所以 3a 和 5b 合起来等于 1p，而 3a＋5b 的最后价格排除一定的时序偏好因素后等于 1p 的最后价格。由于没有企业家想把 a 和 b 用在非 p 的生产用途上，所以它们不可能有别的价格形成。只有当某些企业家为了其他用途想使

a 或 b，从而出现了对 a 或 b 的需求时，他们和计划生产 p 的那些企业家之间出现了竞争，a 或 b 的价格才会出现，这时，对 a 或 b 的其他用途的需求大小也将决定 a 或 b 的价格。

在一个所有生产要素都具备绝对特殊用途的世界，靠综合价格分析仍然能解决它的经济问题。在这样的世界里，如何在满足不同需求的部门之间配置生产要素的问题将不复存在。在真实的世界里，情形就不同了。这个世界有许多稀缺生产要素被分别用来完成不同的任务。这个世界里的经济问题是：要怎样使用这些生产要素才能避免因为某一生产要素用于满足一些比较不迫切的需要，以致某一比较迫切的需要没获得满足。在决定生产要素价格的过程中，市场解决的就是生产要素的配置效率问题。即使对于一些只能综合使用的生产要素，市场也只能确定它们的综合价格，但这丝毫不会损害市场解决生产要素配置效率问题的功能。

如果有些生产要素除了按某一固定比例共同用于生产各式各样的商品外没有别的使用方式，那么它们就应当被视为绝对特殊的生产要素。因为对于生产某一具有不同用途的中间品而言，它们是绝对特殊的，而中间品的价格只能属于综合性价格。不管中间品能否被我们的感官直接感知，或者它只是共同使用这些生产要素所产生的一个看不见也摸不着的效果，都无关宏旨。

第四节　成本计算

在企业家的计算中，成本是取得生产要素所需的货币数量。

企业家想做的生意是那些用他的预期收入减去成本后收入盈余最高的，同时避开那些导致他的预期盈余比较少，甚至会亏损的生意。在从事这种工作时，他会努力调整经营方向，以尽可能满足消费者的需要。某个项目因为成本高于收入以致无利可图，是因为它所需要的生产要素有更为有益的用途。消费者在购买某些产品时愿意支付用于生产他们所需要的产品的那些生产要素的价格，他们不愿意支付那些对他们来说无用的产品的生产要素价格。

成本计算会受到以下两个条件的影响。

第一，生产任何一种消费品的生产要素数量只要增加，都会增加该商品消除不适感的功能。

第二，要增加任何一种消费品的产出数量，都需要按比例增加生产要素的支出，甚至需要按更高的比例增加生产要素的支出。

如果这两个条件总是存在，则在商品 g 的供应量 m 之上追加的每一增量 z 都是用来满足某个比先前的供应量 m 所满足的那个需要更不迫切的需要。同时，生产 z 将会从满足其他需要的生产中撤出一部分生产要素，放弃满足其他需要与生产边际单位 m 而满足的需要相比，是更为迫切的需要。一方面，g 的供应量增加，但所增加的边际满足的价值递减；另一方面，追加生产更多数量的 g 所需的成本将使边际负效用递增，被转来追加生产 g 的那些生产要素取自其他一些满足更迫切需要的生产。当数量递增的边际效用不能补偿成本递增的负效用时，生产必定会停止。

现在，这两个条件经常出现，但是，并非毫无例外。在所有顺位的财货当中，有许多商品的物质结构是不同质的，因此，并不能无限细分。

当然，如果要玩弄文字游戏的话，我们是可以忽视偏离第一个条件的情况。我们可以说，半辆汽车不是汽车。如果我们把半辆汽车和四分之一辆汽车的数量相加，我们并不会增加可供使用的汽车数量。只有在制造一辆汽车的生产过程圆满完成时才会有1单位的汽车生产出来，而汽车的数量也才会增加。然而，这样的辩解没有抓住要点。我们必须面对的问题是：并非生产支出的增加都会按比例增加客观的使用价值或增加某种物品所提供的服务；不同的生产支出增量会产生不同的结果，有些生产支出增量如果没追加到一定数量的生产支出则不会产生任何效能。

偏离第二个条件的情况是：实际产出的增加并非总是需要按比例增加支出，有时甚至不需要增加支出。有时候会出现这样的情况：成本没增加或成本增加得不多，但产出以更高的比例增加。因为许多生产手段不是同质的，也不是可以无限细分的。这是工商界所熟知的大规模生产的优势现象，而经济学界则称之为报酬递增或成本递减法则。

且让我们考虑这样一种情况（情况A）：假设所有生产要素都不能无限细分，且要充分利用每一种生产要素，每一个不能再被细分的部分所提供的效能的充分利用必须同时满足其他互补生产要素不能再细分的部分所提供的效能的充分利用。于是，就生产要素的每一种组合而言，纳入这个组合的每一部机器、每一个工人、每一件原料只有在其他单位的所有生产效能也都得到充分利用时才能得到充分利用。在这些条件下，部分产出的支出不会高于生产最高产出所需的支出。我们也可以说，最小规模的组合总是生产出相同数量的产品，即使其中的一部分没有用,要生产出较少数量的产品也是不可能的。

我们接着考虑这样的一种情况(情况 B):假设有一批生产要素 p,就实际目的而言能无限细分。另一方面,不能无限细分的那些生产要素若要充分利用其中不能再细分的部分所提供的效能,就必须充分利用其他每一种不能无限细分的互补要素不能再细分的部分所提供的效能。于是,若要提高某一组不能再细分的要素组合的利用率以增加产出,便只需增加那些能无限细分的要素 p 的使用量。然而,我们必须警惕这样一种谬论,即认为这必然意味着平均生产成本的下降。没错,在不能无限细分的那些要素的组合当中,每一种要素现在都能得到更充分地利用,所以只要这些要素共同发挥作用的那部分生产成本维持不变,每单位产品所分摊的成本就会下降。但是,另一方面,p 的使用量若要增加,就只能从其他生产中把它们(p)移过来。随着其他生产的减少,在其他条件相同的情况下,用于其他生产的生产要素所满足的边际价值就会增加。于是,当越来越多的 p 被用来提高那些不能再细分的要素组合的生产效能利用率时,它们(p)的价格会有上升趋势。我们在处理这个问题时,绝不能只考虑这样一种情况:所有追加使用的 p 全部来自生产同一种产品但比较没效率的企业,从而迫使这些企业减少它们的产出。显然,在这种情况下,在一个比较有效率的企业和一个以相同原料生产同一种产品但比较没效率的企业竞争中,扩大生产的那个工厂的平均生产成本会下降。更为全面的考虑则导向不同的结论:如果追加使用的 p 是抽取自原本用于生产其他产品的用途,那么,这些 p 的价格便会有上升趋势。这种趋势也许会因为偶然出现了一些相反的倾向而被抵消,有时候,这种倾向也许太过微弱,以至于它的效果可以忽略不计,但它总是存在的，并且可能影响成本。

最后，我们考虑这样一种情况（情况C）：假设原本各种各样不能无限细分的生产要素能以如下方式细分，即在给定的市场条件下，不管选用何种生产要素组合，都不可能在某一生产要素的效能得到充分利用时让其他不能无限细分的生产要素的效能也得到充分利用。只有情况C具有实际意义，至于情况A和B在现实中几乎不存在。情况C的特点在于生产成本的变化比较大。如果所有不能无限细分的生产要素效能都还没得到充分利用，则扩大生产会导致平均生产成本下降，除非增购能无限细分的生产要素所需支付的价格的上升抵消了前述效果。但是，一旦某个不能无限细分的要素效能得到了充分利用，进一步扩大生产将导致生产成本大幅上升；然后，平均生产成本又开始下降，直到某个不能无限细分的要素效能重新得到充分利用为止。

如果其他情况相同，某一商品的产量越多，必然会有更多的生产要素被撤离原本用来生产其他商品的用途。因此如果其他情况相同，平均生产成本会随着产量的增加而增加。但是，这个一般法则会分阶段被前述那种成本变化所取代，因为并非所有生产要素都能无限细分，若一定要细分，也许细分后的一部分能得到充分利用，但其余部分则不能得到充分利用。

企业家在计划生产项目时总是会面对这样的问题：预估的产品价格是否会高过预估的成本以及高到什么程度？就计划中的项目而言，如果企业家仍然是自由的——他还没有为了落实该项目而做任何不能转换用途的投资，那么平均成本就是他所关心的。但是，如果他与相关项目已经有了一定的利害关系，他便会从需要增加多少成本的角度来考虑问题。就一个已经拥有一组尚待充分利用的要素组合的企业家而言，他考虑的不是平均生产成本，而是边际成本。他不在乎那些不能转换用途的投资已经花了多少钱，他只关心后续生产所获得的销售收入是否高于后续生产的花费。即使投资在那些不能转换用途的生产设备上的钱必须被全部当作亏损一笔勾销，他也会继续生产，只要他预期继续生产的销售收入减去销售成本后还会出现一笔合理的盈余。[1]

鉴于一些流行的谬论，这里有必要强调，如果没有出现垄断价格所需要的条件，那么企业家就无法通过将生产限制在符合消费者需求的数量之外来增加净利润。我们稍后将在第六节详细讨论这个问题。

某一生产要素不能无限细分的意思不一定是说它只能按一个尺寸建造和使用。当然，在某些场合也许是这样，但是，人们通常能够改变这些生产要素的尺寸大小。如果有这样的一种要素，比如，一种机器可以有许多不同的尺寸，有一种特别尺寸的机器每单位的生产效能和操作成本（简称为该机器的单位效能成本）低于其他尺寸的机器的单位效能成本，那么情形基本上也是相同的。这时，大型工厂的优势便不是基于它充分利用了某一部机器的效能，也不是因为小型工厂只利用了同一类型机器的一部分效能；大型工厂的优势无非就在于它所使用的大型机器相较于小型工厂所使用的较小型机器让生产要素得到了更好的利用。

许多生产要素不能无限细分的这个事实在所有生产部门都

---

[1]"合理"在这里的意思是指，继续生产所需使用的那笔可转换用途的资本，预估可得的报酬至少不少于用在其他项目上的预估报酬。

是一个很重要的影响因素。在工业部门，它的影响尤其重大，但是，我们必须小心提防许多关于它的重要性的误解。

误解之一，有人认为加工业普遍存在报酬递增律，而农业和采矿业则普遍存在报酬递减律。这个观点所隐含的一些谬误，我们在前面已经提出反驳了。[1] 在此，即使农业的情况和加工业真的有所不同，那也全是因为给定的数据不同。土地不能转移以及农事有季节性限制这些基本事实使农夫不可能把许多可以转移的生产要素效能充分利用到一般制造业都能做得到的程度。一套生产要素组合的最佳规模在农业生产方面通常远小于加工业。显而易见，不需要多余的解释来说明农业耕作的集中程度为什么不可能推进到接近加工业常见的那个程度。

然而，自然资源在地表上分布不均是导致劳动分工具有较高生产力的两个原因之一，但同时也使加工业集中化程度受到限制。专业化的推进以及上下游的加工过程是集中于少数几个工厂的发展还是受阻于自然资源的地理分布？原材料和粮食的生产不可能集中化，因为人们分散在地表上许多不同的地方，这也同时要求加工业保持一定程度的分散。这个事实促使人们必须把运输问题当成一项特殊的生产成本因素来考虑。人们必须权衡运输成本和更为集中的专业化可能省下的成本孰多孰少。在某些加工业部门，最大限度地集中生产是降低成本的最好办法，但在其他部门，一定程度的分散却是比较有利的。在服务业方面，生产集中所产生的种种弊端很快就变得非常明显，以致几乎完全抵消集中生产的好处。

---

[1] 见第七章第二节。

再者，有一个历史性因素也会发生作用。过去的人会把一些资本财放在我们这些现代人不会放置的地点。对当时的决策者来说，那些资本财被这样存放是否是他们所能采取的最有经济效益的做法是一个无关紧要的问题。无论如何，现代人所面临的既定事实就是：他们必须根据实际情况调整经营，他们在选择加工业的位置时必须考虑这一点。[1]

最后也有制度方面的因素。除了贸易壁垒和移民障碍，不同的国家在政治组织和统治方式上也有一些差异。一些土地辽阔的国家的治理的方式一言难尽，以至于不管它们的自然条件多么有利于投资，实际上没人选择它们作为投资场所。

企业家的成本计算必须考虑这些地理、历史和制度因素。除此之外，还有限制工厂和企业最佳规模的纯技术性因素。较大的工厂或企业的管理规定和程序也许不适合一些较小的工厂或企业。在多数情况下，也许因为使用一些不能无限细分的生产要素的效能得到充分利用，从而导致成本下降，这些规定和程序所需要的花费获得了绰绰有余的补偿，但是，情况并不总是这样。

在资本主义社会里，由于有经济计算的方法可用，成本计算以及比较成本与收入所需的数学演算是很容易实现的。然而，在考虑营利性企业项目的经济意义时，相关成本和经济效益的计算并非只是纯数学问题，也不是只要熟悉基本算术规则就可以圆满解决的。主要问题在于，如何确定必须纳入计算的那些项目的货币当量。像许多经济学家那样，将这些货币当量假定

---

[1] 一些关于资本财转换用途的有限可能性，从而促使人们倾向于沿着产业发展的历史轨迹前进的保守原则将在第十八章第五节和第六节予以详细讨论。

为给定的数值，并认为其完全等同于实际经济情况是错误的。事实上，那些货币当量是企业家对于未来不确定的情况的推测，因此取决于企业家个人对未来市场情况的了解，就这一点而言，固定成本的说法多多少少具有误导性。

每一个行为旨在尽可能更好地满足未来的各种需要，为了达到这个目的，它必须尽可能妥善地利用现有的生产要素。然而，造成现有生产要素供应状态的历史过程是无关紧要的。对有关未来行动的决策有重要影响的仅仅是该历史过程的结果，即现有生产要素的数量和质量。在评估现有生产要素的重要性时，主要考虑它们能在未来消除不适感的程度，至于过去为了生产和取得它们所花费的金额是无关紧要的。

前面已经指出，一个企业家若是已经在某个生产项目上做了一些不能转换用途的投资，后续的决策处境和他从头开始处理项目时的处境是不一样的。他现在拥有一组能用来达成某些特定目的但不能转作其他用途的生产要素，在考虑进一步的行动时，他的抉择会受到这个事实的影响。不过，他不会根据过去花了多少购置成本来估测这组生产要素的重要性，而会完全从该组生产要素能为未来能提供什么来估测它，至于他过去为了购置它花了多少钱是无足轻重的。该事实只是该企业家已实现的亏损或利润，以及他现在拥有财富多寡的一个决定性因素。没错，该事实是导致生产要素供应现状的那个历史过程中的一部分，而就曾经影响生产要素供应现状而言，它对未来的行为是有重要意义的。但是，对于未来行为的规划以及未来行为的成本与效益计算而言，已有生产要素的购置成本是无足轻重的。这些不能转换用途的生产要素在企业账本上的成本和它在实际市场中价格不同是无关紧要的。

当然，这些已成既定事实的亏损或利润也许会刺激一家企业采取一种不同的经营方式，而不是单纯承受那个结果。已出现的损失可能使一家企业的财务状况岌岌可危，尤其是如果该企业负债累累，肩负着分期还本付息的重担。然而，把这些债务的偿还说成固定成本的一部分是不正确的。这些债务和企业目前的运营没有任何关系，它们不是由生产过程造成的，而是企业家过去为了取得所需资本和资本财而采用的一些方法造成的。相对于企业的持续经营，它们只是偶然的意外事故。不过，它们可能迫使该企业改变运营方式，但如果该企业的某些财务状况更健全一些，他就不会这样做。迫切需要现金来支付到期应付款不会影响企业的成本计算，但会影响企业对于能立即取得的现金和后来才能取得的现金之间的价值评估。这可能促使该企业在不适当的时机抛售存货或迫使它在使用耐久生产设备时忽视保养和维护。

一家企业是否拥有投资于自身事业的资本，或者是否因为借了一部分资本而必须严格遵守贷款契约关于利率和还本付息到期日的规定，从会计成本核算的角度来说是无关紧要的。生产成本只包含仍然在企业内继续运作的那部分资本的利息，而不包含过去因为投资出错或日常经营无效率而浪费掉的那些资本的利息。投资人肩负的任务始终是如何使用现在可供使用的资本财尽可能满足消费者未来的需要，在追求这个目标的过程中，他绝不能受到过去的一些错误所导致的已无可挽回的失败后果的误导。比如，某人过去投资兴建一座他现在肯定不会投资兴建的工厂（如果他当时对现在的情况有更精准的预测），他守着这个已经发生了的事件唉声叹气是没有用的，关键是，他要弄清楚这座工厂是否还能提供什么服务，如果答案是肯定的，那就得弄清楚如何利用它才最划算。对企业家个人来说，他过去没法避免的一些错误无疑是可惜的，因此而蒙受的损失也使他的财务状况受到了损害，但是，那些损失和制订下一步计划时所需考虑的成本并无关系。

强调这一点很重要，因为时下对各种政策措施的理解和解释都把它扭曲了，减轻公司的债务负担不是"降低成本"的有效手段。把债务或债务利息全部或部分抹除的政策不会降低成本，它只是把财富从债权人移转给债务人，把一群人已蒙受的损失转嫁给另一群人承担，例如，从普通股持有者转嫁给优先股持有者和公司债权人。这个降低成本的理由时常被一些人提出来作为支持货币贬值的主张，有些人为了支持货币贬值的主张，通常以所谓"降低成本"为理由。以降低成本为由主张货币贬值和为了主张货币贬值而提出来的其他理由一样错得离谱。

通常所说的固定成本也是使用某些既有生产要素所生产的成本，这些生产要素有可能无法转换生产用途，也有可能在调整后用于其他生产用途，但这样必定会有相当大的折损。这些生产要素通常比其他生产要素更耐用，但它们不是永久性的，它们在生产过程中还是会被耗尽。每生产出1单位产品便会消耗掉一部分机器的效能，技术方法可以精确判断机器效能消耗的程度，从而得出该效能消耗所代表的货币当量。

然而，企业家的计算必须考虑的不仅仅只是机器损耗的货币当量。企业家不仅关心机器的使用寿命，他还必须考虑未来的市场情况。从技术上来说，一部机器虽然还能用，但市场情况却使它变得毫无价值。如果市场对利用该机器生产的一些产品的需求下降得很严重，甚至完全消失或者市场上出现效率更高的方法生产这些产品，那么，从经济的角度来看，这部机器不过就是一堆废铁。在计划如何经营他的事业时，企业家必须充分重视未来市场的状况，他纳入计算的固定成本取决于他对未来市场情况的把握，成本可不是单纯由技术性因素决定的。

技术专家也许能确定某个生产要素组合的最佳利用方式，但是，这个最佳利用方式可能不同于企业家根据未来市场情况在进行经济计算时计划采用的方式。且让我们假定，有一座工厂备有数部能使用十年的机器，机器的初始成本每年折旧10%。在第三年，市场情况让企业家面临一个两难的抉择：某一年的产出可以增加一倍，如果按某一价格把产品全数卖出，销售收入除了足以抵偿变动成本的增加，还足以抵偿该年的机器折旧加上最后一年的机器折旧现值。但是，产出增加一倍，会使机器的损耗增加两倍，而产品加倍生产所增加的销售收入剩余却不足以同时补偿第九年的机器折旧现值。如果这个企业家把每年的折旧当成固定成本计算的话，那么他肯定会认为加倍产出不划算，因为增加的收入小于增加的成本。他不会把生产扩大到超过由技术所决定的最适产量。但是，这个企业家却不是这么计算的，尽管在他的账簿里，他可能每年都写入一样的机器折旧额。该企业家选择现在计入第九年折旧现值，还是选择在第九年使用机器的服务效能，取决于他对未来市场情况的看法。

舆论、政府、立法者以及税法，都把一个营利性企业当作一个会永远自动产生收入的源头。他们认为，企业家只要每年提取适当的折旧准备金以维持资本固定不变，他便永远能从耐久生产财的投资中收取一笔合理的报酬，但实际情况并不是这样。一座工厂配备相关设备这样的生产组合作为一个生产要素，它的经济效益不仅取决于不断变化的市场，也取决于所属企业家在适应市场变化时所展现的能力。

在经济计算范围内，无法确定哪些是基本要素，即所有经济计算的基本要素都不像技术那样具有确定性：经济计算的一些基本要素是对未来情况的预估。商业习惯和商业立法已经给会计和审计建立了明确的规则，所以账册的记录有一定的精确性，不过，这种精确性只是相对于这些规则而言，账面上的价值未必能精确反映实际情况。某个耐久生产财组合的市场价值可能不同于账册所显示的名义数值，而证券交易市场在估算营利性企业的价值时会无视这些名义数值，这就是明证。

所以，成本计算不是能由某个中立的裁判确立和考评的算术过程，它所计算的并不是能以客观方式特别确定的数值。成本计算所涉及的一些基本项目的数值是对未来情况了解的一个结果，必然会掺杂企业家个人对未来市场情况的看法。

尝试在"公正的"基础上确立成本计算是注定要失败的。成本计算是行为的思考工具，是有目的的，旨在尽可能妥善使用各种手段改善未来的情况。它必然是主观的，而不是客观的。在一个中立的裁判手上，它的性质将完全改变。这个裁判不展望未来，他只回顾已经消逝的过去以及对真实的生活和人的行为毫无用处的一些僵化的规则，他不预估未来的变化，也不经思考就预先认定均匀轮转经济不仅是正常的也是最理想的世间状态。他的想法容不下利润，他对于"公平的"利润率或"公平的"资本报酬率认识错误。然而，事实上没有所谓"公平的"东西。在均匀轮转经济里，不会有利润，在一个不断变化的经济里，利润不是由可以判断公平与否的规则所决定的。利润永远不是常态。凡是"正常"的市场，即凡是没有变化的市场就不会出现利润。

第五节　逻辑交换学和数理交换学的对立

也曾有人用数学方法处理价格和成本问题。甚至有些经济学家坚定地认为，唯一适合处理经济问题的方法是数学方法，并且嘲笑逻辑经济学家是"玩弄文字游戏的"人。

如果逻辑学家和数理经济学家之间的对立只是体现在用什么方法来研究经济问题最为恰当上，那么，对此我们无须过多关注。要想知道哪个方法比较优越，只需要看哪个方法能得到比较好的结果即可。再者，也许不同的问题需要用不同的方法解答，或者对某些问题来说，一个方法比另一个方法有用。

然而，这个逻辑学家和数理经济学家之间的对立不是关于哪个解答问题的方法比较恰当的争执，而是关于经济学的基础的争执。我们必须舍弃数学的方法，不只是因为它枯燥乏味，而是因为它本身就是一个完全错误的方法，它从错误的假设出发导致了错误的推理。数理经济学的推理模式不仅得不到正确的结果，还转移了人们对真实问题的注意力，扭曲了各种现象之间的关系。

数理经济学家的理念和方法并不统一，我们必须分别处理三个主要的思想流派。

第一派的代表是一些统计学家，他们志在从经济经验的研究中发现经济法则，要把经济学改造成一门计量科学。他们的研究计划浓缩在计量经济学会的座右铭中：科学即测量。

我们已在前面表明这个想法所隐含的基本谬误。[1]经济史

---

[1] 参见第二章第一节和第八节。

的经验永远是复杂现象的经验，绝不可能给我们带来科学家从实验室的实验中所提取出来的那种知识。统计学是一个陈述关于价格以及其他与行为相关的数据等历史事实的方法。它不是经济学，也不可能产生经济学的定理和理论，价格统计是经济史。在其他条件相同的情况下，需求增加必然引起价格上升，这个认识不是从经验得来的。绝对没有哪个人在过去或将来能够在其他条件相同的情况下观察到某一市场数据的变化。没有计量经济学这种东西，我们所知的一切经济数值都是经济史的数据。没有哪个明理的人能够主张价格和供给之间的关系（一般来说或就某些商品来说）是固定不变的。相反，我们知道，外在现象对不同人有不同的影响，同一个人对同样的外在事件的反应因时而异。我们不可能把人进行归类，说同一类人对某一外在事件有相同的反应。这些认知是先验的行为学理论的研究成果。没错，经验主义者拒绝承认这个理论，他们声称只向历史经验学习。然而，一旦他们越过纯现实的个别价格的范畴而着手构建价格体系和计算平均数，他们便违背了自己的原则。一些经验资料和一些统计事实只能表明在某一特定时间和某一特定地点购买某一特定数量的特定商品所支付的一个价格。分门别类地处理不同的价格数据，以及计算它们的平均价格是以逻辑上和时序上先行的理论为指导的。有关价格数据的一些特征及其间接偶然性是否该纳入考量以及在多大程度上予以考量，同样取决于先行的理论。没有人会断言，某一商品供给增加 $a\%$ 必定导致价格下跌 $b\%$。但是，由于从来没有哪个计量经济学家敢于根据统计经验精确界定偏离 $a:b$ 这个比率的特殊情况，所以显而易见，计量经济学家的那些努力没有任何成效。再者，货币不是测量价格的一个标准，它是一个媒介，它的交换率和各种可贩卖商品与服务彼此的交换率一样会有变化,虽然通常来说变化的速度和程度不同。

我们几乎无须再多费唇舌揭露计量经济学的一些虚假主张。尽管它的提倡者大肆宣扬它的主张,但就它的研究方法而言,迄今却一事无成。已故的亨利·舒尔茨(Henry Schultz)致力于研究各种商品的需求弹性测量。保尔·H.格拉斯(Paul H. Douglas)教授曾赞扬舒尔茨的研究成果,说那是"要帮助经济学发展成为一门不失为精确的科学必须完成的工作,其必要性好比确定原子量对化学的发展"。[1]事实上,舒尔茨从来没着手确定任何商品的需求弹性,他所依赖的数据限于一定的地理区域和一定的历史时期。针对某一特定商品,以马铃薯为例,他的那些研究结果并不是指一般的马铃薯,而是仅指1875年—1929年间美国的马铃薯。[2]那些研究充其量只是给经济史的某些章节添加了一些不能令人满意的可疑的叙述,它们肯定不是实现计量经济学自相矛盾的宗旨的一些步骤。必须强调的是,另外两个数理经济学流派充分意识到了计量经济学的无用性。因为他们从未贸然把计量经济学家找到的那些量值纳入他们的公式和等式中,即从未引用那些量值去解决特定问题。在人的行为领域,要处理未来的事情,除了运用了解这个办法之外,别无他法。

第二派数理经济学家的研究领域是关于价格与成本的关系。在处理这个问题时,数理经济学家既忽视市场过程,又假装抽

---

[1] 参见道格拉斯的《计量经济学》第七卷,第105页。
[2] 参见舒尔茨的《需求的理论与测量》(芝加哥大学出版社,1938年),第405—427页。

离了一切经济计算必定隐含的货币媒介这个事实。然而,当他们谈到一般价格和成本时,他们却默默承认货币的存在,并开始使用货币。其实,价格永远是指货币价格,而成本如果不以货币为参照物是不可能纳入经济计算的。若不以货币为参照物,成本就是为了完成某一产品而用掉的一堆各式各样的财货与服务。而"价格"用来表示以物易物场合所确定的那些交换比率——卖方用一定数量的产品能交换到的各式各样数量不等的财货与服务。这种价格所涉及的那些财货与成本所涉及的那些财货是不同的。这种以实物表示的价格和以实物表示的成本是不可能进行比较的。卖方认为他交出去的财货价值低于他换回来的财货价值,卖方和买方对于彼此交换的两种财货主观认定的价值排序并不一致,一个企业家只有在他预期他的产品换得的财货价值高于生产所花费的财货时,才会着手进行生产。所有这些事情,我们根据行为学的先验理解便已经知道了,正是这些先验的知识让我们可以预测一个能采用经济计算的企业家会怎样行动。但是,数理经济学家却要欺骗自己:不提货币是为了以更一般的方式处理这些问题。他们完全不考虑以货币为参照物的经济计算,却妄想研究生产要素不能无限细分所产生的一些问题,他们的研究终究是白忙活一场。这样的研究绝不可能走出既有知识的范围,即对于企业家着手生产的那些产品而言,企业家自认为其销售收入的价值会高于生产所需花掉的各式各样财货的全部价值。但是,如果没有间接交换,如果没有普遍使用交换媒介,那么即使企业家能正确预测未来的市场情况,也不可能成功获利,除非他拥有超人的智力。企业家必须一眼就能领会由市场所决定的所有交换比率的意义,只有这样,他才能在思量决策时根据这些交换比率精确地安置每一件财货的位置。

所有关于价格—成本关系的研究都不仅预设使用货币，也预设存在市场过程，这是不可否认的。但是，数理经济学家对这个明显的事实却熟视无睹，他们列出一些方程式，也画出一些曲线，并声称这是在描述事实。其实，他们只描述了某个假想的不可能实现的情况，丝毫不像我们要讨论的那些交换学问题。他们以一些代数符号取代经济计算中所用的那些金额所确定的项目，并且认为此程序使他们的推理更为科学。他们把容易上当的外行人唬得一愣一愣的，其实，他们把商用算术和会计学的教科书能够圆满处理的一些事情搞得混乱不堪了。

有些数学家甚至宣称，经济计算可以建立在以效用为单位的基础上，还称他们的方法为效用分析。他们的这个错误也同样出现在第三派的数理经济学中。

第三派数理经济学家的特征是：他们公开且故意绕过市场过程去处理交易问题。他们的理想是按照古典力学模式建构一门经济理论。他们一再模仿古典力学，认为古典力学是唯一绝对的科学研究典范。这里无须再解释，为什么这种模仿是肤浅且具有误导性的，以及人的行为的意义根本不同于力学研究的主题运动。我们在这里只需要强调一点就够了，即微分方程式在这两个领域的实际意义大不相同。

导致公式化的讨论必然是非数学性的。方程式之呈现是我们的知识的完善，并没有直接扩大我们的知识面。但是，在力学方面，方程式有着非常重要的实际作用。由于不同的力学元素之间存在一些固定关系，而且这些关系能由实验确定，所以我们能利用方程式解答一些明确的技术问题。现代工业文明的成就主要就是通过物理学方程式得到的，然而，在不同的经济学元素之间不存在这种固定关系。所以,数理经济学所呈现的那些方程式便只是些没用的心智游戏,即使它们要表达的东西远比它们实际要表达的多得多。

在进行正确的经济思考时我们绝不能忘记这两个价值理论的基本原则:第一,导致行为的评值永远意味着偏好什么和舍弃什么,它从不意味着对等;第二,除了能确定这些评值是否按照同样的偏好进行排序外,我们无法比较不同人的评值,或比较同一个人在不同时刻的评值。

在均匀轮转经济想象的构建下,所有生产要素都得到了最经济有效的利用,每一种生产要素都在最需要它的用途上提供了最有价值的服务,再想象不出有什么变化能够增进满足状态。如果对 a 的需要阻碍了对 b 的需要的满足,并且人们认为对 b 的满足比对 a 的满足更有价值,那么没有哪个生产要素会被用于生产 a。当然,我们可以用微分方程式来描述这一假想的资源分配状态,或以曲线的形式把它表现出来。但是,这些表述方式完全没有触及市场过程,它们只描述了某一假想的情况,在该情况下,市场过程将停止运作。数理经济学家完全漠视关于市场过程的理论,反而自得其乐地埋头摆弄逻辑经济学家以理论说明市场过程时临时使用的一个辅助性概念——一个脱离市场过程就没有任何意义的概念。

在物理学领域,我们面对的是各种意义上的变化现象。我们发现,在这些连续发生的变化中存在着一定的规则,这些观察引导我们构建一门物理科学。我们不知道哪些终极力量驱使着这些变化的发生,对于我们来说,这些变化就是最终数据。对追求知识的心灵来说,它们是最终的给定,是不能进一步分析的。我们观察得知,一些可被观察到的不同的事物及其属性被有规则地连接在一起。物理学家以微分方程式所描述的正是这种数据变化之间的相互依存关系。

在行为学领域，我们首先确立的事实是：人们有意识地要引起一些变化。正是这一认识把行为学的主题整合成一个整体，同时把它和自然科学区分开来。我们知道哪些力量在背后驱动变化，这一先验的知识引导我们认识行为学领域的一些变化过程。物理学家不知道电是什么，他只知道一些现象被归因于某一称作电的事物。但是，经济学家知道，驱使市场过程的因素是什么。因为有这种知识，所以他能够把市场现象和其他现象区分开来，并且能够描述市场过程。

对于市场过程的阐释，数理经济学家没有任何贡献。他们只描述被逻辑经济学家当作一个有限概念而临时用来辅助推理的手段，即他们只定义一个不再有任何行为且市场过程已经陷入停滞的状态。那正是数理经济学家所能解释的全部，逻辑经济学家以文字叙述的最终静止状态和假想的均匀轮转经济状态，以及数理经济学家着手他的数学工作之前所使用的文字描述，最终被数理经济学家转译成一些代数符号。这仅仅是一个肤浅的比喻，仅此而已。

逻辑经济学家和数理经济学家都断言，只要基本给定的因素不再有进一步的变化，人的行为最终将趋向于建立一个均衡状态，而且将会达到这样的状态，但是，逻辑经济学家知道的比这个还要多。他们说明了企业家、首倡者和投机者热衷于从价格结构的差异中牟利，这些人的行动倾向于根除价格结构差异，从而也倾向于抹除企业家的利润和亏损的源头。他们说明了这个过程最后是怎样导致均匀轮转经济状态的，但对各种均衡状态的数学描述（mathematical description）只是游戏，真正的问题是市场过程的分析。

通过对这两个经济分析方法的比较，我们得以了解一个时常有人提及的问题：应该构建一个动态的理论以扩大经济学的范围，而不能只关注静态问题。就逻辑经济学而言，这样的问题没有任何意义。逻辑经济学本质上就是一个分析过程和变化的理论，它采用假想的静态概念只是为了阐释变化的现象。但是，数理经济学就不同了，它的那些方程式和公式全是用来描述均衡状态和非行动状态。只要它还处于数学运算的范围内，对于这种状态是怎么形成的以及怎样把这种状态转变成另一种状态，它就没有什么可说的。因此，对于数理经济学来说，它应该有一个动态理论，然而，数理经济学没有任何办法完成这个任务。过程分析这个第一重要的经济问题不容许采用任何数学方法，即使给方程式引进时间参数也解决不了问题。这里甚至没提及用数学方法处理经济问题的最大缺点。每一个变化都涉及时间，变化总是发生在时间顺序当中，这些陈述表明，只要是僵化的和不可变的，便没有考虑时间问题。数理经济学的最大缺点不在于它漠视时间顺序这个事实，而在于它漠视市场过程的运作。根据定义，市场过程绝不可能是僵化不变的。

对于那些倾向于建立均衡的行为是如何从非均衡状态涌现出来的，数理经济学完全不知道该如何下手并加以说明。当然，数理经济学也许能够表明，要把某一非均衡状态的数学描述转变成均衡状态的数学描述需要什么数学运算。但是，这些数学运算绝不是在描述价格结构差异所驱使的市场过程。力学的那些微分方程式可以精确描述运动中的物体在任何时刻的移动情况。而数理经济学的那些方程式却是和非均衡状态过渡到均衡状态的过程中每一时刻的实际情况完全无关的。只有那些被先入为主的偏见所蒙蔽而认定经济学必须是力学的一个复制品的人才会低估这个反对理由的分量,一个肤浅的比喻绝不可能取代逻辑经济学的分析。

以数学方法处理经济学所产生的灾难性后果,在交换学的每一章都能得到验证,这里只需要举两个例子就够了。第一个例子就是"交易方程式"。数理经济学家企图用这种方程式处理货币购买力的变化问题,其结果是无效且具有误导性。[1]第二个例子就是熊彼特教授的名言。他说,消费者在评估一些消费品的价值时,事实上也在评估生产这些消费品所使用的那些生产要素的价值。[2]几乎不可能有比这种解释市场过程更为错误的陈述方式了。

经济学的主题不是财货与服务,而是活生生的人的行为。它的目标不是论述一些想象的构建,如均衡,这些想象的构建只是经济学推论的工具,经济学的唯一任务是分析人的行为和市场过程。

---

[1] 参见第十七章第二节。
[2] 参见熊彼特的《资本主义、社会主义和民主》(*Capitalism, Socialism and Democracy*)(纽约,1942),175 页。对于此一名言,哈耶克曾提出批评,见哈耶克发表于《美国经济评论》,第三十五期,第 529—530 页的《社会知识》。

第六节　独占性价格

　　竞争性价格是卖方调整行为以完全满足消费者需求的结果。在竞争性价格体系下，供给全部售出，特定生产要素在互补的非特定生产要素价格容许的程度内被使用。没有哪一部分供给被永久扣留而不供应市场，特定生产要素的边际单位不会产生任何净收入，整个经济过程全是为了消费者的利益而进行的。买方和卖方之间，以及生产者和消费者之间不应该有任何利益冲突。各种商品的拥有者没有能力使消费状态和生产状态脱离财货与服务（不管是什么顺位）的供给状况和科技知识状态所决定的生产过程。

　　如果竞争者可支配的供给减少，从而使他能够按比较高的价格出售自己的供给，那么每一个卖方都将发现自己的收入增加了。但是，在竞争性市场中，他自己并没有能力"创造"出这样的结果，除非他享有政府干预市场活动所给予他的特权，否则就必须顺从市场的实际状况。

　　企业家在行使企业家的权利时始终受制于消费者主权，但是他作为可销售的财货和生产要素的拥有者的责任就与企业家的身份有所不同。当然，企业家作为财货和生产要素拥有者不完全受制于消费者。在某些情况下，财货和生产要素的拥有者借由限制供给并以较高的单位价格出售产品，可以取得更大的利益。如此决定的独占性价格对消费者主权和市场民主而言是一种侵害。

　　出现独占性价格所需的特殊条件和附属情况，以及独占性价格在交换学上的特征包括：

（1）必须存在某一供给独占的情况。独占商品的全部供给被某一单独的卖方或由某一群行动一致的卖方所组成的团体控制。独占者——不管是一个人还是一个团体，能够限制产品的上市销售或供给数量，以提高每单位的售价，他完全不必担心他的计划会因为其他卖方出售同类商品而受到干扰。

（2）独占者要么无法在价格上歧视买方，要么就是自愿放弃价格歧视。[1]

（3）对于把销售价格提高到潜在的竞争性价格以上，买方大众的反应——需求下降，没有导致按超过竞争价格出售的总销售收入少于按竞争价格出售的总销售收入。因此，过分讨论哪些特征必定被视为相同商品的标志实在是多余的。是否所有领带都该被视为同一种商品，或者是否根据布料、颜色和花样区分不同种类的领带根本没必要讨论。孜孜不倦地去分辨商品的类别是没有用的，唯一重要的是买方对价格上涨的反应。对独占性价格理论而言，指出每一个领带制造商都生产独特的领带，以至于把每一个领带制造商都称作独占者，那就毫无道理可言了。交换学不处理独占问题本身，而只处理独占性价格。对一个领带的卖方而言，即使他的领带不同于其他卖方所贩卖的领带，也不可能取得独占性，除非买方对他提高价格并未做出不利反应。

独占是出现独占性价格的一个先决条件，不过，它不是唯一的先决条件。还有一个条件就是，必须存在一定形状的需求曲线，只是存在独占并不能说明什么。版权书籍的出版商是一

---

[1] 价格歧视的问题，将在本章第十节讨论。

个独占者，但是，他可能连一本书都卖不出去，不管他的书的价格多么低。某个独占者出售某一独占性商品的价格不见得都是独占性价格，只有某些价格才是独占性价格。以这种价格进行市场销售，限制总销售量比增加总销售量直至竞争性市场容许的极限，对独占者更有利。独占性价格是独占者刻意限制交易量的结果。

虽然我们把独占者的行为说成是刻意的，但这并不意味着我们在暗示他会拿独占性价格和某一假想的非独占性市场所决定的竞争性价格相比。只有经济学家才会把独占性价格拿来和潜在的竞争性价格作对比。一个已经取得独占地位的独占者在行动时，竞争性价格的概念对他来说无足轻重。和其他卖方一样，他也希望获得最高价格。只是一方面，市场状态受制于他的独占地位；另一方面，消费者的行为倾向于让某个高于竞争性价格的售价对他有利，这才导致了独占性价格的出现。

（4）有些人认为有第三类价格存在，即这类价格既不是独占性价格，也不是竞争性价格，这是完全错误的。如果我们不考虑稍后要讨论的价格歧视问题，某一确定的价格如果不是竞争性价格，就是独占性价格。与此相反的说法源自一个错误的见解，这种见解误以为除非每个人都有机会以某一特定商品卖方的身份出现在市场上，否则竞争就不是自由的或不是完全自由的。

每一种商品现有的供给都是稀缺有限的。如果相对于大众的需求，它不是稀缺的，那它就不会被视为一项经济财，它也不会有任何价格。所以，这样使用独占概念以致让它涵盖所有经济财是让人迷惑的。供给有限是经济价值和所有价格支付的根源，但它并不足以产生独占性价格。[1]

人们如今把独占性竞争或不完全竞争一词应用在不同生产者或卖方的产品有差异的场合，这意味着几乎所有消费财都应归入独占品的类别。然而，在有关价格形成的研究中，唯一重要的问题是卖方能否将这些差异用来形成某一刻意限制供给的谋略，以便提高自己总的净收入。只有当这样的谋略是可行的，且也付诸实施了，不同于竞争性价格的独占性价格才会出现。每个卖方也许真的有一群忠实的顾客，偏爱他的品牌甚于其他竞争者的品牌，即使价格高一点，也会继续购买，但是，对于卖方来说，真正的问题是，这样忠实的顾客是否多到足以弥补其他顾客不再购买该品牌所导致的总销售收入下降乃至出现的亏损。只有在答案是肯定的情况下，他才会认为以独占性价格取代竞争性价格对他自己有利。

不完全竞争或独占性竞争这个语义错乱的概念源自对控制供给（control of supply）一词的误解。每一种产品的每一个生产者对于控制产品在市场上的供给都贡献了一份力量。如果他生产出比较多的产品 a，他就已增加了供给，从而使价格下跌，但问题是，他为什么没生产更多的 a？他之所以把 a 的产量限制在 p，难道不是因为他打算竭尽所能地顺应消费者的愿望？难道他打算为了自己的利益而反抗消费者的命令？第一种情况——他没生产更多的 a，因为如果 a 的产量超过 p，将会从其他生产部门抽取一些稀缺的生产要素，而这些生产要素原先是用来满足消费者某些更迫切需求的。他没生产 p+r，而只生产

---

[1] 参见理查德·T. 伊利（Richard T. Ely）对独占概念的误导性延伸的反驳，《垄断与信托》（*Monopolies and Trusts*）（纽约，1906 年），第 1—36 页。

p，是因为一旦他多生产了r，他的生意将会变得没有利润或只有较少的利润，更何况市场中还存在其他更有利可图的资本投资途径。第二种情况——他没生产r，因为保留他所独占的某种特殊生产要素m的一部分对他比较有利。如果他没独占m，他便不可能期待从限制a产量中获得任何利益。他的竞争者将会填补他所造成的缺口，而他也就卖不到较高的价格。

在处理独占性价格时，我们始终要寻找这个被人独占的生产要素m。在这种场合，如果没有这种生产要素，就不会出现独占性价格。独占性价格的第一个必要条件是存在某个被人独占的财货，如果没有任何数量的财货m被扣留下来，企业家便没有机会以独占性价格取代竞争性价格。

企业家的利润和独占性完全无关。如果某个企业家能够按独占性价格卖东西，他之所以得到这个好处，是因为他拥有对生产要素m的供给独占地位。他从m的所有权获得特别的独占利益，这利益不是他通过企业家的身份得到的。

让我们假设发生了某一意外事故，以至于在好几天的时间里某座城市的电力供应被切断了，于是居民不得不靠点蜡烛过日子，蜡烛的价格上涨到s。在此价格下，所有市面上的蜡烛供给销售一空。那些卖蜡烛的商店按价格s出售他们的所有供给，从而获得很高的利润。但是，也可能发生下面这样的情况：卖蜡烛的店家联合起来一致行动，保留一部分蜡烛不供应市场，然后按某一价格s+t出售。前面假设的s便是竞争性价格，而s+t则是独占性价格。店家在价格s+t下所获得的收入超过他们按价格s出售时所获得的收入，这多出的部分是他们的独占利益。

店家以什么方式限制市场供给是个无关紧要的问题，把一部分可用的供给销毁是实现独占性的通常做法。就在不久前，巴西政府还采取这种方式焚毁大量咖啡，但是，保留一部分供给也能产生同样的效果。

市场通常存在一个利润消失的强大趋势，然而，独占利益却是一个永久的现象，除非给定的市场基本事实改变，否则它不会消失。利润和均匀轮转经济假想状态不兼容，然而，独占性价格和独占利益并非不容于均匀轮转经济假想。

（5）竞争性价格取决于市场状态。在竞争性市场中，有一种强大的趋势想抹平价格差异，从而形成一个均衡价格。至于独占性价格，那情况就不同了。如果卖方能够借由限制销售数量、提高单位售价格以增加他的净收入，那么通常会有好几个独占性价格满足这个条件。一般来说，在这些独占性价格中，有一个会产生最高的净收入，但是，也有可能发生多个不同的独占性价格对独占者一样有利的情况。我们可以把对独占者最有利的某个或某些独占性价格，称为最适独占性价格。

（6）独占者事先不知道消费者会以什么方式应对价格上涨。他必须反复试验，以确定如果独占性商品按某个高于竞争性价格的价格出售是否对他有利，如果答案是肯定的，那么在多个可能的独占性价格中，再确定哪个才是最适独占性价格或最适独占性价格之一。实际上，这个反复试验的过程，远比经济学家画一条需求曲线，从而把先入之见归属于独占者时的难度还要大。所以，我们必须把独占者发现独占性价格的能力列为出现独占性价格所需的一个特别条件。

（7）不完全独占是一个特别情况。大部分总供给由某个独占者拥有，其余则由一个人或数个人拥有，他们不愿意和独占者合谋限制销售量以形成独占性价格。然而，如果独占者所控

制的那部分供给 p_1，大大高于独立者所控制的供给部分 p_2，那么这些独立者不愿意合作并不会阻碍独占性价格的形成。让我们假设，全部供给（$p=p_1+p_2$）能按每单位价格 c 售出，而供给 p−z 则能按独占性价格 d 售出。如果 d（p_1−z）大于 c×p_1，那么不管其他独占者会不会跟随，实行独占性销售限制有利于这个独占者。他们可能继续按价格 c 销售，或者他们可能会提高售价到 d。主要是这些独占者不愿意忍受自己的销售数量下降，因此，必要的销售数量下降必须全数由 p_1 的拥有者承担。这会影响他的计划，并通常导致一个异于完全独占情况的独占性价格出现。[1]

（8）双头独占和寡头独占不是特别的独占性价格种类，而只是一些用来形成某个独占性价格的方式。两个人或好几个人拥有全部的供给，他们全都准备按某些独占性价格销售并相应限制各自的销售数量。但是，基于某些理由，他们不希望一致行动。他们自行其是，彼此之间没有任何协议或默契。不过，他们也都知道，每个竞争对手都决心对自己的销售数量实行某个独占性的限制，以便取得比较高的单位售价和独占利益。他们会仔细观察竞争对手的一举一动，努力调整自己的计划以应对竞争对手的措施。于是，他们之间发生一连串的对抗行为，企图以智取胜，其结果主要由对抗各方的奸诈程度决定。双头独占者和寡头心中有两个目标：一方面，要找出作为卖方对自己最有利的独占性价格；另一方面，要尽可能把限制销售数量的负担移转给对手。正因为他们彼此之间对于减少后的总销售

---

[1] 显然，如果独占者后来增加他们的销售数量，不完全独占势必会瓦解。

量如何分配意见不一致,所以他们不像卡特尔的成员那样会采取一致行动。

双头独占或寡头独占绝不可与不完全独占混为一谈,也不可以把它们拿来和以建立独占为目的的竞争混为一谈。在不完全独占的场合,只有某个独占性的团体愿意限制其销售量,以便形成独占性价格,而其他卖方拒绝限制销售量。但是,双头独占者和寡头都愿意扣留一部分供给(不供应市场)。在降价竞争的场合,某个团体A计划强迫所有竞争者或大部分竞争者停业,以便取得完全独占或不完全独占的地位。A把价格削减到一个很低的水平,让那些比较脆弱的竞争者无法承受低价销售所带来的损失。按这个低价销售,A可能也要承受一些损失;但是,A比其他人能更长时间承受这些损失,而且A确信自己未来将会获得丰厚的独占利益,从而把这些损失弥补过来。这个降价竞争的过程和独占性价格没有关系,它是A为了取得独占地位而采取的一个谋略。

人们有时候会怀疑,双头独占和寡头的存在是否具有实际意义。通常,相关各方至少会就减少销售额的配额达成默契。

(9)独占性财货可能是一种最低顺位的财货——消费财,也可能是一种较高顺位的财货——生产要素。它可能包括控制生产所需的技术知识,即"配方"。这种"配方"通常是免费的自由财,因为它产生一定效果的能力是无限的。除非它被人独占,使其利用受到限制,否则它们不可能成为经济财。"配方"的使用费无论多少都是独占性价格。至于"配方"之所以被限制使用,究竟是因为诸如专利和著作权法等制度性条件使然,还是因为配方保密措施做得好,让别人猜不出来,无关紧要。

互补的生产因素——被人独占后能导致独占性价格——也

可能包括一个人有机会参与商品生产,消费者认为个人的参与具有特殊意义。这个机会可能是由有关商品或服务的性质赋予的,也可能是由诸如保护商标的法律等制度性规定赋予的。消费者为什么看重某个人或某家厂商的贡献,理由是多种多样的:由于先前的经验,对有关个人或厂商特别有信心;[1] 毫无根据的偏见或误会;势利眼或附庸风雅;一些毫无根据的巫术信仰或超自然的观念。一种有商标的药物在化学结构和生理功效方面可能和其他没有商标的药物没有差别。然而,如果买方认为这个商标具有特殊意义,并且愿意支付较高的价格购买印有这一商标的产品,那么卖方便能在需求配置合理的情况下获得独占性价格。

使独占者得以限制供应数量而形成别人无力挑战的独占地位,也可能是基于独占者控制了某个生产力较高的生产要素,而潜在竞争者只控制了生产力比较低的替代性生产要素。如果独占者独占的那种生产要素所提供的较高生产力和潜在竞争者所控制的替代性生产要素所提供的较低生产力的差距大到足以出现某一独占性价格,那么便产生了一种可以称为边际独占(margin monopoly)的情况。[2]

让我们以当下最常见的例子说明边际独占:在某些特殊情况下,保护性关税能够产生独占性价格。阿特兰蒂斯国对进口商品 p 每单位课征关税 t,p 的国际市场价格为 s。如果在价格

---

[1] 参见本章第七节关于商誉的讨论。
[2] 使用"边际独占"这个称呼,就像使用其他称呼一样是相当任意的。如果有人要提出异议,说其他每一种导致独占性价格的独占地位也都可以被称为一种边际独占,那是没意义的。

为s+t时，阿特兰蒂斯国内的p消费量为a，而国内的p产量为b，b小于a，则边际厂商的生产成本为s+t，国内厂商能够按价格s+t销售它们全部的产出。这样进口关税是有效的，并且能够激励国内企业扩大p的产量——从b开始直到略微低于a。但是，如果b一开始便大于a，那情形就不同了。如果我们假设b如此巨大，以致即使在价格为s时，国内的消费量还是少于b，因此多余的部分必须出口到国外，那么，课征进口关税就不会影响p的价格。不管是在国内市场还是在国际市场，p的价格保持不变。然而，这样进口关税基于差别对待国内和国外生产的p，便给了国内厂商一项特权，只要满足一定的条件，这一特权便能形成一个独占性的组合。如果能够在s+t和s之间找到某个独占性价格，对国内厂商来说形成一个卡特尔，便可带来丰厚的独占性利益。这个卡特尔在阿特兰蒂斯国内市场按某一独占性价格销售，把剩余的产量按国际市场价格抛售到国外。当然，由于限制了阿特兰蒂斯国内市场的销售数量，抛售到国际市场的p数量增加了，p的国际市场价格从s下跌至s_1。所以，国内市场要出现独占性价格，必须满足一个条件，即国际市场价格下跌所导致的收入缩减的总额没有大到把国内卡特尔的独占利益全部抵消掉。

长期而言，只要新入者可以自由进入该产业，这种全国性的卡特尔就不可能保持独占地位。这个卡特尔为了建立独占性价格（在国内市场范围内）而予以限制的那种被独占的生产要素服务是地理条件，而这个条件很容易被每一个在阿特兰蒂斯境内设立新厂的新投资者所复制。现代产业环境的一个特征是科学技术的稳定进步，新工厂通常比旧工厂更有效率，平均生产成本更低。因此，潜在的新入者面对的激励是双重的，他们不仅可以分享卡特尔原有成员的独占利益，还可能因为较低的生产成本而享有超越原成员的利益。

这时，一些制度性因素再次发生作用，以帮助那些形成卡特尔的旧厂商。专利权让他们享有一个任何人都不得侵害的合法独占地位。当然，他们的生产过程中只有某些部分受到专利保护。但是，一个竞争者如果被禁止采用这些过程或生产某些专利品类，便很可能会受到严重的阻挠，以致让他放弃进入这个已形成卡特尔的产业。

一项专利权的拥有者享有某种合法的独占地位，在其他条件合适的情况下，该独占地位能用来达成一些独占性价格。在专利权本身涵盖的范围外，某一专利可能发挥一些辅助作用，以在主要的制度性条件容许出现边际独占的场合协助形成和保持边际独占地位。

我们可以想象，即使没有任何政府干预，也会有一些世界性的卡特尔存在，而政府的干预给除卡特尔商品以外的其他商品形成独占性联合提供了必要条件。某些商品，例如钻石和水银，它们的天然供给只有少数资源，这些资源的拥有者很容易联合起来一致行动。但是，在世界生产舞台上，这种卡特尔将只是一个小角色，它们的经济分量相当小。我们这个时代，各种卡特尔所占据的重要地位是世界各国政府所采取的干预主义政策的一个结果。今天的人类所必须面对的这个严重的独占性问题，并不是市场经济运作的产物，它是各国政府刻意干预市场所产生的结果，它并非如政客蛊惑民心宣传时所说的是资本主义固有的祸害。相反，它是某些敌视资本主义并且致力于破坏和摧毁资本主义政策所造成的结果。

德国是卡特尔组织高度发达的代表国家。在19世纪最后的几十年，德意志帝国开始实行一个庞大的社会政策（sozialpolitik）计划。这个计划是以各种所谓同情劳工的立法措施、受到高度吹捧的俾斯麦社会安全计划以及以工会的压力和胁迫谋取较高的工资率，从而提高工薪阶层的收入和生活水平。该政策的鼓吹者藐视经济学家的警告，宣称不存在经济法则这种东西。因为曾经打败奥地利和法国的几个皇帝，让全世界无数国家在其面前颤抖的霍亨索伦帝国是超越任何法则的，该帝国的意志就是至高无上的准则。

赤裸裸的事实就是，这项社会政策在德国境内抬高了生产成本。同情劳工的立法每进一步以及每一次罢工的成功都扰乱了产业环境，从而对德国多数企业不利。该社会政策使德国多数企业更难赢过外国竞争者，因为德国境内的劳动纷争并没有抬高国外对手的生产成本。如果德国人能够放弃制造品的出口，只为国内市场而生产，则进口关税想必能够保护德国境内的工厂以对抗外国企业相对增强的竞争力。德国境内工厂的产品想必能够获得较高的价格，受雇者通过劳动立法的成果和工会施压所获得的利益将随着他在买东西时必须支付比较高的价格而被抵消。实际工资率只会上升到企业家改善生产技术从而提高劳动生产力的程度。进口关税会阻止失业的情况扩散，使社会政策不妨碍就业。

但是，在俾斯麦开始他的社会政策时，德国已经是一个工业化程度相当高的国家。德国那些工厂向国外输出了大部分产品，这些出口产品的获利使德国人得以进口自己国家不能生产的食物和原料。德国实际上是一个人口众多但自然资源相对匮乏的国家。正如上面已经指出的，这些多余的产出使保护性关税无效。只有组成各种卡特尔才能使德国免于它那"进步的"

同情劳工政策所造成的灾难性后果。这些卡特尔在国内形成了独占性价格，而在国外则以较低的价格销售。只要依赖国外市场的产业受到"进步的"劳工政策的影响，卡特尔便是该政策必然会出现的一个结果。当然，对于劳工阵营的政客和工会领袖承诺的为受雇者争取的那些虚幻的社会利得，这些卡特尔不会有任何保障作用。没有任何办法能够帮助所有渴望赚取工资者把工资率提高到每一种劳动的生产力所决定的水平之上。卡特尔所能达成的不过是以国内商品价格的相对上涨抵消名义工资上涨的表面利益罢了。但是，最低工资率的恶果——永久的大量失业，起初还是被避免了。

德国不是第一个采取"同情劳工"立法和纵容工会强制执行最低工资率的国家。在这方面，有些国家比德国先行一步，但是，这些有害的政策措施遭到来自经济学家、理性的政治家和商人的反对，其推进的速度长年受到压制。大多数时候，它们给予受雇者的所谓利益并未多于在没有任何政府干预下受雇者通过永不停歇的技术进步已经获得的利益。有些时候，政府确实使其所获得的利益大了一些，不过，企业向前推进的步伐很快便扭转了这种情况。然而，后来，特别是第一次世界大战结束之后，其他国家在劳工政策方面都全面采取了德国的那种方法。于是，卡特尔必须再度通过补充"同情劳工"的政策，以掩盖它们的无效，同时延缓它们终将彻底失败的真相。

对所有不满足于国内市场而渴望在国外销售一部分产出的产业来说，进口关税的作用在这个政府干预市场的年代使国内独占性价格的形成成为可能。不管关税的目的和效果在过去怎么样，一旦某个出口国开始实行一些措施，将受雇者或农夫的收入提高至潜在的市场价格之上，关税必然会助长企业界的某种联合，从而导致有关商品在国内出现独占性价格。一个国家政府的权力仅限于它所统治的领土范围，它有权力提高国内的生产成本，但没有权力强迫外国人按升高的价格购买它的产品。如果那些产业要继续出口，它们就必须获得补贴。这种补贴可以公开地由国库支付，或通过卡特尔的独占性价格分摊给国内的消费者承担。

有些人呼吁政府干预市场，他们认为"国家"有权力仅凭一纸命令便让市场架构内的某些群体获益。事实上，这个权力正是政府助长企业界进行独占性联合的权力。独占利益是给"社会利得"提供资金的财源。只要这些独占利益还不够，干预主义的各种措施便会立即使市场的运行瘫痪，大规模失业、经济萧条和资本消费的现象便会出现。这就解释了为什么当代的所有政府都热衷于在所有与出口贸易有关联的市场部门形成独占性。

某个政府如果未能达成间接助长独占性的目标，便会采取直接的行动。在煤和钾碱方面，德意志帝国政府建立了强制性的卡特尔。美国的新政因为遭到了企业界的反对，所以未能把美国的一些重要产业组成强制性的卡特尔。新政在一些重要的农业部门比较成功，为形成独占性价格推行了一些限制产出的措施。世界上一些最重要国家的政府之间达成了一连串的协议，以便许多原料和食物形成独占性价格。[1] 联合国公开发表声明，要继续推动这些协议的执行。

---

[1] 国际劳工总署（International Labor Office）收集了一大堆协议，于1943年把它们编印成册，名为《政府间的商品管制协议》（*Intergovernmental Commodity Control Agreements*）。

我们必须把当代各国政府这种助长独占性的政策当成一个性质相同的现象,只有这样才能找出背后的原因。但是,从交换学的观点来看,这些独占性情况却不相同。企业家利用保护性关税(诱因)而形成的契约性卡特尔是边际独占的一个例子。在政府直接促成独占性价格的场合,通过限制使用生产要素而形成独占性价格是法定的特许,任何卖方,除非获得特许,否则不得供应消费者。

这种特许可能有不同的授予方式:

①每个申请者都能获得无限期许可。这等于是一种完全不需要特许的情况。

②特许只授予符合一定资格的申请者。竞争受到限制,然而,只有在那些获得特许者一致行动而且需求配置合理时,才会出现独占性价格。

③只有一张特许许可证。获得许可证者,例如,某个专利或版权的拥有者,是一个独占者。如果需求配置合适,而这个特许者也想获得独占利益,他就能形成独占性价格。

④特许许可证的数量是有限的。对于获得特许者,它们只赋予权利人生产或销售一定数量的某种东西,以防止特许者搞乱权威当局的计划。独占性价格由权威当局自己管理。

除此以外,在某些特许场合,政府为了财政目的会设立独占,独占利益归于国库。许多欧洲国家的政府设立烟草独占机构,其他一些国家所设立的类似独占机构包括:盐业、比赛活动、电报与电话服务、广播……无一例外,每个国家都有政府独占的邮政服务事业。

(10)边际独占并非总是由进口关税的制度性因素决定的。某些生产要素如果在肥沃程度或生产力方面存在足够大的差异,也能产生边际独占。

前面已经说过，在解释农产品价格和地租时，提及土地独占、独占性价格与独占利益是一种严重的错误。我们在历史上看到的那些农产品独占性价格的事例都是政府法令促成的特许独占。然而，承认这些事实并不表示土地肥沃程度的差异不会导致独占性价格。在仍有人耕种的最贫瘠的土地和用于扩大生产的最肥沃的休耕地之间，如果肥沃程度的差距如此巨大，以致耕地的地主能够在这两种土地的肥沃程度差距之间找到一个有利的独占性价格，他们便有可能考虑一致行动限制生产，以谋取独占性价格。但是，实际上，农业的自然条件并不符合这些要求。正是因为这个事实，渴望获得独占性价格的农夫才没依赖自动自发的行为，而是请求政府干预。

在某些矿业部门，情况往往比较有利于以边际独占为基础的独占性价格。

（11）有些人一再断言，大规模生产的经济效益在许多加工业已经产生了一个有利于独占性价格出现的趋势。这种独占用我们的术语来说就是边际独占。

在详细讨论这个问题之前，我们必须先弄清楚，如果一个独占者正在寻找最有利的独占性价格，那么，每单位产品平均生产成本的增减将扮演什么角色。让我们考虑这样一种情况：某个独占的互补生产要素拥有者，例如，某项专利权的持有人制造产品 p。在不考虑专利费的情况下，如果一单位 p 的平均生产成本随着产量的增加而下降，则该独占者必定会权衡成本下降和他限制产量所获得的独占利益孰大孰小。另一方面，如果每单位生产成本随着总产量的下降而减少，则独占性减产的诱因就增强了。很明显，大规模生产通常倾向于降低平均生产成本，其在本质上不是助长独占性价格出现的因素，反倒会抑制独占性价格的出现。

把独占性价格的扩散归咎于大规模生产经济效益的那些人真正想说的是，大工厂的生产效率比较高，小工厂很难同它竞争，也不可能成功。他们相信，一个大工厂能够获取独占性价格，是因为小工厂没有能力挑战大企业的独占地位。没错，在许多加工业部门，让小工厂以高成本产品供应市场是愚蠢的行为。一座现代化纺纱厂无须担心老式纺纱车的竞争，它的竞争对手应该是与他的工厂规模相当的纺纱厂。但是，这不表示现代化纺纱厂享有获得独占性价格的机会。大型企业之间也是有竞争的。如果大企业产品的售价出现独占性价格，其原因在于专利权，矿脉或其他原料所有权的独占，或者在于以关税为基础所形成的卡特尔。

我们绝不可混淆独占和独占性价格这两个概念。在交换学中，如果独占没有形成独占性价格，它本身是没什么重要性可言的。而那些独占性价格之所以具有重要意义，是因为它们是某种企业行为的结果，这种企业行为藐视消费者的至高权威，以独占者的私利取代公众的利益。在市场经济的运行中，如果有人打算不理会独占利益和严格意义上的利润完全没有关系这个事实，那么也只有在独占性价格存在的场合，他才能在一定程度上从概念上区别为利润而生产和为使用而生产。然而，各种独占利益不是交换学所称的利润概念的一部分，而是某些与生产因素相关的服务被出售时价格的上升，在这些生产因素中，有些是物质因素，有些则纯粹是制度性因素。如果企业家和资本家在市场需求欠缺形成独占性价格的情况下放弃在某个产业部门扩大生产——因为其他产业部门给他们提供了更有诱惑力的机会，那么他们这种行为并不是在藐视消费者，相反，他们是在严格遵从消费市场需求的指示。

政治偏见使得关于独占问题的讨论变得混乱，也忽视了这一问题的根本症结之所在。在处理每一个独占性价格的案例时，我们首先必须提出这个问题：是什么阻止人们挑战独占者？在回答这个问题前，我们通常会发现制度性因素对形成独占性价格所产生的作用。说美国厂商和德国卡特尔之间的买卖涉及什么阴谋是荒谬的，如果某个美国人想要制造某种属于德国专利的商品，那么按照美国的法律，他就不得不和德国的相关企业达成某种协议。

（12）有一种特殊情况，或许可以称为失败独占（failure monopoly）。过去，有些资本家投资于一座生产商品 p 的工厂，后来的发展证明这项投资是失败的。p 的销售价格如此之低，以致有一笔资本因为已花在购置不能转换用途的工厂设备上而得不到任何补偿，即出现了亏损。然而，这些价格足以给日常使用固定设备以进行生产的变动资本带来合理的补偿。如果那笔投资于不能转换用途的设备上的资本的损失已不可挽回，在账面上完全被抵消，而所有相关账目也相应做了改动，那么日常用于工厂运营的那笔资本还是有可观的利润的，以致如果工厂现在完全停止运营，那将是一个新的决策错误。于是，这座工厂开始满负荷生产，它生产了 q 数量的产品 p，并按每单位价格 s 出售。

但是，情况有可能这样：这家企业能够把产出限制在 q/2，并按每单位价格 3s 销售，以获取一笔独占利益。这时，那笔投资于不能转换用途的设备上的资金便不再是完全的损失，它产生了一笔相当有限的回报，即一笔有限的独占利益。

这家企业现在按独占性价格销售，虽然全部收益和投资于其他行业所赚到的利益相比非常少，但它还是获得了独占利益。这家企业现在等于是把它的耐久设备中没得到利用的那部分产能可以为市场提供的服务保留了下来，从而获得比利用全部的设备效能（满负荷生产时）更多的报酬。它违背了消费者的意愿。如果投资者当初能避免错误，没有把一部分资本固定在生产 p 的用途上，那么消费者现在肯定会比较满意。消费者当然不会得到任何 p，但是，消费者肯定会得到别的商品，因为生产别的商品所需的资本当初浪费在生产 p 的要素组合上。然而，在这个无可挽回的错误之下，消费者现在想要获得更多的 p，并且准备为它支付，在目前看来是它潜在的竞争性市场价格，即 s。在目前的情况下，他们不赞同这家企业减少变动资本以放弃生产更多的 p。这笔减少的资本肯定不会留着不用，它会进入别的行业，并且在那里生产别的东西，如商品 m。但是，就目前的情况来看，消费者偏好获得比较多的商品 p 肯定会甚于获得比较多的商品 m。这个偏好确实存在，因为若生产 p 的产能没被独占性限制，则在目前给定的情况下，将商品 p 的产量扩大到 q，并以高价出售，将比增加商品 m 的产量更有利可图。

这个例子有两个显著的特征。第一，如果投资者投入的资金全都算进去的话，买方所支付的独占性价格仍然低于 p 的总生产成本。第二，这家厂商的那些独占利益这么少，以致它们并没使整个企业看起来是一个成功的投资项目。它依然是一项错误的投资，正是这个事实导致了该厂商的独占地位。不会有局外人想要进入这个企业的生产领域，因为生产 p 商品会导致亏损。

失败独占绝不是一个纯粹学术化的想象的构建。举例来说，当今某些铁路公司便是失败独占的实例。但是，我们必须小心提防，不可错误地把每一个产能没有全部利用的场合看成一个失败独占的例子。即使没有独占，把变动资本用在其他途径也可能比扩大生产直到不可转换用途的耐久设备所决定的产能极限更有利可图。果真如此，那么限制产出恰好顺应了竞争性市场，并符合消费者的期望。

（13）地方性独占（local monopolies）通常是制度性的。不过，也有一些地方性独占跟制度干预没关系，是市场引起的。制度性独占是为了应对在没有任何制度干预市场的情况下可能出现的独占。

交换学如果要对各种地方性独占加以分类，就必须区分三种类型：边际独占、有限空间独占和特许独占。

地方性边际独占的特征是，阻止外人在地方市场竞争，以及形成本地卖方独占的障碍——相对较高的运输成本。如果一家制砖厂拥有某区域内所有制砖所需的自然资源，它便不需要任何关税授予它有限的保护，去对抗来自远方的同业竞争。运输成本形成了价格差距，如果需求配置有利，地方上的卖方便能在其中找到一个有利的独占性价格。

到这里为止，在交换学上，地方性独占和其他边际独占情况没有什么不同。之所以把它们区分开来，并以特殊方式处理它们，一方面在于它们和城市土地租金的关系，另一方面在于它们和城市发展的关系。

让我们假设，某一区域 A 的城市环境有利于人口的持续增加，不过，该区域却受制于建筑材料的独占性价格，所以建筑成本很高。但是，在权衡利弊得失和考虑生活成本以后，有些人就不选择搬到 A 地居住或者开作坊，也不用为了购买或租赁

A地的房子而支付较高的价格。住房价格的决定因素一方面是其他区域的住房价格，另一方面则是定居于A地相对其他区域的好处。A地的建筑成本较高，对商品价格没有影响，它的影响落在土地收益上。建筑材料的卖方收取的那些独占利益，最后转嫁给地主，这些独占利益吸收掉了一些原本会落入地主口袋的收入。即使地主在出售或出租土地时设法得到了独占性价格——这种情况不太可能发生，但建筑材料的独占性价格也只会影响地主的收入，不会影响房屋的买方或承租人。

独占利益的负担被转嫁到土地的城市使用价格上，并不意味着独占利益不会抑制城市的发展。它延缓了城市周围土地用于扩大城市范围的时间，地主把市郊土地从农业或其他非城市用途撤出，并转为城市发展用途的那个时刻会出现得比较晚。

那么，阻碍城市的发展便是一把双刃剑，它对独占者的效用是暧昧不清的。独占者不可能知道，未来是否会吸引更多人到A地——他的产品的唯一销售市场——定居。一个城市对新入者的吸引力之一是它的超大规模和它的人口庞杂，工商业倾向于向人口中心聚集。如果独占者的行为延缓了城市人口的增长，那就可能把人流推往其他地方，这样的话，一个难得的机会便可能失之交臂。未来的巨量收入可能被牺牲掉，而这只是为了获得相对较少的短期利益。

所以，对拥有某一地方性边际独占地位的人来说，从事独占性价格销售的行为是否符合他的长期利益要打上一个问号。很多时候，差别对待不同的买方对他比较有利，他可能以比较高的价格销售建材给位于城市中心区的建筑项目，而以比较低的价格销售建材给位于城市外围的建筑项目。地方性边际独占涵盖的范围实际上比设想的范围更为狭窄。

有限空间独占是因为受到自然条件的限制，某一营运区域只能容许一家或少数几家企业运营。当只有一家企业在该区域内运营或少数几家运营中的企业联合起来一致行动时，独占便出现了。

有时候，两家相互竞争的电车公司在同一座城市的同一条街道上运营是有可能发生的。有一些实例可以说明，两家，甚至更多家公司分享生意，以供应某一区域居民所需的天然气、电力和电话服务，但是，在这些场合，很少有真正的竞争。实际的情况就是，那些生意上的对手会默默地联合行动。无论如何，运营空间的狭小终究会导致独占。

实际上，有限空间独占和特许独占是密切相关的。如果没有事先控制街道，以及从市政当局那里取得授权，那么相关公司实际上不可能进入这种公用事业领域。即使没有法律规定成立公用服务事业必须经过特许，提供这些服务的企业也必须和市政当局达成协议，这些协议是否在法律上有特许名称是无关紧要的。

当然，独占不必然会导致独占性价格。独占性的公用事业公司是否能够采取独占性价格，主要由每一个案例的特殊情况决定。不过，仍有独占性的公用事业公司获得独占性价格的实例。这样的公司在选择独占性价格时可能不够明智，它若选择较低的价格，可能更有益于它的长期利益，但是，没人能保证，独占者将会发现什么是对它最有利的选择。

我们必须知道，有限空间独占往往可能导致独占性价格，若果真如此，那市场过程将无法发挥其民主功能。[1]

---

[1] 关于这一事实的重要性，请参见第二十四章第四节。

私有企业非常不受当代人欢迎。在出现有限空间独占的那些领域，生产手段由私人拥有尤其惹人讨厌，即使有关企业没有形成独占性价格，甚至它的生意只产生一点点利润或者出现亏损。一家公用事业公司在那些倾向于干预主义和计划经济的政客眼中是一个公敌。无论有关当局对它如何谩骂诋毁，选民都拍手叫好。一般人认为，这些企业应该国有化或市有化，他们认为独占利益绝不能落入私人口袋，独占利益应该全数进入公众的荷包。

过去数十年间，市有化和国有化政策的结果几乎毫无例外都是财务危机、服务差劲和政治腐败。人们被反资本主义的偏见蒙蔽，容忍差劲的服务和腐败，并且有好长一段时间不关心财务危机问题。然而，财务危机是促成目前干预主义危机出现的因素之一。[1]

（14）经济学界目前习惯于把一些传统的工会政策描述为独占性计划，目的在于以独占性工资率取代竞争性工资率。然而，工会通常不以独占性工资率为目的，工会通常决议要在劳动市场部门限制竞争，以便抬高它的工资率。但是，限制竞争和独占性价格绝不可被混淆。独占性价格的特征在于，出售总供给 P 的一部分 p 所获得的收入高于出售 P 所获得的收入。独占者通过保留 P－p 赚到了一笔独占利益。分辨独占性价格的标志不在于独占利益的高低，而在于独占者有意实现独占性价格的行为。独占者关心全部现有供给的使用情况，他对这批现货的每一部分也都同样关心。如果有某一部分保留下来没有出售，那

---

[1] 参见第三十六章。

就是他的损失。尽管如此，他还是选择保留一部分不出售，因为在当时的需求情况下，这么做对他最有利，正是特殊的市场状态促使他做出这样的决定。独占地位是出现独占性价格不可或缺的两个条件之一，它通常是，制度性干预市场基本情况的结果。但是，这些市场外部的力量不会直接导致独占性价格，只有当第二个条件得到满足时，独占性价格才会出现。

在单纯限制供给的场合，情形就不同了。在这里，限制供给的那些人不关心被阻止进入市场的那部分供给最终是怎么处置的。这一部分供给的所有者的命运如何，对他们来说是无关紧要的，他们只关注还留在市场上的那一部分供给。只有在独占性价格下的全部净收入超过潜在的竞争性价格下的全部净收入时，获得独占性价格才对独占者有利。限制供给或市场竞争的行为永远有利于享有特权的群体，不利于被该行为排斥在市场之外的那些人。限制供给总是旨在抬高每单位供给的价格，从而抬高特权群体的全部净收入，限制供给者不会考虑遭到排斥的那群人的损失。

特权群体从限制竞争中所获得的利益可能远高于他们从任何想象得到的独占性价格赚到的利益，但是，这是不相干的问题，它不会抹杀这两种行为模式在交换学上的差异。

现行的工会政策是限制竞争，不是实行独占性的价格。多数工会决定在它们的领域限制劳动供给，完全不关心遭到排斥的那些人的命运。工会已在每一个人口相对较少的国家成功筑起各种移民障碍，因而得以保持相对较高的工资率。那些遭到排斥的外国工人被迫留在原来的国家，在那里，劳动边际生产力及其工资率都比较低。从前，在劳工可以跨国自由移动的情况下，工资率均等化趋势相当明显，现在这种趋势已经停滞。

在国内劳动市场，多数工会不容许非工会工人竞争，并且只接纳一定数量的工人加入工会。那些没被接纳的工人必须追求报酬比较差的工作或继续失业，工会对这些人的命运毫不关心。

即使某一工会对失业人员负起责任，动用就业会员所缴纳的会费，并以失业救济金——不低于就业会员收入，支付给失业会员，它的行为也不是一种独占性价格政策。因为失业人员并不是工会政策——以较高的工资率取代潜在的较低市场工资率，唯一伤害的人，受伤害的还有那些被拒绝加入工会的人，毕竟工会从未将他们的利益纳入考虑范围。

以数学方法处理独占性价格理论

数理经济学家向来特别注意独占性价格理论。独占性价格理论似乎是交换学中比其他章节更适合用数学方法处理的一个章节。然而，在这方面，数学所能提供的理解方法也一样乏善可陈。

对于竞争性价格，数理经济学所能处理的不过是以数学描述各种均衡状态和均匀轮转经济假想状态。当给定的基本条件将不会发生任何进一步的变化时，哪些行为最后将导致均衡状态和均匀轮转经济，数理经济学什么也说不出来。

在独占性价格理论方面，数理经济学稍微接近行为事实。它说明，如果独占者掌握了所有的必要信息，那么他怎样才可以找到最佳独占性价格。但是，独占者实际上不知道需求曲线的形状，他所知道的只是过去的需求曲线和供给曲线相交的那些点。所以，他不可能利用数学公式去发现他所独占的商品是否存在独占性价格，更不用说在不同的独占性价格中发现哪个是最佳独占性价格。所以，在这一行为领域，数学和图形在其他领域一样都没有用处。不过，数理经济学家至少需要列出独占者的一些模式，而不像在竞争性价格场合那样仅自满于描述一个在理论分析时纯粹用来辅助推理的假想建构——一个在真实的行动中没有任何作用的假想概念。

然而，当代的数理经济学家还是搞乱了独占性价格的研究。他们不把独占者视为某一独占商品的卖方，而是视为一个企业家和生产者。然而，把独占利益和企业家利润清楚区分开来却是有必要的。独占利益只能由某一商品或服务的卖方获得，一个企业家只能以某一独占商品的卖方身份而不能以一个企业家的身份获得独占利益。随着总产量的增加，每单位商品生产成本的下降（或上升）可能带来的好处（或坏处）会增加（或减少）独占者的全部净收入，从而影响他的行动。但是，交换学在处理独占性价格时绝不能忘记，除了一定的需求配置外，独占利益只源自对某一商品或某项权利的独占地位。只有独占地位才使得独占者有机会限制供给，而无须考虑他的行为可能因为他人扩大供应量而落空。尝试从生产成本如何变化的角度去界定出现独占性价格所需的一些条件，可以说是白费功夫。

有些数理经济学家说，在导致竞争性价格出现的那种市场情况下，个别生产者能按照市场价格卖出的产品数量比实际卖出的还要多，这是一个令人迷惑的说法。只有当两个特殊条件同时满足时，该说法才有效：第一，相关生产者A不是边际生产者；第二，因扩大生产而增加的成本能以出售增加的产品回收。这时，A扩大生产会迫使边际生产者停止生产，而销售的总供给数量则维持不变。相对于独占性价格，竞争性价格的特征在于，它是某种市场状态的结果。在这种状态下，不管哪个顺位的财货与服务的所有者都将尽可能地满足消费者的愿望。在竞争性市场上，没有卖方的价格政策这回事，生产者除了按照消费者愿意支付的最高价格尽可能多卖产品之外，没有更好的选择。与此相对，独占者的选择要比他们多一点，他可以尝试保留一部分供给，以便获取独占利益。

第七节　商　誉

　　这里必须再次强调，市场中的人并非无所不知，他们对于实际情况的认识多少有些缺陷。

　　买方必定始终希望卖方是值得信赖的。在生产财方面，即使买方通常是相关领域的专家，在某一程度内还是得依赖卖方的信用。在消费财市场，情况更是这样。在那里，卖方在技术和商业洞察力上大多优于买方。推销员的任务不单是出售消费者开口索要的东西，他还必须时常指点顾客如何挑选最能满足需要的商品。零售商不仅是卖主，也是友善的帮手。人们一般不会漫不经心地光顾每一家店铺，如果可能的话，人们会挑选与他们自己或可信赖的友人有过良好交易经验的商店或品牌。

　　信誉是一家企业基于过去的业绩所获得的名声，它隐含了人们的预期——享有信誉者将来会依照过去的标准行动。信誉不是一种仅存在于买卖关系中的现象，而是存在于所有社会关系中，它影响了一个人的配偶选择、平时的交友对象和选举时的投票对象。当然，交换学仅处理商业方面的信誉——商誉。

　　至于商誉是建立在真实业绩的基础上，还是只是空想和误解，是无关紧要的问题。就人的行为而言，重要的不是一个无所不知的人认为真理是什么，而是容易犯错的人的意见是什么。有时候，有些顾客愿意支付比较高的价格购买某一特殊品牌的化合物，虽然该品牌的化合物在物理和化学结构上和另一件比较便宜的品牌没什么不同。专家可能认为这种行为不合理，但是，人在做选择时，不可能在所有领域都具备充分的专业知识。他不可能完全避免以对某些人的信任取代对真实事态的认识。经常购物的人不会不停地挑选商品或服务，但总是会挑选他信任的供货商，他会支付额外的费用给他认为可靠的商人。

商誉在市场上所发挥的作用不会损害或限制竞争。每个人都有获得商誉的机会，而每个享有商誉的人也都可能得而复失。许多社会改革者向往威权统治体制，主张以威权等级标签取代商标。如果统治者和官僚可以无所不知且能做到完全公正无私，那么他们的想法是对的，但是，官员并非全无人性的弱点，那么实现这种改革计划便只不过是以政府机关的缺陷取代公民的个别缺陷而已。阻止某个人区分哪个品牌的香烟或罐头是他更喜欢的，以及哪些品牌是他更不喜欢的，不会让他更快乐。

商誉的取得不仅需要诚实且热心地服务顾客，还需要投入金钱。一家企业需要花上一段时间，才能获得一群稳定的顾客。在这段时间，它必须承担亏损，也只能期待未来的利润能弥补现在的亏损。

从卖方的观点看来，商誉可以说是一项必备的生产要素，因此应该给予适当的评价。通常，会计账册和资产负债表不会记录商誉的货币当量，这个无关紧要。如果一家企业被出售，只要商誉能移转给购买方，那么商誉便会享有一定价格。

因此，交换学的一个课题是研究这个称为商誉的特殊事物有些什么性质。在这方面，我们必须区分三种不同的情况。

（1）商誉让卖方有机会索取独占性价格或向不同类别的买方索取不同的价格。这种情况和其他独占性价格或价格歧视的情况并无不同。

（2）商誉只让卖方有机会按相当于同业竞争者的价格销售产品和服务。如果卖方没有商誉，便不可能销售商品或只能降价销售商品。对卖方来说，商誉的重要性不亚于商家必须有一个营业场所、储备种类齐全的商品和雇佣技术纯熟的助手。获得商誉所花费的成本和其他营业费用是一样的，它们必须用同样的方式支付，即用总收入超过总成本的余额支付。

（3）卖方在有限的忠实顾客圈中享有盛誉，以致他能以较高的价格出售商品或服务，这个价格会高于名气比较小的竞争者的价格。然而，这些比较高的价格不是独占性价格，因为它不是一个蓄意达成的策略，即通过限制总销售数量以提高总收入。在这种情况下，卖方很可能没有任何机会增加销量，比如一位医生，尽管他的诊疗费高于没有名气的同僚，但他也只能工作到身体能承受的极限。出现这种情况也有可能是因为，增加销售数量需要增加资本投入，而卖方可能欠缺投资，或者他认为这些资本可以投入到利润更高的生产中。在这里，限制产量增加以及商品或服务上市销售的因素不是卖方刻意的行为，而是市场状况。

对前述事实的误解已经衍生出一整部"不完全竞争"和"独占性竞争"的神话，所以这里有必要更加仔细地探讨，一个正在权衡事业扩张之利弊得失的企业家会有哪些考虑。

扩大某一生产要素组合和提高这一组合的利用率（增加产出，直到可满负荷生产）都需要增加资本投入，而这项资本投入只能在没有其他更赚钱的投资途径时才是合理的。[1]

企业家自己是否有足够的资金，或者必须依靠贷款来投资，是无关紧要的问题。而且，企业家自己那部分没在自己的企业内运营的资本也不是"闲置的"，而是用在经济体系内的其他地方。这些资金若用来扩大自己的企业规模，就必须从它们当下的用途中撤出。[2] 这个企业家只有在预测改变投资方向会增加他的净报酬时，才会改变投资方向。此外，还有其他问题可能抑制一家欣欣向荣的企业扩张，即使市场情况看似可以提供有利的机会：这个企业家可能因为对自己的能力没有信心，不认为自己能成功经营更大的事业，也可能被一些企业因扩张而倒闭的例子吓着了，以致打消扩张的念头。

某个商誉良好的商人虽然能以高于不出名的竞争者的价格销售自己的产品，当然也可能放弃这种竞争优势，降低自己的价格至竞争者的水平。像每一个销售商品或劳动的卖方那样，他可能放弃充分利用市场提供给他的有利机会，而按照一个会导致需求超过供给的价格销售他的产品。如果他这么做，就是在给某些人赠送礼物，受赠者就是那些能以低价购买产品的人。其他人虽然也愿意按相同的价格购买，却不得不空手而归，因为供给不够满足所有人。

某一种商品的生产数量和销售数量受到限制，始终是热衷于赚取最高利润和规避亏损的企业家选择的结果。独占性价格

---

[1] 增加广告支出，也意味着增加资本投入。
[2] 持有现金即使超过一般数目而被称为"窖藏货币"（hoarding），也是一种使用资金的方式。行为人认为，在当下的市场状态下，持有现金是资产的最适当用途。

的特征不在于企业家未选择生产更多的某种商品从而使该商品价格下降这个事实，独占性价格的特征也不在于一些互补生产要素被留着不用——虽然比较充分地利用它们会降低产品的价格。这个问题的关键是，限制生产是不是"独占财货或服务供给的那个人，保留了一部分供给，以便在销售其余部分时获得比较高的价格"这样的行为所产生的结果。独占性价格的特征是独占者对消费者愿望的公然反抗。铜的竞争性价格是指铜的最后价格趋向于某一水平，在这个水平下，所有铜矿藏都要在非特殊用途的互补生产要素价格允许开采的程度内进行开采，边际的铜矿脉不产生矿租收入。在这种情况下，铜的价格和销售数量都是按照消费者的意愿实现的，即铜的价格是消费者愿意支付的，销售数量也是消费者自己决定的。铜的独占性价格是指铜矿藏只开采到某一较小的程度，因为这对铜矿主比较有利。当消费者的至高权力没有受到侵害时，那些肯定会用来生产更多铜的资本与劳动现在由于独占性价格的出现被用来生产消费者需求较不迫切的其他商品。这时，铜矿主的利益优先于消费者的利益，可供使用的铜资源未按照消费者的愿望与计划得到利用。

当然，利润也是消费者的愿望和企业家的行为两者之间出现落差的结果。如果企业家过去对于现在的市场状况有更好的判断，就不会出现任何利润和亏损。他们的竞争之前便已经调整了——在适当考虑时序偏好后把互补生产要素价格调整到和产品目前的价格相匹配的地步。但是，这个关于落差的陈述不可能消除利润和独占利益之间的根本差异。企业家获得利润只因为他在满足消费者的愿望方面比别人更为成功，而独占者则是借由损害消费者的利益获取独占利益。

第八节　需求独占

独占性价格只可能在供给独占的情况下出现。有需求独占的市场情况和没有需求独占的市场情况并无不同。独占性买方——不管他是一个人还是一群联合行动的人，不可能取得相当于独占性卖方的独占利益那样的特别利益。如果他限制需求，他就可以按较低的价格购买，但此时他的购买量也会下降。

就像政府为了改善某些特权卖方的处境而限制竞争，政府也同样可以为了某些特权买方的利益而限制竞争。有些政府一再禁止某些商品输出，它们用这种办法排除国外买方的竞争，目的在于降低国内的价格。但是，这个较低价格跟独占性价格不同。

通常被人们当作需求独占的现象其实是某些特定的互补生产要素价格怎样决定的问题。

假设生产1单位商品 m，除了需使用各种不同的非特殊性生产要素外，还需使用1单位绝对特殊的要素 a 和 b。一方面，a 和 b 都不能由其他要素取代；另一方面，如果 a 没有和 b 结合起来使用，a 就没有任何用处，反之亦然。现有的 a 供给远多于现有的 b 供给，所以，a 的所有者无法在 a 上获得任何有利于自己的价格。对于 a 来说，其需求总是落后于供给，所以 a 不是一种经济财。如果 a 是一种矿藏，开采它需要使用资本和劳动，则矿藏的所有权不会产生收益，即不会有矿租收入。

但是，如果 a 的所有者组成一个卡特尔，他们就能逆转形势，把市面上的 a 供给限制在很小的一部分以致市面上 b 的供给超过 a 的供给。于是，a 变成一种人们必须支付价格的经济财，而 b 的价格则下降至零。这时，如果 b 的所有者也组成一个卡特尔予以反制，则在这两个独占性的卡特尔之间便会出现价格斗争，至于结果如何，交换学无从置喙。正如前面已经指出的，生产所需的互补要素如果有一种以上具有绝对的特殊性质，那么要素价格的形成过程不会导致一个单一的结果。

就这一点而言，市场状况是否允许要素 a 和 b 一起按某一独占性价格出售，是一个无关紧要的问题。一组包含 1 单位 a 和 1 单位 b 的要素组合价格是一个独占性价格还是一个竞争性价格，对这一点而言没有影响。

因此，有时候被人们当作一种需求独占的现象，其实是某些特殊情况下所形成的一种供给独占现象。生产要素 a 和 b 的卖方都决心按独占性价格出售，不管产品 m 的价格是否能变成某一独占性价格。他们唯一关心的是，在买方愿意付给 a 和 b 的共同价格中尽可能地分得较大的一份价格，这种情况不符合需求独占的所有特征。然而，如果我们顾及这两个卡特尔之间的对立所带来的一些问题，这种表达方式是可以理解。如果 a 或 b 的所有者碰巧也是主导加工生产 m 的企业家，则他们的卡特尔便会呈现出一种似乎是需求独占的特征。但是，这种个人身上结合两种不同交换学功能的情况改变不了问题的本质，因为最根本的问题是，这两组独占性卖方如何解决彼此之间的价格竞争。

即使 a 和 b 除了能生产 m 之外还有一些其他用途，只要其他用途的报酬较少，那么上面的例子也一样适用。

第九节　独占性价格影响下的消费

不同消费者对独占性价格的反应，可能有以下几种：

（1）尽管价格上涨，但消费者没有减少对独占性商品的购买量，他减少了其他商品的购买量。（如果所有消费者在面临价格上涨时都是这样的反应，则竞争性价格肯定已经上涨至独占性价格的水平。）

（2）消费者对独占性商品的购买量减少到这样一个标准：他购买这种商品的金额没有超过他在竞争性价格下购买数量更多的商品的金额。（如果所有消费者在面临价格上涨时都是这样的反应，则卖方在独占性价格下的收入将不会多于他在竞争性价格下的收入，所以他不会从偏离竞争性价格中获得任何利益。）

（3）消费者对独占性商品的购买量达到这样一个标准：他花在购买这种商品上的金额少于他在竞争性价格下所花的金额，他用省下来的钱，购买其他原本没买的东西。（如果所有消费者在面临价格上涨时都是这种反应，则卖方以较高的价格取代竞争性价格反而会伤害自己的利益，独占性价格将不可能出现。在这种情况下，只有那些不再希望自己的同胞使用有害药物的行善者才会把相关商品的价格提高到竞争性价格以上。）

（4）消费者花在购买独占性商品上的金额多于他在竞争性价格下所花费的金额，但他却只获得少量该商品。

不管消费者有什么样的反应，从他自己的评值来看，他的满足感显然打了折扣。他在独占性价格下所获得的服务不像在竞争性价格下所获得的那么好。卖方的独占利益由买方遭受某一独占性剥削来承担。即使某些消费者（如前面第三种情况所述）获得了在没有独占性价格时不会买的一些商品，他们的满足也低于存在不同价格时会得到的满足。因互补生产要素的供应受到独占性限制而减产的产品所释放出来的资本与劳动力被用来生产其他一些原本不会被生产的东西，而消费者对这些东西的评值比较低。

一般来说，独占性价格有利于卖方，有损于买方，而且侵害了消费者利益至上的原则。然而，这个原则却有一个例外。如果在竞争性市场上有一生产消费品 g 所需的互补生产要素 f 完全没有价格；虽然生产 f 需要各种支出，而消费者也愿意为消费品 g 支付某个价格，从而使 g 的生产在竞争性市场上有利可图，这时，给 f 的独占性价格便成为生产 g 的一个必要条件。这就是人们提出来的通过立法保护专利权和版权的理由。如果发明家和作家没办法凭发明和写作赚钱，他们便不会把时间投注在这些活动上，也不会出钱支付这些活动的成本。公众不会因 f 没有独占性价格而得到任何好处，相反，他们将错过购买 g 给他们带来的满足。[1]

许多人对于草率使用一些不能恢复原状的矿物和石油资源感到惶恐。他们说，我们这一代人挥霍那些容易耗尽的资源，完全不顾后代的利益，我们正在消费自己和后代与生俱来的权利。但是，这些抱怨毫无意义，我们不知道我们的后代是否仍将像我们现在这样依赖那些资源。没错，石油资源，甚至煤矿资源正在趋向枯竭，但是，在一百年或五百年后，人们很可能会采用其他方法产生热力和电力。没人知道，如果我们节约使

---

[1] 参见第二十四章第四节。

用这些资源，我们是否只在剥夺我们自己的利益而无益于21世纪或24世纪的人们。用我们想象不到的科技能力来为后代的需要做准备是徒劳的。

此外，同一批人，如果一方面痛惜某些自然资源的消耗，另一方面又激烈谴责独占限制了目前的开采规模，那他们就是自相矛盾了。水银的独占性价格无疑有减少水银储藏量的作用。在那些想到未来水银稀缺的情景就感到惊悚的人们看来，这个作用想必是非常可喜的。

经济学揭露这种自相矛盾的想法，目的不是为了让石油、矿物和矿石的独占性价格"正当化"。经济学既没有为谁辩护，也没有谴责谁，它只是必须仔细审查所有行为模式的效果，它不会进入独占性价格的敌友双方为各自主张而进行辩论的竞技场。

在这场热烈的争论中，双方都提出了一些错误的论点。反对独占的一方的错误在于，他们认为每一个独占情况都能够借由限制供给而导致独占性价格，损害买方的利益。还有一点错误就是他们认为，在未受政府干预、阻碍和破坏的市场经济里，市场的趋势是形成独占。谈论独占性资本主义而不是独占性干预主义，谈论私人卡特尔而不是政府导致的卡特尔，这是对真实情况的一种扭曲。只要政府没致力于促成独占，独占性价格将仅限于某些只能在少数几个地方开采出来的矿物以及地方性有限空间独占的场合。

赞成独占的一方的错误在于，他们认为卡特尔具有大规模生产经济效益的优点。他们说，把生产集中在某一独占者手中，通常会降低平均生产成本，从而增加可供生产使用的资本和劳动。然而，淘汰生产成本较高的工厂其实不需要组成卡特尔。自由市场的竞争在没有任何独占和独占性价格的情况下便可达成这样的效果。相反，政府发起组成的那些卡特尔，用意往往在于保护那些正因为生产成本过高将被自由市场强迫停业的工厂和农场。例如，自由市场肯定已经淘汰掉边际收入以下的农场，而只保留那些在目前市场价格下耕作仍然划算的农场。但是，美国新政偏向不同的安排，它强迫所有农夫按一定比例减产。美国新政利用独占性的限制供给政策，把农产品价格抬高，使边际收入以下的土地耕作再度变得合理。

同样错得离谱的是，他们搞混了产品标准化的经济效益和独占所推衍出来的一些结论。如果人们只希望取得某一标准样式的商品，则这种商品的生产便能按一种比较经济的方式来安排，而成本也将相应地降低。然而，如果人们真的是这么希望的，那么即使没有独占，也会出现产品标准化和相应的成本降低。另一方面，如果某人强迫消费者满足于购买单一标准样式的商品，那么他并不会增加消费者的满足感，而是减少了他们的满足感。一个独裁者可能认为消费者的行为相当愚蠢。为什么女人没像军人那样穿制服？为什么她们如此痴迷于样式独特的衣饰？从他自己的价值判断观点来看，他可能是对的，但问题是，如何评值是私人的、独特的和任意的事情。市场民主的意义就在于，人们自己做选择，独裁者无法强迫人们服从他的价值判断。

第十节　卖方的价格歧视

竞争性价格和独占性价格对所有买方都是相同的。在市场上，有一种的强大趋势就是消除同一种商品或服务的价格差异。不同买方的评值和有效需求虽然各不相同，但他们都支付了相同的价格。富人购买面包所支付的金额并不比穷人少，虽然不能以比较低的价格买到面包，但富人肯定愿意支付比较高的价格。音乐爱好者宁可节衣缩食，也不愿意错过一场贝多芬交响曲演奏会，他所支付的门票价格并没有高于某个只把音乐当成纯粹消遣的人，这个人甚至不会参加音乐会，尽管他只需暂时抛弃他的某些欲望便能省下参加音乐会的钱。某人购买某物必须支付的价格和他愿意支付的最高价格的差额有时候被称为消费者剩余[1]。

但是，市场上可能出现一些情况，使得卖方能够在价格上歧视不同的买方。他能够按不同的价格向不同的买方销售某一商品或服务，他的一些价格有时候甚至高到让消费者剩余完全消失。两个条件必须同时存在才会使价格歧视变得有利于卖方。

第一个条件是，那些按较便宜价格购买商品或服务的人不能够将这些商品或服务转卖给歧视性卖方按较高价格销售的那些对象。如果这样的转卖不被禁止，第一手卖方的歧视意图便肯定会落空。第二个条件是，买方的反应不至于使卖方的总净收入低于他在均一价格下所获得的总净收入。在有利于卖方以独占性价格取代竞争性价格的情况下，第二个条件总是存在的。但是，它也可能出现在某个不会导致独占利益的市场情况中，因为价格歧视并不要求卖方必须缩减销售量。他没失去任何买方，他能考虑到某些买方可能缩减购买量。但是，他通常有机

---

[1] 参见马歇尔《经济学原理》(*Principles of Economics*)（伦敦，1930，第八版），第124—127页。

会把剩下的供给卖给一些原本在均一的竞争性价格下完全不买或买得比较少的人。

因此，生产成本将会怎样变化，在歧视性卖方的考量中没有任何作用。生产成本没受到影响，因为生产和销售总量保持不变。

最常见的价格歧视的例子是医生的差别收费。假设某个医生每周能完成80次诊疗，每次诊疗收费3美元，他所有的工作时间能照顾30个病人，每周赚得240美元。如果他向最富有的10个总共看诊50次的病人每次收费4美元而不是3美元，他们将只上门诊疗40次。这个医生把剩下的10次诊疗，按每次收费2美元，提供给一些不会花3美元购买其专业服务的人，于是，他每周的收入上升至270美元。

只有当价格歧视比按均一价格销售对卖方更有利时，卖方才会实施，所以价格歧视显然会导致消费以及生产要素在各种不同用途间的配置发生变化。价格歧视的结果总会使取得有关商品所需支付的总金额增加。买方为了支付增加的支出，必须缩减购买其他商品的金额。由于那些受惠于价格歧视的买方不太可能购买别人不再购买的那些商品和数量，所以市场基本条件和生产的改变是不可避免的。

在上面的例子中，那10个最富有的病人利益受损，他们现在要花4美元购买他们过去只花3美元便能买到的服务。但是，从价格歧视中获得利益的不单是那位医生，被他收取2美元诊疗费的那些病人也获得了利益——没错，他们必须抛弃一些其他方面的满足，以便省下钱支付医生的诊疗费。然而，他们对其他方面满足的评值低于这个医生的诊疗带给他们的满足，所以说他们的满足程度提高了。

要充分理解价格歧视的意义，最好需要记住：在分工的情况下，渴望获得同一种产品的众人彼此竞争不一定会损害个别竞争者的利益。只有在竞争是针对自然给定的一些互补生产要素所提供的服务时，个别竞争者的利益才是彼此敌对的。这种不可避免的自然敌对被来自分工的利益取代了。只要生产成本可以因大规模生产而降低，那么渴望获得同一种产品的众人彼此竞争就会导致个别竞争者的处境获得改善。不是少数几个人而是一大群人渴望获得商品 c 的事实使得采用节省成本的生产过程制造 c 成为可能，于是，这使得一些不怎么富裕的人也买得起 c。同样，价格歧视有时候会使在没有价格歧视下某个一直没能获得满足的欲望获得满足。

假设某个城市住了 p 个音乐爱好者，他们都愿意花 2 美元参加某位大师的演奏会。但是，这样一场演奏会需要一笔多于 2p 美元的支出，所以不可能举办。但是，如果能够差别收取入场费：在 p 个乐友当中有 n 个人愿意支付 4 美元买票入场，则这场演奏会便能够举办——只要 2（n+p）美元足够支付全部的费用。这时，n 个人每人支付 4 美元入场，而其余（p−n）个人，每人支付 2 美元入场，他们每个人都放弃了若不参加这场演奏会便会满足的那个最不迫切的需要。价格歧视的出现让每个参加音乐会的听众都比之前不能参加更愉快。通过价格歧视，把参加音乐会的听众数量扩大到允许更多的听众入场，一直到音乐会增加的成本超过增多的听众愿意支付的入场费为止，这对音乐会的组织者是有利的。

假设没有任何人支付多于 2 美元的入场费，演奏会实际上也能举办，那情形就不同了。这时，价格歧视便会伤害那些支付 4 美元入场费的音乐爱好者的满足感。

最常见的一些按不同费率出售艺术表演门票和火车票的做法并不是交换学意义上的价格歧视。付出较高费用的人得到了某种比他付出较低费用时得到的更被他看重的东西。他得到一个较好的座位，一个较舒适的旅行机会……真正的价格歧视出现在一些医生收费的场合。这些医生虽然以同等服务照顾每个病人，但他们向富有的病人收取的费用高于向不富有的病人收取的费用。价格歧视也出现在一些铁路公司收费的场合，尽管铁路公司为运送所有货物所支付的成本是一样的，但是铁路公司对某些货物收取较高的运输费，因为运输服务在这些货物上所增加的价值高于其他货物所增加的价值。显然，医生和铁路公司都只能在某个范围内实施价格歧视，这个范围取决于病人和发货人有什么样的机会给所需的运输服务找到另外一个更有利于他们自己的解决方案。这就回到出现价格歧视所需的两个条件之上了。

无须强调，所有种类的商品与服务的所有卖方都能实施价格歧视，因为那是没用的。重要的是，在一个未受到政府干预和破坏的市场经济里，价格歧视所需要的条件是如此罕见，以致可以很公平地说它是一种例外现象。

第十一节　买方的价格歧视

虽然对一个独占性买方有利的独占性价格和独占利益不可能实现，但在价格歧视方面情况却有所不同。在自由市场中，出现独占性买方价格歧视的条件只有一个，即卖方对于市场状况的愚钝无知。由于这样的无知不可能持续很久，所以只有在政府干预的情况下，买方的价格歧视才可能实施。

瑞士政府设立了一个由政府拥有和经营的谷物贸易独占公司。它在某些外国市场按世界市场价格购买谷物，并且按更高价格向国内的农夫进货。在国内采购方面，它给高山地区——石质土壤，以较高成本生产的农户支付较高价格；同时，向那些在较肥沃土地上耕作的农夫支付较低价格——虽然仍高于世界市场价格。

第十二节　价格的关联性

假设某一特定的生产过程同时生产出两种产品 p 和 q，则企业家的决定和行为将会受到 p 和 q 合起来的预期价格的影响。p 和 q 的价格彼此有特殊关联性，因为 p 和 q 的需求变化会产生 q 和 p 的供给变化。p 和 q 之间的这种价格关系可以被称为生产方面的关联性。商人称 p 为 q 的副产品或 q 为 p 的副产品。

假设消费财 z 的生产需要使用要素 p 和 q，p 的生产需要使用要素 a 和 b，而 q 的生产需要使用要素 c 和 d。则 p 或 q 的供给变化会产生 q 或 p 的需求变化。使用 p 和 q 生产出 z 的生产过程，是否由同一家（使用 a 和 b 生产出 p，并且使用 c 和 d 生产出 q）企业来完成，或者是由财务上彼此独立的企业来完成，又或者是由消费者在消费过程中作为一个准备步骤来完成，和前面的结论没有关系。p 和 q 的价格彼此有特殊关联性，因为如果没有 q，p 是没有用的，或者只有比较小的效用，反之亦然。p 和 q 之间的这种价格关系可以被称为消费方面的关联性。

假设某一商品 b 所提供的服务能被另一商品 a 所提供的服务取代——即使这不是一个令人完全满意的取代，而且任何一种商品的价格变化会影响另一商品的价格，那么 a 和 b 之间的这种价格关系可以被称为替代方面的关联性。

生产方面的关联性、消费方面的关联性和替代方面的关联性是有限的几种商品之间的特殊价格关联性。必须和这些特殊的关联性区别开来的是所有财货与服务价格的一般关联性。这种一般关联性是指，每一种欲望的满足除了需要使用特定要素，还需要使用一种稀缺要素，这种稀缺要素尽管在生产效能的性质上有一些差异，但是在前面精确定义的范围内[1]可以被称为一种非特殊性的要素，即劳动。

在一个所有生产要素都是绝对特殊的假想世界里，人的行为将会在许多彼此独立的领域里发生，以满足各种欲望。在现实中，各种满足欲望的领域连在一起，因为许多非特殊性的要素适合达成各种不同的目的，而且在某一范围内可以彼此替代。像劳动这种要素，一方面是每一种生产工作都需要使用的，另一方面，在界定的范围内，它又是非特殊性的，以致人的所有活动都具有一般关联性。这种一般关联性把价格的形成过程整合起来成为一个整体，其中所有的齿轮彼此相互作用，它使市场成为一连串彼此相互依存的现象。

如果把某一确定的价格当成一个独立存在的事物来看待，

---

[1] 参见第七章第三节。

那就荒唐了。价格只表示正在行动的人认为在他们努力消除不适感的过程中，"此刻"某一东西的重要性（排序）。这并不表示它和什么不变的东西存在某种关系，而只表示该东西在万花筒般千变万化的组合中"某一瞬间"的重要性（排序）。在这个由正在行动的人认为有价值的各种东西组成的集合中，每一个东西的价值排序和其他东西的价值排序都是相互关联的。被称为价格的东西永远是指系统里的一个关系，而这个整合为一体的系统则是人们种种评价的综合结果。

第十三节 价格和收入

市场价格是一个真实的历史现象，是两个人在一定的地点和一定的时间交换一定数量的两种财货所确定的计量比率。它涉及的是该具体交换行为的特殊情况，最终结果则取决于当事人在当时的价值判断，它不是从一般价格结构或从某个特别种类的商品或服务的价格结构衍生出来的。被称为价格结构的东西是从许许多多具体的价格衍生出来的抽象概念。市场既没产生一般土地价格或一般汽车价格，也没产生一般工资率，而是产生某一块土地的价格、某一辆汽车的价格以及完成某一项工作任务所获得的工资。对价格形成的过程来说，彼此交换的那些东西该按照什么概念归到什么类别，是无关紧要的。不管在别的方面它们如何不同，在交换行为的当下，它们都不过是商品罢了，即它们都具有消除不适感的效能而被当事人认为是有价值的东西。

市场既没产生收入也没决定收入,市场不是一个收入形成过程。如果一块土地的地主和一个工人审慎地利用相关的物质资源,则该地主和该工人将可以恢复和保存相关物质资源——这块土地和该工人的身体,提供服务的效能。农业和城市土地的效能几乎可无限期地恢复和保存,而该工人身体的效能则可在若干年内不断恢复和保存。如果这些生产要素所在的市场情况没有恶化,则它们将来也可能在某些生产用途上形成某一价格。如果它们的生产能量没被盲目地利用以致过早耗尽,那么土地和工作能力便可以视为收入的源头。这是因为某些生产要素被审慎且克制地利用,而不是因为那些要素本身的物理性能使它们变成耐久的收入源头。在自然界,没有源源不断的收入这回事,收入是行为隐含的一个元素,它是稀缺的生产要素被审慎且节约利用的结果。这一点在资本财的使用中更加清楚。这些生产出来的生产要素不是永久的,有些可能有好几年的使用寿命,但它们全部会因磨损——有时候甚至只是因时间的流逝而变得毫无用处。它们之所以变成耐久的收入源头,是因为它们的主人把它们当成耐久的收入源头来对待。在市场条件不变的情况下,如果对资本产出的消费品非常节制以至于没耽误被磨损部分的替换和恢复,那么资本就能被保存下来作为收入的一个源头。

市场基本情况的变化可能使试图维持某一收入源头的一切努力落空。如果需求改变,或者如果它被某种更好的设备取代,那么生产设备会变得没有用处。如果人们很容易获得更肥沃的土地,而且土地的数量还很充足,那么某块土地会变得毫无用处。完成某些特殊工作所需的专门知识与技巧会丧失获取报酬的能力——如果新的潮流或新的生产方法减少了它们被利用的机会。任何为不确定的未来所做的准备能取得多大的成功，取决于生产者对于未来的预期有多准确。任何收入都不可能在没有充分预见的变化中得到保障。

此外，价格形成的过程也不是一种分配方式。正如前面已经指出的，在市场经济中，没有什么现象能用上分配这个概念。

第十四节　价格和生产

价格形成的过程引导生产活动进入最能满足市场中消费者愿望的领域。只有在出现独占性价格的场合，独占者才能够在有限范围内，使生产活动偏离这个领域，从而将生产转移到对独占者有利的其他领域。

价格决定了哪些生产要素会被利用以及哪些生产要素会被留着不用。特殊性生产要素只有在互补的非特殊性生产要素找不到更有价值的用途时才会被利用。有一些技术秘方、土地和不能转换用途的资本财被留着不用，因为利用它们将意味着必须浪费所有要素中最稀缺的要素——劳动。虽然在当前情况下，在自由劳动市场中，不可能有劳动闲置（劳动者长期没获得雇佣或失业）的情形发生，然而土地和不能转换用途的工业设备产能没被利用却是经常发生的现象。

对有些产能没被利用的事实大表哀叹是无稽之谈。因为技术进步而使旧生产设备变得过时，产能没获得利用是物质进步的里程碑。如果持久和平的建立，使弹药工厂不再启用，某种能够有效防止和治疗肺结核的治疗方法的发现，使治疗肺结核患者的疗养院变得无用，那将是一件值得庆贺的事。唯有后悔过去因为考虑不周而导致资本财的错误投资，才是合乎情理的。然而，人并非永远不会犯错，一定金额的错误投资是避免不了的。我们必须做的是，避免一些像信用扩张那样人为助长错误投资的政策。

现代技术能够轻易利用温室在极地种植柑橘与葡萄，每个人都会认为这种投机事业是疯狂行为。但从本质上来说，以关税以及其他保护主义手段保护多岩石山地的谷物种植事业与听任肥沃土地休耕，并无不同，两者之间的差异只是程度不同而已。

瑞士岩石地区的居民选择制造钟表而不种植小麦，对他们来说，制造钟表是获取小麦最便宜的方式；另一方面，种植小麦是加拿大农夫获取钟表最便宜的方式。岩石地区的居民不种植小麦和加拿大人不制造钟表的事实与裁缝师不自己制作鞋子和鞋匠不自己制作衣服，不会让人感到诧异。

第十五节　非市场价格的怪想

价格是一个市场现象。价格产生于市场过程，是市场经济的精髓。没有存在于市场之外的价格这种东西。可以说，价格不可能被综合构建出来。价格是市场的基本因素通过一定的组合形成的结果，是市场社会成员的一定行为及其反映行为所导致的结果。想知道若存在某些不同的决定因素，价格将是什么样的是没用的。这种遐想不会比异想天开地揣测如果拿破仑在阿尔科之战中被杀，或者如果林肯曾命令安德森将军撤离萨姆特堡，历史将会怎样发展更有意义。

同样没用的是思考价格应该是什么样的。如果人想买的东西价格下跌，而想卖的东西价格上涨，那么每个人都会很高兴。在表达这样的愿望时，某人是真诚的，只要他承认这是他个人的观点。至于他敦促政府使用强制与胁迫手段干预市场价格，从他个人的观点来看是不是一个明智的行为，那就是另外一个问题了。本书的第六篇将进一步阐述，这样的干预主义政策必然会有哪些不可避免的后果。

但是，如果某人把这样的愿望和武断的价值判断称为客观真理，那他就是在自欺欺人了。在人的行为领域，除了人们各自希望达到某些目的之外，没有什么是重要的。就这些目的的选择而言，没有真理或非真理的问题，和这些目的的选择有关系的只是价值。而一切价值判断必然总是主观的，不管它们是某个人单独做的判断，还是许多人一起做的判断，还是某个傻瓜、某个大学教授或某个政治人物做的判断。

任何由市场决定的价格必然都是两种力量——需求与供给互动的结果。不管产生这个价格的市场状况是什么，相对于该状况而言，该价格总是适当的、真正的和真实的，只要没有买方愿意出更高的价格，它就不可能更高；只要没有卖方愿意按较低的价格交货，它也不可能更低。只有出现愿意这样买或这样卖的人，价格才可能改变。

经济学分析产生商品价格、工资率和利率的市场过程。它没研究出什么公式让任何人可以计算"正确的"价格——不同于买方和卖方在市场上互动所确立的那个价格。

许多人想要努力形成非市场价格，这种努力归根究底源于

"真实成本"这个模糊而又矛盾的概念。如果成本是一个真实的东西，或者说是一个独立于个人价值判断之外可以客观辨别和测量的量，那么某个公正无私的仲裁者便可能确定成本的高低，从而确定正确的价格——这里不需要再详述这种想法的荒谬性。成本是一个评值现象，成本是那个最有价值的欲望在行为人心中的价值；而该欲望之所以没获得满足，是因为满足该欲望所需使用的手段正被行为人用于我们正在讨论的那个欲望的满足。获得超过成本的产品价值，或者说获得利润是每一种生产努力的目标。利润是行为成功的报偿，它不可能有独立于评值之外的定义，它是一个评值现象，它和外在世界的物理现象及其他现象没有直接关系。

经济分析不能不把一切成本项目还原为价值判断。计划经济者和干预主义者把企业家的利润、资本的利息和土地的租金叫作"不劳而获"的收入，因为他们认为，唯有工人的辛劳与烦恼是真实且值得奖励的。然而，现实世界不奖励辛劳和烦恼。如果辛劳与烦恼是周全的计划的代价，则辛劳与烦恼的结果会增加一些可以满足欲望的手段。不管人们怎样看待公正或公平，重要的问题还是那一个——哪个社会组织体系比较适合达到人们愿意付出辛劳与烦恼去达到哪些目的。是市场经济，还是计划经济？不会有第三个答案。一个具有非市场价格的市场经济这样的观念是荒谬的。成本价格这个想法是不可能实现的，即使成本价格公式只用在计算企业家利润上，也会使整个市场瘫痪。如果财货与服务必须以低于原本由市场决定的价格出售，则供给总是会落后于需求。于是，市场既不能确定什么该生产，什么不该生产，也不能确定生产出来的财货与服务该供应给谁，否则结果将是一团混乱。

这也涉及独占性价格。避免一切可能导致独占性价格出现的政策是合理的，但是，不管独占性价格是否由这种助长独占的政策所引起的，都不会有什么所谓"事实考察"，躺在靠背椅上得出的理论猜想也不可能发现另一个让供给和需求相匹配的价格。对于公用事业的有限空间独占价格问题，所有想要找出满意答案的研究终归会失败，就足以证明这个真理。

价格的本质在于价格是个人或团体为他或他们的利益而行动的结果。交换学的交换比率和价格概念一开始就排除了中央权威行动的结果，排除了任何人以社会或国家或某一武装压力团体的名义诉诸暴力与威胁的结果。在声明决定价格不是政府应该做的事情时，我们并未逾越逻辑思考的范围。政府不能决定价格，就好比母鹅不能下鸡蛋！

我们能想象一个没有任何价格的社会体系，而且我们也能想象有一些政府命令企图把价格定在和市场所决定的价格不同的水平上。研究这些情况所隐含的问题是经济学的任务之一，然而，正因为我们想研究这些问题，所以我们必须清楚区分价格和政府命令。根据定义，价格取决于人们的买和卖，不买和不卖。价格绝不可和依赖强制胁迫机构执行命令的政府或其他权力单位所发布的命令相混淆。[1]

---

[1] 为了避免引进太多新名词而让读者觉得迷惑，我们将遵照普遍的习惯用语把这种命令称为政府或其他强制性机构（工会）所命令和执行的价格、利率和工资率。但是，对于价格、工资和利率等市场现象和旨在废除这些市场现象的最高或最低价格、工资和利率等法律现象之间的根本差异，我们绝不可忽视。

第十七章 间接交换

第一节 交换媒介和货币

如果在最终交换的商品与服务之间有一个或数个交换媒介，那么人与人之间的财货交换就被称为间接交换。间接交换理论的主题是研究交换媒介和所有顺位财货（与服务）的交换比率。间接交换理论涉及一切间接交换的场合以及一切被当作交换媒介的东西。

人们通常把那些当作交换媒介的东西称为货币。这样的货币概念是含糊的，因为相关定义提到了"通常"这个模糊的词。在一些模棱两可的场合很难确定某一交换媒介是不是人们"通常"使用的，因而该不该被称为货币也很难确定。但是，货币定义的模糊性绝不会影响行为学理论的精确性，因为以下一切有关货币的陈述对于每一种交换媒介都是有效的。所以，我们是保留货币理论这个传统名称，还是以另外一个名称取代之，是个无关紧要的问题。不管是过去还是现在，货币理论始终都是关于间接交换和交换媒介的理论。[1]

第二节　流传甚广的一些谬误

若非许多经济学家在处理货币问题时犯了一些大错，而且还顽固地继续犯错，那么流行的货币学说所隐藏的那些几乎把所有政府的货币政策都引入歧途的致命错误，肯定不会出现。

第一个致命的错误是货币中立性这个似是而非的假想概念。[2]货币中立性学说的衍生理论是价格水平会随着货币流通数量的增减而等比例涨跌。他们没有意识到，货币数量的变化绝不可能在同一时间以相同程度影响所有财货与服务的价格。而且，他们也没有意识到，货币单位购买力的变化必然伴随买方与卖方相对关系的变化。为了证明这个货币数量和价格等比例涨跌的学说，他们在处理货币理论时采用了一个完全不同于现代经济学在处理其他问题时所使用的方法。他们没有遵守交换学必须遵守的程序——从人的行为出发，反而构建了一些企图涵盖整个市场经济体系的公式。这些公式涵盖的元素是：国

---

[1] 依据货币价格进行计算的理论不属于间接交换理论，而是行为学一般理论的一部分。

[2] 参见第十一章第二节。哈耶克的《价格与生产》(*Prices and Production*)（伦敦，1935年，修订版）第129页，对此一货币中立性学说的历史和术语贡献了一些重要的论述。

家经济体系内现有的货币供给；交易量，即国家经济体系内所有实际发生产权移转的商品与服务的货币当量；平均每单位货币的流通速度；价格水平。这些公式貌似提供了正确的价格水平学说的证据，然而，整个推理模式其实只是恶性循环论证的一个范例。因为交易方程式已经隐含了它企图证明的价格水平学说，而本质上这个学说是站不住脚的，它不过是以数学符号表示的，在货币数量的变动和价格的变动之间有一个等比例的关系。

在分析交易方程式时，他们只假设其中的某些元素——货币的总供给量、交易量或流通速度发生了变化，却没问这种变化是如何发生。他们没有意识到，这些量的变化不是发生在整个国家经济体系身上，而是发生在个别行为人的情境中，而且是这些人的反应性行为和人与人之间的互动使价格结构发生了变化。数理经济学家拒绝从行为人对货币的需求与供给出发，反而引进一个仿照力学模型构建的荒谬的流通速度概念。

数理经济学家认为，货币所提供的服务完全或基本在于货币的周转和流通。他们的观点是否正确，我们无须在这个环节讨论。即使该观点是正确的，根据货币的服务效能来解释货币单位购买力——货币的单位价格，也仍然是错误的。水、威士忌和咖啡所提供的服务并不能解释人们购买这些东西所支付的价格，它们能解释的只是，为什么人们会在某些条件下，需要一定数量的这些东西。影响价格结构的始终是人们的需求，而不是客观的使用价值。

没错，交换学在货币方面的研究任务范围比在可销售财货方面的任务范围更为广泛。解释人们为什么想获得各种可销售商品所提供的服务不是交换学的任务，而是心理学与生理学的任务。然而，处理货币的问题却是交换学的一个任务，唯有交换学能告诉我们，一个人渴望从持有货币中得到哪些好处。但是，决定货币购买力的并非这些人渴望得到好处，这只是引起货币需求的因素之一。在市场交换比率形成的过程中，实际发挥作用的是需求——一个强度完全取决于价值判断的主观元素，而不是任何客观事实或任何有影响力的"客观力量"。

交易方程式及其基本元素的缺陷在于，它们从整体角度看待市场现象，即满脑子的国家经济整体思想。但是，就国家经济的严格意义而言，凡是存在国家经济的地方，便不存在市场，也不存在价格和货币。在市场上，只存在单个的人和由行动一致的人所组成的团体。促使这些行为人行动的是他们自己所关心的利益，而不是什么经济整体的利益。如果交易量和流通速度这些概念要有什么意义的话，那就是指一群人行为的综合结果。现在倒过来使用这些概念去解释人的行为是不合逻辑的。对于市场体系中总货币供给量的变化，交换学首先必须考虑，这种变化会怎样影响人的行为。现代经济学不问"铁"或"面包"有什么价值，而是问某块铁或某条面包在一定的时间和一定的地点对某个行为人有什么价值。对于货币问题，现代经济学也不得不采取同样的研究方式。经济思想的根本原则和交易方程式所隐含的思想并不相容。交易方程式是思想上的一个退步，它退回到了从前的时代，那时候，人们未能理解行为学所讨论的现象，因为他们执着于整体主义的想法。交易方程式是无用的，就像从前关于一般的"铁"和"面包"的价值理论那样。

货币理论是交换学理论的一个基本组成部分，因此，货币理论同样必须用处理其他交换学问题的方法来处理它的问题。

第三节　货币需求和货币供给

各种商品与服务在可销售性（marketability）方面通常有很大的差异。有些财货不难立即找到买主——在当时给定的情况下，他们愿意支付可能交换到的最高报酬，或稍微少一点的报酬。有些财货却很难在短时间内找到买主，即使卖主愿意接受一份很少的报偿——一份远少于如果他能找到另一位需求比较迫切的买主时可能获得的报酬。正是各种不同商品与服务在可销售性上的差异引起了间接交换这种现象。如果此刻某人不能获得他想用来经营自己家庭或事业所需的财货，或者此刻他还不知道什么财货是他在不确定的未来需要用到的，那么如果他拿想交换出去的那个可销售性较差的财货和某个可销售性较好的财货交换，就会比较接近他的最终目的。有时候，他也可能会遇到这样的情况：他想交换出去的那个货物的物理性质（比如，容易腐坏或储存成本较高及其他类似情况）迫使他不能再等下去了；有时候，他可能觉得必须赶紧把手上的财货交换出去，因为他担心该财货的市场价值就要下跌了。在所有这些场合，如果他换得的财货可销售性比较好就是在改善他自己的处境，即使该财货不适合直接满足他自己的任何需要。

交换媒介是一件财货，人们之所以取得它，既不是为了自己消费，也不是为了利用它来生产，而是稍后拿来交换他们希望用来消费或生产的财货。

货币是一种交换媒介，也是可销售性最好的财货。人们之所以取得它，是因为想在未来的人际交易行为中拿来交换别的东西。货币是那种为一般人所接受的被普遍用作交换媒介的东西，这是货币的唯一功能，其他归属于货币的功能只是这个首要与唯一的功能的一些特殊方面而已。[1]

交换媒介必然是经济财，它们是稀缺的，人们对它们有一定的需求量。在市场上，有人想要取得它们，并愿意拿财货或服务来交换。交换媒介具有交换价值，人们为了取得它们而付出代价，人们支付"价格"以取得它们。这些价格的奇特之处在于，它们不能以货币为单位来表示。在涉及可销售的财货与服务时，我们会讲价格或货币价格，而在涉及货币时，我们则会讲货币相对于各种可销售财货与服务的购买力。

在市场上，交换媒介存在一定的需求，因为人们想持有一定数量的交换媒介。在市场社会中，每个成员都想自己口袋或柜子里有一定数量的货币，都想保有一定数量的现金握存（cash holding）或现金余额（cash balance）。有时候，他想要的现金握存的数量较多，有时候数量较少，在个别场合，他甚至可能放弃现金握存。总之，绝大多数人不仅想拥有各种可销售的财货，也同样想拥有货币。他们的现金握存并非只是一笔剩余款或是没花掉的剩余财富。现金握存不是在一切有意识的购买和销售行为都已经完成后不经意留下来的差额，它的多寡取决于行为人对一定数量现金的需求。而且，和其他财货遇到的情形一样，正是货币需求与供给的关系变化引起了货币与可销售财货之间的交换比率的变化。

每一单位货币都归市场社会某个成员所有。货币的转让是指货币由某个行为人控制转到由另一个行为人控制，在时间上

---

[1] 参见米塞斯的《货币与信贷理论》（*The Theory of Money and Credit*）（伦敦和纽约，1934年），第34—37页。

是立即且连续的。被转让的货币在转让期间的分分秒秒都是某个人或某个企业的现金握存，并不只是正在"流通"而已[1]。区分流通的货币和闲置的货币是不对的，区分流通的货币和窖藏的货币也是错误的。所谓窖藏现金也是一定数量的现金握存，某个旁观者认为这种现金握存超过了人们普遍认为的适当的正常水平。然而，窖藏现金仍是握存现金，窖藏的货币仍然是握存货币，窖藏中的货币和"正常"的现金握存中的货币所发挥的作用并没有什么两样。窖藏现金的人认为，为了应对某些特殊情况，他应该储存一笔现金，这笔现金超过了他自己在其他情况下或其他人面对与他相同的情况时或某个经济学家审视他的情况后，认为适合握存的现金。然而，窖藏现金者按他自己的方式行动的结果和每一单位所谓"正常的"货币需求一样，都以同一方式对货币需求产生影响。

许多经济学家排斥将需求和供给这两个术语用于关于现金握存的货币需求和供给，因为他们担心，这会和银行业现在所使用的术语产生混淆。事实上，人们习惯把货币需求称为短期贷款需求，把货币供给称为短期贷款供给，把短期贷款市场称为货币市场。如果短期贷款利率趋于上升，他们便说货币是稀缺的；反之，如果短期贷款利率正在下降，他们便说货币是充裕的。这些说法如此根深蒂固，我们暂时不能完全摒弃它们。但是，这些说法会导致一些错误观念的传播，使得人们混淆货币和资本的概念，使人们误以为增加货币就能持续降低利率。但是，正因为这些错误荒谬至极，我们这里所建议的术语想必

---

[1] 货币可能在运输过程中，它可能在火车上、船舶上或飞机上，从某个地方运输到另一个地方。但是，在这样的场合，它也总是处在某个人的控制下。

不太可能产生任何误解。很难想象经济学家在这些基本问题上居然会犯错。

另外有些经济学家认为，我们不该讲货币需求和货币供给，因为那些对货币有需求的人和那些对可销售商品有需求的人的目的并不相同。他们说，人们所需求的商品终究是要用来消费的，而人们所需求的货币则是要在后来的交换行为中交换出去的。这个反对理由毫无道理。没错，人们使用交换媒介的方式是最终把它交换出去，但首先，人们渴望积累一定数量的货币，以便在完成某一购买行动时有现金可用。正因为人们不想在把市场的财货与服务交换出去的那一刻满足自己的需要，正因为他们想等待或不得不等待适合购买的时机出现，他们才通过交换媒介进行间接交换，而不直接以物易物；再者，货币既不会因为使用而磨损，又能无限期提供服务，这两个事实正是影响货币供给的一个重要因素。但是，它改变不了一个事实，即我们必须同样以解释其他财货估价的方式来解释货币估价：必须以渴望取得一定数量货币或其他财货的人对货币或其他财货的需求来解释货币或其他财货的估价。

经济学家曾尝试列举一些可能在整个经济体系内增加或减少货币需求的因素，这些因素是：人口数量、个别家庭自给自足的程度以及为他人的需要而生产并在市场上出售产品借以购买他人产品供自己消费的程度、每年商业活动和付款结算在不同季节间的配置情况、以互相冲抵方式结算应收款与应付款的清算制度（例如，票据交换所）。所有这些因素对货币需求，以及对每个人和每个企业的现金握存确实有影响，但是，它们只是间接的影响因素。在人们考虑如何决定保存适当的现金余额时，上述因素能发挥一定的作用。但是决定现金握存余额的始终是当事人的价值判断，每个人都各自决定他认为适当的现金握存应该是多少。他通过放弃购买商品、证券和其他生息债权，或者出售这些资产以及反过来购买这些资产来执行他自己的决定。这种情况的发生在货币方面和在其他财货与服务方面没什么两样。货币需求取决于那些为了现金握存而刻意要取得货币的人的行为。

另一个反对货币需求概念的理由是这样的：每一单位货币的边际效用递减速度远比其他商品缓慢。实际上，对于货币，从来没人会说他的需求满足了，也从来没人会放弃取得更多货币的机会——只要所付出的代价不会过于巨大，所以这不容许我们把货币需求视为一种有限的需求。然而，一种无限的需求本身就是一个自相矛盾的概念。这个流行的推论是完全错误的，它搞混了用作现金握存的货币需求和渴望更多以货币当量表示的财富。当某人说，他拥有更多货币的渴望永远不可能被浇熄时，他的意思不是指现金握存永远不够，而是说他永远不可能足够富有。如果有更多货币流入他的手中，他可能不会用来增加现金余额，可能只会用一部分货币来增加现金余额，其余部分则可能用来立即消费或用来投资。没有人会持有超过其所有财富的现金握存。

货币和可销售商品与服务的交换比率，也和各种可销售财货彼此之间的交换比率一样，都取决于需求和供给，这个洞见是货币数量学说的精髓。这个理论本质上是一般供需理论在货币领域的一个特别应用。它的优点在于，采取那个用来解释其他交换比率的推论方式来解释货币的购买力；缺点则在于，它采取了某一整体主义的解释观点，它着眼于国家经济整体的总货币供给，而不是个别的行为人和企业。这个错误观点衍生出来的理论认为，总货币量的变化和价格的变化之间存在等比例关系。这是个错误的想法，但是，从前的批评者既未能成功指出货币数量学说固有的错误，也未能成功引进某个比较满意的理论来取代它。他们没有表明数量学说的错误之处，反倒攻击它的核心真理——否定价格变动和货币数量变动之间存在因果关系。这种否定把他们引入一个充满错误、矛盾和胡言乱语的迷宫。传统的货币数量学说一开始便认识到，人们必须按照用来处理其他市场现象的原则来处理货币购买力变化的问题。现代货币理论收集了传统货币数量学说所提供的这些线索，就这一意义而言，我们可以把现代货币理论称作货币数量学说的一个改良版。

门格尔的货币起源论在认识论方面的意义

门格尔不仅提出一个驳不倒的关于货币起源的行为学理论，而且，他的理论对于阐释行为学基本原理和研究方法有重要意义。[1]

过去，有些论述者尝试以政府命令或社会契约来解释货币的起源。他们说，权威当局、国家或公民之间的契约有目的且有意识地建立了间接交换和货币制度。这个学说的主要缺点不在于假设人们在某个不熟悉间接交换和货币的年代就能够设计出一套崭新的经济秩序——一套完全不同于他们所处年代实际

---

[1] 参见门格尔的著作《经济学原理》(*Grundsätze der Volkswirtschaftslehre*)（维也纳，1871），第250页；《经济学原理》（第2版，维也纳，1923年），第241页；《社会科学方法研究》(*Untersuchungen über die Methode der Sozialwissenschaften*)（莱比锡，1883年），第171页。

情况的新经济秩序，而且人们还能够理解这样一套计划的重要性；也不在于历史没提供任何线索支持上述说法。我们之所以拒绝这个学说，是因为我们还有更实质性的理由。

如果我们假设，在从直接交换过渡到间接交换的每一个步骤中，所有当事人的处境都会逐步得到改善，因此他们会逐步选择把某些可销售性特别好的财货当作交换媒介使用。那么，我们就很难理解，为什么在处理间接交换的起源问题时，还需要另外引进权威机构的命令或公民之间明确的契约这样的因素？某人如果发现，在以物易物的直接交换中很难得到他想要的东西，但只要他先换得某一可销售性较好的财货，他在后来的交换行为中就会有更好的机会取得他想要的东西。在这种情况下，根本不需要政府干预或公民之间达成契约关系。依照这种方式去行动的想法可能会凑巧让最精明的人先想到，而其他人则会模仿他的做法。货币起源契约说隐含这样的假设：某个天才先把某个利用货币交易的社会整体情况想得清清楚楚，然后通过让其他人明白这种社会契约的好处，最终同意并签订使用货币的社会契约。和前述假设相比，这种假设表明行为人认识到间接交换对他们自身有利，这显然更为合理可信。

反过来说，如果我们不假设人们会发现，通过间接交换比通过等待某一直接交换的机会使他们生活得更好；而且为了更好地论证这一观点，我们承认权威当局或某一社会契约引进了货币，那么，这就会产生更进一步的问题：为了劝导人们采纳某个他们不知道效用如何、技术上又比直接交换更为复杂的方法，有关当局采取了什么样的措施？我们可以假设有关当局实施了某些强制措施。于是，我们必须进一步追问：对那些当事人来说，后来发生了什么事情才让他们觉得间接交换和使用货币不再是令人头痛或至少是可有可无的方法，乃至最终变成在他们看来是对他们自己有利的方法。

行为学的研究方法把所有社会现象追本溯源至人的行为。如果间接交换使人与人交换更为便利的情况确实存在，而且人们也意识到了这种情况的存在和间接交换的好处，那么间接交换和货币便会出现。历史经验表明，这些情况过去和现在都存在。如果这些情况不存在，那就很难想象人们怎么可能采纳间接交换，并且一直采取这种交换模式。

间接交换和货币起源的历史问题毕竟不是行为学所关心的问题。对行为学来说，唯一重要的是间接交换和货币的存在，因为让它们存在的条件在过去和现在都存在。如果真是这样，则行为学便不需要采纳这样的假说：权威当局的命令或某一社会契约"发明"了这种交换模式。如果他们喜欢，国家至上论者可以继续把货币的"发明"归因于国家，但这种可能性微乎其微。对行为学来说，重要的是某人取得某物不是为了消费它或利用它来生产什么，而是为了在后来通过交换行为把它交换出去。这样的行为模式使某物成为一种交换媒介，这样的行为模式逐渐变得相当普遍，并使该物品变成货币。在交换学理论中，所有关于交换媒介和货币的理论都涉及某物作为交换媒介所提供的服务。即使间接交换和引入货币的推动力当真来自政府当局或社会成员间的某个协议，那也动摇不了如下事实：唯有人的实际交换行为才能产生间接交换和货币。

历史可能告诉我们，在什么地方和什么时候人们首次使用某些东西作为交换媒介，以及后来作为这种用途的物品种类怎样逐渐变得越来越有限。由于比较广泛的交换媒介概念和比较狭窄的货币概念之间的演进分化不是急剧的，而是缓慢的，所以，学者对于什么时候从某些单纯的交换媒介过渡到货币的历史问题不可能达成一致意见，这是一个需要历史学家通过了解处理的问题。但是，正如我们已经说过的，直接交换和间接交换之间的区别是非常明确的，而且交换学所确立的每一条关于交换媒介的定理都无条件地指向所有被人们当作这种媒介来需求和取得的财货。

至于间接交换和货币是政府命令或社会契约所创立的说法如果只是为了说明某段历史的演变，那么揭露它的虚假便是历史学家的任务。如果只把它看成一则历史陈述，那么不管它是真是假，对于交换学的货币理论以及对间接交换的历史演化过程的交换学解释是不会有影响的。但是，如果把它看成一则关于人的行为和社会事件的陈述，那么它就是一句废话，因为它没说任何关于行为的东西。如果有人宣称，有一天，聚在一起开会的统治者或公民们突然灵机一动，觉得间接通过某一（用作交换媒介）商品进行交换是个不错的点子，那么我们就必须指出，这可不是在陈述人的行为，而只是在掩饰真正的问题。

我们必须明白，宣称国家、某个英明的领袖或某个突然降临到全民脑中的灵感创造了某些行为和社会现象，对于科学理解这些行为和社会现象是没有任何贡献的。此外，这样的观点也驳不倒门格尔所阐明的理论：我们可以将社会现象理解为一种"偶然的结果，它不是谁刻意设计的，而是由各个社会成员通过个别的努力所达成的结果"。[1]

---

[1] 参见门格尔的《调查》(*Untersuchungen*)，第 178 页。

第四节　货币购买力的决定

一旦有人想把某种经济财用于消费或生产，也想把它当作交换媒介，以便在未来通过交换行为及时把它交换出去，那么对它的需求便增加了。这种财货有了一个新的用途，因而对它产生了一个额外的需求。和其他经济财的情形一样，这一个额外的需求导致它的交换价值上涨，即为了取得它所需付出的其他财货的数量增加了。交换媒介所能交换的其他财货数量，即该交换媒介以各种财货或服务为单位来表示的"价格"有一部分取决于想把它拿来当作交换媒介的那些人的需求。如果人们停止使用该财货作为交换媒介，这个额外的特殊需求便会消失，同时该财货的"价格"也会下降。

于是，对一种交换媒介的需求是两部分需求的综合：一是打算把它用于消费和生产所显现的需求，二是打算把它当作交换媒介所显现的需求。[1]针对现代金属货币，人们谈论的是产业方面的需求和货币方面的需求。交换媒介的交换价值（购买力）是这两部分需求合起来发挥作用的结果。

在某一交换媒介的需求当中，对于它作为交换媒介而展现出来的那部分需求来说，其大小取决于它的交换价值。由于不少经济学家都认为由这一事实所引发的一些难题是无解的，因此，他们放弃沿着前述推理路径继续前进。他们说，在用货币需求解释货币购买力的同时用货币购买力解释货币需求是不合逻辑的。

---

[1]　只提供交换媒介的服务，而不适合提供其他可能引起需求之服务的货币，我们将在本章第九节予以处理。

然而，这个难题只是表面上难解罢了。我们用特殊的货币需求大小所解释的那个购买力不同于决定该特殊货币需求大小的购买力。关键在于，我们要考虑不久的将来，或者说即将来临那一刻的购买力是由什么决定的。为了解决这个问题，我们求助于刚过去那一刻的购买力，这两个购买力是两个不同的量。反对这个也许可以被称为"回归定理"（regression theorem）的定理，说它是一个恶性的循环论证，是不对的。[1]

但是，提出批评的那些人说，这等于是在推托问题。因为接下来我们仍然得解释，昨天的货币购买力是如何决定的。如果我们同样用前天的购买力解释昨天的购买力，那就必须用大前天的购买力解释前天的购买力，这样下去，就陷入无穷无尽的回溯中。他们断言，这样的论证显然不能对有关问题予以彻底解决，也不能在逻辑上得到令人满意的答案。这些批评者没注意到的是，这样的回溯并不会无止境地继续下去，它会到达某一点，在那里所有必要的解释都已完成，再没有任何问题等待回答。如果我们一步一步地往回追溯货币的购买力，最后会到达有关财货开始作为交换媒介提供服务的那个时点。在这个时点上，昨天的交换价值完全取决于想在有别于交换媒介的用途上使用该财货的那些人所展现出来的非货币需求——产业需

---

[1] 本文作者在1912年出版的《货币与信贷理论》一书的第一版中首次提出了购买力的回归定理（英文译本第97—123页）。他的定理受到了不同人的批评。有一些反对意见值得仔细研究，特别是安德森在其思想丰富的著作《金钱的价值》中提出的反对意见，该书于1917年首次出版（参见1936年版的第100页）。由于牵涉到一些重要问题，我们也必须斟酌埃利斯的反对意见《德国货币理论1905—1933》（剑桥，1934），第77页。在这里，所有这些反对意见都已获得详细说明和批判性审查。

求（industrial demand）。

但是，批评者接着说，这表示我们是以货币在生产服务上的价值解释货币在交换媒介服务上的购买力。真正的问题——在货币的交换价值中作为货币所使用的那部分特别价值该如何解释，还是没得到解决。在这一点上，批评者也错了。在货币的价值中，它作为交换媒介所具有的那部分价值，我们用特别的货币服务及其所产生的需求做出解释了。有两个事实不容否认——实际上也没有任何人否认过。第一，对某一交换媒介的需求取决于它的交换价值，而这个交换价值是它既提供货币服务也提供产业服务的结果。第二，某一财货在尚无作为交换媒介提供服务的需求时，它的交换价值完全取决于那些渴望在产业用途上（用于消费或者用于生产）使用它的人们对它的需求。我们的回归定理旨在解释，某一原先只在产业方面有需求的财货，在它的货币需求第一次出现的那一刻仅受到它的非货币服务的交换价值的影响。这当然不是说以某一交换媒介在产业方面的交换价值解释它在货币方面的特殊交换价值。

最后，有一个反对意见说，前述回归定理的观点是历史性的，不是理论性的，这个反对理由也一样是错的。某个事件的历史性解释可以表明该事件如何从特定时间与地点的运行力量与因素中产生出来的。这些个别的力量与因素是历史解释的最终元素，它们是最终给定的事实，因此不能进一步分析与还原。某个现象的理论性解释把该现象的出现追溯到某些通则，而这些通则已经包含在某一理论体系里。回归定理符合这个要求。该定理把某一交换媒介的特殊交换价值追溯到它作为交换媒介的功能，以及追溯到一些关于价值与价格形成的定理，而这些定理则是从一般交换学理论中推演出来的。回归定理从一个比较广泛的理论推衍至一个比较特殊的情况。回归定理表明，这个比较特殊的现象必然会在普遍适用于所有现象的一些通则操作下出现。回归定理不是说这个现象发生在某个时间和某个地点，而是说当这样的条件出现时，这样的现象总是会发生。每当某个原先没有需求作为交换媒介的财货开始有需求作为交换媒介时，一些相同的效应必定会再次出现。哪一种用作交换媒介的财货在它开始作为交换媒介时，不具备源自其他用途的交换价值。而且，所有隐含在回归定理中的陈述就像隐含在行为学先验理论中的陈述一样，它们都是可以被证明为绝对正确的陈述——它必然是这样发生的，人们无法想象哪个情况会让事情不这样发生。

货币购买力取决于需求和供给，就像所有可销售财货与服务的价格那样。由于行为总是以让未来的情况有一个比较满意的安排为目的，所以，人在考虑取得或支付货币时，会首先考虑它未来的购买力和市场未来的价格结构。但是，除非他先观察刚过去的货币购买力状况，否则他不可能对货币未来的购买力做出判断。正是这一事实把如何确定货币购买力问题和如何确定各种可销售财货与服务交换比率的问题从根本上区分开来。对于货币之外的这些财货与服务，行为人除了考虑它们对未来需要的满足有多重要外没什么好考虑的。如果某个前所未有的新商品上市销售，比如，就像几十年前市场上刚出现收音机那样，那么对个人来说，唯一重要的问题是，这个新玩意儿带来的满足是否大于他为了购买该新商品而必须放弃的那些财货所带来的满足。了解过去的价格对买方来说只是获得消费者剩余的一个手段。如果他不热衷于这个目的，那么只要他有需要，即使他完全不熟悉刚过去的市场价格，他也能够安排自己的各项购买，即按照通常所说的"目前价格"。他可以只做评值或价值判断，而不做估价或价格预估。正如前面已经提到的，抹除过去所有价格的记忆也不至于阻碍各种可销售财货之间形成新的交换比率。但是，如果关于货币购买力的知识消失，那么间接交换和交换媒介的发展过程将必须从头开始，必须再从使用某些可销售性较好的财货作为交换媒介开始。这些财货的需求将会增加，而增加的需求将会落在它们作为产业需求（非货币需求）而使用的那部分交换价值上，即加上一份因为它们作为交换媒介的新用途而产生的特殊价值。对于货币，只有根据估价才可能评值或做出价值判断。人们接受一种新货币的前提是该货币先前已经因为它能直接提供消费或生产服务而有了交换价值。不管是买方还是卖方，如果他不知道某一货币单位刚过去的交换价值——它的购买力，他就无法判断该货币单位的价值。

货币需求和货币供给之间的关系，我们可称之为货币关系，它决定了货币购买力的高低。今天的货币关系是在昨天的货币购买力基础上形成的，同时也决定了今天的货币购买力。某人若想增加他的现金握存，便会缩减他的各项购买，并增加他的销售，从而导致价格下跌。他若想减少他的现金握存，便会增加他的各项购买、增加消费或者投入生产和投资，并缩减他的销售，于是导致价格上涨。

货币供给的变化必然会改变可销售财货在市场成员之间的归属。整个市场体系的货币数量不可能增加或减少，除非某些人的现金握存首先增加或减少。如果我们愿意，我们可以假设每个人在新增的货币流入市场体系那一刻立即获得其中的一份增量，或者一起分摊货币数量的减少额。但是，不管我们是否这样假设，我们的论证结果将保持不变。这个结果就是，经济体系的货币供给变化所引起的价格结构变化对各种商品与服务价格的影响程度从来都不是一样的，也不是同时发生的。

让我们假设，政府增发一批纸钞，以此用来购买商品与服务，偿还旧债或支付旧债的利息。尽管如此，政府这时对市场上的财货与服务有新的需求，它现在能购买更多财货，但它现在购买的商品价格上涨了。如果政府购买商品所使用的货币来自税收，则纳税人势必会缩减他们的购买，所以一方面，政府购买的商品价格固然会上涨，而另一方面，其他商品的价格势必会下跌。但现在，纳税人购买的商品价格下跌的情况并没发生，因为政府在增加自己可支配的货币数量时，并未减少民众手中的货币数量。某些商品的价格，即政府购买的那些商品的价格立即上涨了，而其他商品的价格则暂时保持不变，但是，这个价格变动的过程会继续发生。那些销售政府所需商品的人现在能购买比先前购买得更多的东西，这些东西的价格也会上涨。于是，价格上涨便从一批商品与服务蔓延到另一批商品与服务，直到所有价格和工资率都上涨。因此，对各种不同的商品与服务来说，价格上涨不是同步的。

增加的货币数量一步步地发挥作用，最后会使所有价格都上涨。但是，各种商品与服务价格上涨的幅度不同，因为这个过程对不同个人的财富地位会造成不同程度的影响。当这个过程还在进行时，有些人会享受到他们所销售的财货或服务价格上涨的好处，而他们所购买的商品的价格还没上涨，或者还没涨到同一程度。另外一些人的情况则比较不幸，他们所售卖的商品与服务的价格还没上涨，或者还没上涨到他们日常消费所需购买的财货价格上涨的程度。价格上涨对于前者来说是一个恩赐，但对后者来说则是一个灾难。此外，债务人获得的好处以债权人的牺牲为代价。这个过程一旦走到尽头，不同个人的财富已经受到了不同方式和不同程度的影响。有些人变得比较富有，有些人则变得比较贫穷，情况已经不复以往，这种新秩序导致各种不同的财货需求程度改变。各种可销售财货与服务的交换比率不再和从前一样，价格结构已经改变，而不仅仅是所有以货币表示的价格上涨。在货币数量增加的效应发挥完毕后，市场倾向于建立最后的价格结构，但这并不等于将先前的最后价格乘以同一系数。

旧的货币数量学说和数理经济学家的交易方程式主要错在他们忽略了一个根本问题。货币供给的变动必然会引起其他给定因素的变动。市场体系在注入或流出一定量的货币时，改变的部分不只局限于人们的现金握存和价格上升或下降。各种商品与服务之间的交换比率也会发生变化。如果我们用一个比喻的话，这方面的变化以"价格革命"来描述更加形象，而不是"价格水平涨跌"这个引人误解的词语。

在这里，我们可以忽略借贷契约规定的延期支付受到影响所产生的那些效应。我们稍后会处理这些效应，也会处理货币关系变动对消费与生产，资本财投资以及资本积累与消费的影响。但是，即使撇开这些因素，我们也绝不能忘记，货币数量的变动并非同时和同程度地影响价格。各种商品与服务的价格究竟在什么时候受到影响，以及影响到什么程度，取决于每个特定场合的具体情况。在货币扩张（通货膨胀）的过程中，第一波反应不只是某些商品价格比其他商品上涨得更快、更猛。刚开始也有可能发生价格下跌的情况，因为对它们有需求的大多是利益受到损害的一些阶层。

货币关系的变动不单是由政府增发纸钞引起的，用作货币的贵金属产量的增加也有同样的效果，只不过因此而受益或受害的可能是另外一些阶层。如果在货币数量没有相应减少的情况下，现金握存普遍趋于减少，以致货币需求降低，价格也一样会上涨。因为"反窖藏"而花出去的货币与从金矿或印钞机流出的货币一样，都将导致价格趋于上涨。相反，如果货币供给下降（例如，政府回收纸钞）或货币需求上升（例如，由于流行某一倾向窖藏或持有较多现金余额的趋势），则价格趋于下跌。价格涨跌的过程总是不均匀的、逐步的、不成比例的和不对称的。

有人可能会说——也确实有人说过，金矿的正常产量进入市场，固然使货币数量增加，但不会增加矿主的收入，更不用说增加矿主的财富。这些矿主只赚得他们的"正常"收入，因此他们的花费不可能扰乱市场状况，现行的市场趋势仍然倾向于建立（原来的）最终价格与均匀轮转经济。对他们来说，金矿每年的产出并不意味着他们的财富有所增加，因此不会使他们付出更高的价格。他们将继续按照他们过去的生活水平生活，他们在这些限度内的花费将不会使市场发生革命性的变化。因此，正常的黄金产量固然会增加现有的货币数量，但不可能启动货币贬值过程。相对于价格，它是中立的。

针对这样的推论，我们首先必须指出，在一个发展的经济体中，由于人口正在增加，而分工以及分工的必然结果——专业化，也在不断完善中，货币需求趋向增加。新增人口开始设立自己的现金握存。经济自给自足的程度，即为自家需要而进行的生产缩减，使人们变得越来越依赖市场。一般来说，这会促使他们增加现金握存。因此，所谓"正常的"黄金生产所造成的价格上涨趋势遇到了现金握存的需求增加所造成的价格下降趋势。然而，这两个相反的趋势并不能中和或相互抵消。这两个过程各自独立运行，它们都会扰乱既存的社会状况，让某些人变得更富有，让另一些人变得更穷。它们都在不同的时间对不同的财货产生不同程度的影响。没错，其中的一个过程所引起的价格上涨最后可能被另一个过程所引起的价格下降抵消。有时候，某些价格可能最后又回到了它们原先的水平。但是，这个最后的结果可不是"货币关系变动没有引起价格变动"的结果，而是两个彼此独立的过程同时发生作用的共同结果，这两个过程各自引起市场基本情况的变动，也各自改变许多个人与团体的财富情况。新的价格结构也许和原先的价格结构差异不大，却是两个独立的连锁变动过程在分别达成了它们固有的社会变革步骤后所导致的结果。

金矿矿主依赖每年从黄金生产中获得稳定的收入，这个事实不会抹杀新开采的黄金对价格的影响。金矿矿主拿他们产出的黄金作交换，从市场换取采矿所需的财货与服务，并承担他们自己的消费，以及在其他生产领域的投资所需的财货。如果他们没生产一定数量的黄金，价格就不会受到影响。除此之外，他们还预测了矿山的未来产量并将其资本化，进而根据采矿作业稳定收益的预期调整了生活水平。新开采的黄金对金矿矿主的支出所造成的影响以及该批黄金逐步流入某些人的手中成为现金握存所造成的影响，都是从金矿矿主获得该批黄金的那一刻才开始的。如果他们早一步把货币花掉，但预期的黄金产出后来却没实现，那么这个情况就和以预期贷款（后来未必能偿还）提早支付消费的情况没什么两样。

就不同的人所需要的现金握存的数量的变动而言，除非这些变动定期不断发生，而且彼此间互为因果关系，否则便不会相互抵消。领薪水和赚取工资的人不是每天都能领到酬劳，而是在某个发薪日领到一周或数周的酬劳。他们不会计划在两个发薪日期间，把他们的现金握存保持在同一水平。他们口袋里的现金数量随着下一个发薪日的临近，逐步下降。另一方面，供应他们生活必需品的商家则于同一时间逐步增加现金握存。这两方面现金握存数量的变动相互依存、互为消长，它们之间有互为因果的依存关系，在时间和数量上彼此配合。不管是商家还是顾客，都不会允许自己受到这些一再发生的现金握存数量波动的影响。他们关于现金握存、事业经营和消费支出等计划，会着眼于一个期间，会把此期间当作一个整体来考虑。

过去，正是这个现象让经济学家以为货币是定期循环流动的，乃至忽略人们的现金握存变化的问题。然而，我们这里面针对的是一个仅发生在可以清楚界定的狭窄范围内的连锁现象。只有当某一群人的现金握存增加一定数量，与此同时另一群人的现金握存减少一定数量，而且这两群人的个别成员在计划他们个别的现金握存时把这种数量变化作为一个整体期间来考虑时，才可能发生现金的相关变动并相互抵消，在这些条件之外，不可能发生相互抵消的结果。

第五节　休谟和穆勒的问题，以及货币的驱动力

我们能否想象这样的一种情况：货币相对于各种商品与服务的购买力在同一时间按同一程度发生变化，并与货币需求和供给的变化成一定比例？换言之，在一个与均匀轮转经济假想不相符的经济体系中，中立的货币是否是可以想象的？我们可以把这个问题称为休谟和穆勒的问题。

毫无疑问，对于这个问题，不管是休谟还是穆勒，都没找出一个肯定的答案。[1]然而，能否直截了当地对这个问题给出否定答案呢？

让我们想象两个均匀轮转经济体系 A 和 B，这两个体系是独立的，而且彼此之间没有任何联系。这两个体系只在某一方面彼此不同：对应于 A 体系里的数量为 m 的货币，在 B 体里便有 n×m 数量的货币，n 可以大于或小于 1。我们假设没有延期支付的情况，而且这两个体系所使用的货币只能被用作货币，没有任何非货币用途。因此，这两个体系的价格结构呈现 1∶n 的比例。A 的情况能否按照某一方式突然完全等于 B？我们能想象这样的改变吗？

这个问题的答案显然是否定的。凡是肯定地回答这个问题的人都必须假设，某个神秘力量在同一时刻鬼使神差地来到每一个人的身边，把他的现金握存按乘以 n 的方式增加或减少，并且告诉他今后必须把用于估价和计算的所有价格乘以 n。这是不可能发生的，除非奇迹出现。

---

[1] 参见米塞斯的《货币与信贷理论》(Theory of Money and Credit)，第 140—142 页。

前面曾经讲过,在一个均匀轮转经济假想里,货币这个概念消散在虚无缥缈的计算过程中,这是自相矛盾的,没有任何意义。[1]在一个以一切情况的不变性和固定性为特征的假想构建里,不可能赋予间接交换、交换媒介与货币任何功能。

如果未来并非不确定,人们便不需要现金握存,由于货币必然要被人们保留在手中,所以也就等同于没有任何货币。使用交换媒介和保持现金握存的先决条件就是经济基本情况的易变性。货币本身就是一个变动因素,它的存在与均匀轮转经济构建中所有事情都在有规律流转的情境是不相容的。

货币关系的每一次变化——除了对延期付款的影响之外——都会改变社会成员的个人状况。有些人变得更富有,有些人则变得更贫穷。货币供求变化的影响可能会同时遇到市场其他因素相同程度的相反变化的影响,这两种相反运动的结果可能导致价格结构没有出现明显变化。即便如此,对个体状况的影响也并非不存在。货币关系的每一次变化都有自己特定的过程,并产生特定的影响。即使通货膨胀和通货紧缩同时发生,或者通货膨胀发生后紧接着发生通货紧缩,以致最后价格结构没发生什么改变,这两个变动各自产生的社会效果也不会相互抵消。通货紧缩的社会后果会叠加在通货膨胀的社会后果之上。没有任何理由相信,受惠于某一变动的人将在另一个变动发生时受到损害,反之亦然。

货币既不是一个抽象的计价单位,也不是价值或价格的一个标准,它必定是一种经济财,因此对它的评值与估价必定要

---

[1] 参见第十四章第五节。

按照它本身的一些优点，即按照个人预期从现金握存中得到的那些服务获得评价与估价。市场上总是有变化和运动，因为有变化，所以才有货币。货币之所以是一个变动因素，不是因为它可以"流通"，而是因为人们想持有它。只因为人们预期会有一些变化，但对于这些变化的类型和程度又没有确切的认识，所以他们才将货币保留在手中。

一方面，只有在变化的经济中才可能想象货币的存在；另一方面，货币本身也是一个不断变动的因素。每一个经济基本情况的变化都会使货币"动"起来，使其成为一些新变化的驱动力。各种非货币财货之间的交换比率一旦发生变化，不仅会引起生产和分配方面的变化，也会引起货币关系的变化，从而导致市场的进一步变化。发生在可销售财货方面的情况不可能不影响货币关系，而发生在货币关系上的情况也都会影响财货的销售。

中立的货币概念的矛盾程度不亚于购买力稳定的货币。一个本身没有驱动力的货币将不是人们认为的完美货币，那根本不是货币。

人们普遍误以为，完美的货币应该是中立的，应该具有固定不变的购买力，货币政策应该以保证这个完美的货币为目标。不难理解他们为什么会有这样的主张，这是对更为流行的通货膨胀主张的一个反应。但是，它是一种过度反应，它本身是混乱且矛盾的，而且它造成了严重的灾难，因为它被许多哲学家和经济学家思想中所隐含的一个根深蒂固的错误所强化。

这些思想家受到了一个普遍的观点的误导——认为静止状态比变化状态更为完美。他们的完美概念所隐含的意思是：不可能有更完美的状态了，因此任何变化都将损害他们所谓的完美。关于变化，我们可以说，变化最好是朝向某一完美的状态前进，在那里，一切都将静止下来，再进一步的变动都将导致不完美状态。变化被认为是还没达到均衡和完全满足状态，是麻烦和匮乏的表现。如果这些思想确立了"行为旨在消除不适感，最后达到完全满足"这个事实，那么也算是言之有理。但是，我们绝不能忘记，静止与均衡不仅存在于一个人人完全满足、完全幸福的状态中，也同样存在于一个尽管在许多方面都表现匮乏而人们却看不出有什么手段可以改善自身处境的状态中。没有行为发生不仅仅是因为人完全满足，也可能是人没有能力使事物变得更令人满意；没有行为发生可能意味着满足，也可能意味着绝望。

在一个充斥着真实行动的不断变化的世界中，在不僵化的经济体中，货币的中立性和稳定的货币购买力是与现实情况不相容的。货币中立和购买力稳定所预设的是一个没有行为发生的世界。

所以，在一个变化不断的世界里，货币既不中立也没有稳定的购买力，既不奇怪也非邪恶。所有企图使货币保持中立和稳定的计划都是矛盾的。货币是分工下的社会行为的一个因素，因此也是一个变化的因素。货币关系的变动，即货币供需变化会影响货币与各种可销售商品与服务的交换比率。货币关系的变化不会在同一时间按同一程度影响各种商品与服务的货币价格，因此对社会成员的财富会有不同的影响。

第六节　现金引起的货币购买力变化和财货引起的货币购买力变化

货币购买力的变化，即货币与各种可销售财货的交换比率的变化可能源自货币的变化，也可能源自可销售财货的变化。引起货币购买力变化的那些基本情况的变化可能发生在货币需求与供给方面，也可能发生在某些财货与服务的需求与供给方面。因此，我们可以区别由现金引起的货币购买力变化和由财货引起的货币购买力变化。

财货引起的购买力变化可能是由于商品与服务供给方面的变化，也可能是由于商品与服务需求方面的变化。至于所有或绝大部分财货与服务的需求普遍上升或下降则只可能源于货币供需方面的变化。

现在，让我们在下列三个假设下仔细观察货币购买力变化的社会后果与经济后果：第一，讨论中的货币只能用作货币，即它只能作为一个交换媒介，没有其他用途；第二，当下只有现货的交换，没有现货和期货的交换；第三，忽略购买力变化对货币计算的影响。

在这三个假设下，现金引起的购买力变化所造成的后果是人们的财富地位的相对改变。有些人变得比较富有，有些人则变得比较贫穷；有一些人享有比原来更好的供应，有一些人则享有比原来更差的供应；某些人获得的利益是以另一些人的损失为代价的。然而，绝不能把这种现象解读为总满足保持不变，也不可以说尽管总供给没发生任何变化，但由于财富的分配情况改变了，所以总满足或总幸福增加或减少了。"总满足"或"总幸福"是一个空洞的概念，绝不可能找到任何标准来比较不同个人所达到的不同程度的满足。

现金引起的购买力变化要么有利于更多资本的积累，要么有利于既有资本的消费，因此会间接产生某些进一步的变化。这种间接效应是否存在及其影响大小，主要由个别情况的特殊条件决定，我们将在稍后处理这些重要问题。[1]

　　财货引起的购买力变化有时候不过是需求从某些财货转移至另一些财货的结果罢了。如果购买力的变化是由财货供给的增减引起的，那么变化的后果就不是财富仅仅从一些人移转至另一些人，它们并不表示某甲获得某乙损失的财富。有些人可能变得更富有，却没有人变得更贫穷，反之亦然。

　　我们可以用如下方式描述这个事实：假设 A 和 B 是两个彼此没有任何关联的独立体系，这两个体系使用同一种货币，而且没有任何非货币用途。现在，作为情况一，我们假设 A 和 B 彼此只有一点不同，即 B 的总货币供给是 n×m，A 的总货币供给是 m，而对应于 A 的每一笔现金握存 c 和每一笔以货币表示的债权 d，B 便有一笔现金握存 n×c 和一笔债权 n×d。除此以外，A 等于 B。接着，作为情况二，我们假设 A 和 B 彼此只有一点不同，即某一商品 r 在 B 的总供给为 n×p，在 A 的总供给是 p，而对应于商品 r 在 A 的每一笔库存量 v，在 B 便有一笔 n×v 的库存量。在这两个情况中，n 都大于 1。如果我们问 A 体系中的每个人，是否愿意付出最轻微的代价，把他的位置换成 B 体系中对应的位置，那么，在情况一中，答案将是一致的否定；但在情况二中，所有拥有 r 的人，以及所有没拥有 r 但渴望取得一定数量 r 的人，即所有人的答案将是肯定的。

　　货币所提供的服务取决于货币购买力的高低。人们并不是想通过现金握存持有一定数量的货币，而是通过现金握存里持有一定额度的购买力。由于市场运作倾向于将货币购买力最后

---

[1] 参见第二十章。

建立在使货币供给与需求一致的水平上，所以绝不可能发生货币数量过多或不足的现象。无论总货币数量是多还是少，所有人都会永远分享从间接交换和使用货币中得到的一切好处。货币购买力的变化使财富在社会成员间的分布状况发生变化。有些人渴望货币购买力的变化能把他们变得更富有，从他们的角度出发，也许可以说货币供给不足或货币供给过多。渴求这种利益的欲望可能产生旨在从货币供给方面引起货币购买力变化的相应政策。然而，改变货币供给既不可能增加也不可能减少货币所提供的服务。货币过多或不足的情况可能出现在某个人的现金握存中，但是，这种情况可以通过消费或投资的增减予以纠正（当然，我们绝不可陷入世俗的迷思，混淆作为现金握存的货币需求和渴求更多财富的欲望）。整个经济体系既有的货币数量总是足够让每个人获得货币所提供的（也能提供的）一切服务。

从这个观点出发，我们也许可以把为了增加货币数量而支出的一切花费称作浪费。某些东西能够提供除商品之外的其他用途，所以被人们用作货币以后，便失去了作为商品的用途。这减少了有限的需求满足机会，显然是没必要的。正是这个想法导致亚当·斯密和李嘉图认为采用纸钞以降低生产货币的成本是非常有益的。然而，在研究货币史的学者看来，实际情况并不是有益的。如果我们重温历史上那些严重的纸钞泛滥所造成的灾难性后果，我们就必须承认，生产黄金所付出的昂贵费用的代价更小。有人反驳说，这些灾难是因为政府不适当地使用信用货币和不可兑换货币（fiat money）所赋予的权力引起的，而那些比较睿智的政府肯定会采取比较健全的货币政策，这种反驳是毫无用处的。由于货币绝不可能是中立的，货币购买力绝不可能是稳定的，所以政府关于货币数量的计划对于所有社会成员来说绝不可能是公正公平的。在决定货币购买力的高低时，政府究竟会追求哪些目标，必然取决于统治阶层中个人的价值判断，它永远会在增进某些人的利益的同时牺牲其他人的利益。有关货币购买力的变化的决策从来不是为公益或公共福利服务的。在货币政策方面，也同样没有所谓科学的应然这回事。

选择哪种财货作为交换媒介和货币绝不是无足轻重的选择，因为它决定了现金引起的货币购买力的变化过程。问题是该由谁来选择？是在市场上进行买卖的人，还是政府？过去是市场历经无数年代的选择过程，才在最后将货币功能赋予白银和黄金这两种贵金属。对于市场在货币媒介方面的选择，各国政府已经干预了两百年。即使是最偏执的国家集权主义者，也不敢说这种干预的效果是有益的。

通货膨胀与通货紧缩；通货膨胀主义与通货紧缩主义

通货膨胀和通货紧缩这两个概念不是行为学的概念，也不是经济学家创造的，而是出自一般民众和政客的通俗用语。它们隐含了流行的谬论，即存在中立的货币或购买力稳定的货币，而且有人认为健全的货币应该是中立的，其购买力是稳定的。根据这个观点，通货膨胀便用来表示现金引起的购买力下降，而通货紧缩则用来表示现金引起的购买力上升。

然而，使用这两个名词的人没有意识到，购买力绝不会保持不变，所以便会永远存在通货膨胀或通货紧缩。他们只是忽略了不断出现的小幅度的、不显著的起伏变化，用这两个术语来表示货币购买力的大幅变动。货币购买力的变化在多大程度上才会被称为大幅变动，取决于个人对于这种变化的判断，因此，通货膨胀和通货紧缩这两个名词显然欠缺行为学、经济学和交换学的概念所需的绝对精确性。在历史学和政治领域，这两个名词是适合使用的，交换学只有在应用本身的一些定理解释经济史和经济政策时才可以使用这两个名词。此外，在严谨的交换学讨论中，在不产生误解的前提下为了避免学究式的严肃表达方式，也可以使用这两个名词。但是，我们绝不能忘记，在谈论通货膨胀和通货紧缩时，关于现金引起的货币购买力的大幅变动，交换学所说的一切也同样适用于货币购买力的小幅变动，尽管小幅变动的后果肯定不像大幅变动的后果那样显著。

"通货膨胀主义"和"通货紧缩主义"，以及"通货膨胀主义者"和"通货紧缩主义者"等名词，指的是以购买力的巨大变化为导向的旨在产生通货膨胀和通货紧缩的政治计划。

语义革命是我们这个时代的一个特征，这方面的改革也改变了通货膨胀和通货紧缩的传统含义。许多人现在所说的通货膨胀或通货紧缩现象不再是货币供给的大幅增加或减少，而是货币供给增加或减少不可避免的后果——各种商品价格和工资率普遍上涨或下跌。这个语义创新绝非无害，它在煽动常见的通货膨胀主义倾向方面扮演着重要的角色。

第一个害处是，不再有任何名词可用来表示"通货膨胀"一词在过去的情境。你不可能反对一个你说不出名字的政策。当某些政治家和学者想质疑发行巨量的新增货币是否合宜时，他们现在没有机会采用一个为一般大众所了解的术语。每当他们提到这个政策时，他们就必须详细分析和描述它，列举所有的特殊情况，并说明细节，而且他们必须在提到有关这个主题的每一个句子时，重复这种烦琐的程序。由于这个政策没有名字，它变成了不证自明、理所当然的一回事，于是它便大行其道。

第二个害处是，有些人从事一些无效的和绝望的尝试，企图对抗通货膨胀不可避免的后果——价格上涨，却以对抗通货膨胀的名义伪装他们的真实意图。这实际上只是在"治标"，他们却假装在"治本"。因为他们不知道货币数量增加和价格上涨之间的因果关系，他们使实际情况变得更糟糕。最好的例子就是美国联邦政府、加拿大政府和英国政府实施的农业补贴。农产品价格的上限规定了减少有关商品的供给，因为价格上限导致一些边际生产者产生亏损。为了避免这个结果，那些国家的政府对生产成本最高的农夫进行补贴，这些补贴的资金来源于发行更多货币。如果消费者必须为有关产品支付比较高的价格，那么更进一步的通货膨胀肯定就不会出现，但是这样的话，消费者将只能用先前已经发行的货币来支付那些多出来的价格。因此，混淆通货膨胀及其后果实际上会直接引起更严重的通货膨胀。

"通货膨胀"和"通货紧缩"这两个名词的新奇含义显然是彻底被混淆了，它具有误导性，因此，我们必须无条件地摒弃它们。

第七节　货币计算和货币购买力变化

货币计算考虑的是各种商品与服务在市场上已实际确立的或将来可能确立的价格。它急于发现一些价格差异（价差），急于从中推断出一些（对企业家的利润和亏损有意义的）结论。

现金引起购买力变化的影响不可能在计算中用什么方法予以剔除。使用货币 b 的经济计算可以取代使用货币 a 的经济计算，若果真如此，则计算的结果便不会受 a 的购买力变化的影响，但是，它仍然会受到 b 的购买力变化的影响。我们不可能使任何经济计算方式免于所使用的货币购买力变化的影响。

所有经济计算的结果以及所有从经济计算得出的结论都会受到现金引起的购买力变化的影响。随着购买力的升降，在反映先前价格的一些账目和反映后来价格的那些账目之间，会出现一定的差额。计算显示的这些利润或亏损纯粹是现金引起的货币购买力的变化造成的。如果我们拿这些利润或亏损和使用同一期间购买力变化比较不明显的某种货币的计算结果相比较，我们便可以说，它们只是虚幻的表面利润或亏损。但是，我们绝不能忘记，这样的陈述只能是在按不同的货币计算后加以比较的结果。由于世界上没有购买力稳定的货币，每一种经济计算方式不管使用哪一种货币计算，都存在这种表面上的利润或亏损。要准确地区分真实的利润或亏损与表面上的利润或亏损是不可能的。

因此，经济计算可以说是不完美的。然而，谁也想不出什么方法来纠正经济计算的这些缺点，或设计出一种货币制度来完全避免这种差异。

不可否认的事实是，自由市场曾经成功发展出一套相当适合间接交换与经济计算一切需要的货币制度。货币计算想达到的那些目的是不可能因为缓慢的和轻微的购买力变化所导致的计算不精确而落空的。过去两百年由于使用金属货币，特别是使用金币而引起的货币购买力变化，不可能对商人的经济计算结果造成如此巨大的影响，以致经济计算结果完全无效。历史经验表明，就所有实际的商业运作目的而言，商人使用的那些计算方法能很好地解决商人的问题。理论结果也显示，人们不可能设计出一套更好的方法。鉴于这些事实，责备货币计算不完美是没用的。人，没有能力改变人的行为的种种必要条件，人必须调整自己的行为去适应那些必要条件。

商人从来都认为自己没有必要设法使金本位的经济计算免于货币购买力变化的影响。那些建议采用某种物价指数作为货币本位或采用其他特定商品本位来改善货币制度的方案的着眼点并非在于完善商业交易或货币计算，它们的目的是要为长期借贷契约提供一个比较稳定的价值标准。商人甚至认为没有必要在某些方面修改他们的会计方法，尽管这样将很容易缩小货币购买力变化所引起的一些计算误差。例如，可以放弃通过年折旧率来抵消耐用设备的价值的做法，年折旧率在购置成本的百分比中是固定的。取而代之的是，在更新账目时留出必要的续期资金，以提供更换设备的全部费用，但是，企业界却迟迟未采取这种办法。

这里所说的一切做法只对购买力不容易发生急剧变动的货币有效，至于购买力很容易发生急剧变动的货币则完全丧失了适合作为交换媒介的性质。

第八节　对购买力变化的预期

人们在考虑怎样使用货币时，是以他们所知道的刚刚过去的价格为权衡基础的。如果欠缺这方面的知识，他们将无法决定保有多少现金握存,以及拿出多少货币购买各种财货。一个没有过去价格的交换媒介是不可想象的。没有什么东西能在一开始就具有交换媒介的功能,除非在此之前它已经是一个经济财,即除非人们在需要它作为交换媒介之前,它便已经有了一定的交换价值。

但是,保留来的购买力被今天的供需关系改变了。人的行为总是在为未来做准备,即便未来有时候只是即将来临的某一刻。购物者为他未来的消费与生产而购买,只要他认为未来将不同于现在与过去,他就会改变他的评值和估价。货币和所有可销售财货都是这样,就此一意义而言,我们可以说,货币在今天的交换价值是对它明天的交换价值的一个预估。所有关于货币的判断,依据的都是它刚刚过去的购买力。但是,只要人们预期将发生由现金引起的购买力变化,另外一个影响购买力的因素便出现了,这个因素就是对购买力变化的预估。

如果某人认为他感兴趣的财货价格即将上涨,他会多买一些,与此同时他便缩减了他的现金握存;如果他认为价格即将下跌,他会减少购买财货,从而增加他的现金握存。只要这种投机性的预期仅限于某些商品,它们便不至于引起普遍的现金握存的增减趋势。但是,如果人们自认为正处于由现金引起的购买力巨大变化的前夕,那情况就不同了。当他们预期所有财货的货币价格即将上涨或下跌时,他们会相应地扩大或缩减购买财货。这样的态度会显著增强,从而加速他们所预期的价格趋势。这个增强和加速作用会持续下去,直到人们预期不会有更进一步的变动为止。只有到了那个时候,人们才会停止多买或多卖,也才会重新开始增加或减少他们的现金握存。

但是,一旦舆论相信货币数量的增加将持续下去,而且永无止境，从而导致所有商品与服务的价格不停上涨，那么所有人就会变得很急切，并尽可能多地购买一些东西，同时把他的现金握存缩小至某一最小数量。因为在这种情况下，握存现金除了要承担正常的成本外，还要蒙受购买力下降所造成的损失。现金握存虽然有一些好处，但必须付出的代价对于人们来说却过于沉重。这种现象在20世纪20年代欧洲大通货膨胀时期被称为逃向实质的财货（Flucht in de Sachwerte）或灾难性的暴涨（Katastrophenhausse）。数理经济学家完全不知道该如何理解货币数量增加和他们所谓的"流通速度"之间的因果关系。

这种现象的特征是，货币数量增加导致货币需求下降。货币供给增加所产生的购买力下降趋势因货币供给增加所引起的现金握存普遍缩减而增强。这种趋势最后会导致这样一种情况：能让人们出让手中"实际"财货的那些价格把购买力累进下降的预期折现到骇人听闻的程度，以致价格高到谁也没有足够的握存现金；于是，相关的货币制度崩溃，一切涉及相关货币的交易完全停止，市场恐慌也使该货币的购买力完全消失；人们或者回到以物易物状态，或者使用另一种货币。

累进的通货膨胀过程是这样的：起初，新增货币流入市场，使得某些商品与服务价格上涨，其他价格则随后上涨。正如前面所指出的，价格上涨的趋势在不同时间按照不同的程度影响不同的商品与服务。

通货膨胀的第一个阶段可能会持续好几年。在这个阶段，许多财货与服务的价格还没调整到和已经改变的货币关系相匹配的地步。在德国，仍然有些人没有意识到，他们正面对一场最后将导致所有价格大幅上涨的价格革命——尽管不同的商品与服务价格的上涨幅度不同。这些人仍然相信，有朝一日价格将下跌。他们一边等待这一天的到来,一边缩减他们的各项购买,同时增加他们的现金握存。只要这种想法还是人们的主流想法,政府这时放弃通货膨胀政策就还不算太迟。

但是,民众最终觉醒了,他们豁然意识到,这种通货膨胀其实是一个刻意制定的政策,将永无止境地持续下去。于是,通货膨胀过程崩溃了,灾难性的暴涨出现了。每个人都急于把自己手中的货币换成一些实际财货,不管他是否需要它们,也不管他必须付出多少货币。在非常短的时间内,可能在几周甚至几天内,原本被人们用作货币的那些东西便不再被用作交换媒介,它们变成了废纸,谁也不想拿东西和它们交换。

这样的情形于1781年发生在美国大陆议会(Continental Congress)发行的纸币上,于1976年发生在法国革命政府发行的土地券上,于1923年发生在德国马克上。只要出现同样的情况,它将再次发生。如果某样东西要被人们用作交换媒介,那就必须让人们相信,这个东西的数量不会无止境增加。通货膨胀是一个不可能永远持续的政策。

第九节 货币的特殊价值

被人们用作货币的那种财货,就它在非货币方面的功用的评值与估价来说,不会有什么需要特别处理的问题。货币理论的任务仅在于处理货币作为交换媒介的功能被人们认定的那一部分价值。

在历史上,人们曾把一些商品当作交换媒介,这些商品的货币功能在经过长期演化后，大部分都被淘汰了。只有白银和黄金这两种贵金属的货币功能保留下来。19世纪下半叶，越来越多的政府刻意采取政策将白银非货币化。

在所有这些例子中，被人们当作货币使用的商品也有非货币用途。在金本位制下，黄金就是货币，货币就是黄金。法律是否仅将法偿货币或法币（legal tender）的地位授予政府所铸造的金币，是不重要的。重要的是，这些金币真正含有一定量的黄金，而且每一定量的金条或金块都能免费转变成一定数量的金币。在金本位制下，美元和英镑在法律规定的一个非常小的差额内只是一定重量的黄金的名称。我们可以称这样的货币为商品货币（commodity money）。

另一种货币是信用货币（credit money）。信用货币是从货币替代物（money substitutes）的使用演化而来的。人们习惯使用一些一经出示便可获得支付且绝对安全可靠的凭证以取代直接获取一定金额的货币（我们将在后文第十一节讨论货币替代物的特征等问题）。当有一天这些债权凭证被暂停立即支付，从而引发人们对它们的安全可靠性以及债务人的偿付能力的质疑，市场并没停止使用它们作为交换媒介。只要这些债权凭证涉及的是对债务人的每日债权，即债权人每天都可以向某个具有偿付能力的债务人提出支付，债权人就不需要另给通知或任何花费，便可收回它们所代表的金额，那么，这些债权凭证的交换价值就会等于它们所代表的价值，或者说它们的面值。正是这个交换价值等于面值的事实赋予它们货币替代物的性质。但是，债权凭证的立即支付暂停了，即将债权的到期日推迟到了一个不确定的日子，于是债务人的偿付能力或者至少他的偿付意愿令人质疑，这些要求权因此丧失了一部分先前被赋予的价值。

它们现在成了一些在不确定的到期日可向有问题的债务人请求支付一定金额的不生息的债权凭证。但是，由于它们仍被用作交换媒介，它们的交换价值并没有下跌到纯粹只有要求权时会下跌的那个程度。

我们可以假定，这种信用货币很可能会被继续当作交换媒介使用，即使它失去了可向某个银行或某个国库请求偿付的债权凭证性质，变成了不可兑换货币（fiat money）。不可兑换货币是一种纯粹由象征物代表的货币，它既没有任何产业用途，也不代表可向什么人要求偿付债权。

研究过去是否曾出现不可兑换货币或所有非商品货币是否都属于信用货币，不是交换学的任务，而是经济史的任务。交换学必须确立的仅仅是不可兑换货币存在的可能性。

必须记住的一点是，对每一种货币来说，非货币化——放弃它作为交换媒介的作用，必定导致它的交换价值严重下降。在过去的80年里，白银作为一种商品货币，其使用逐渐受到限制，这一点的现实意义显而易见。

有些属于信用货币和不可兑换货币种类的货币是由金属铸成的钱币，这种货币是印在白银、镍或铜上面的。如果这样的不可兑换货币被非货币化，那么它仍然保有作为一块金属的交换价值。但是，对它的所有者来说，这只是一笔非常小且没有实际意义的补偿。

保持现金握存需要人们做出一些牺牲。当一个人在自己的口袋里存了一些钱或在某个银行的账户里保存了一笔余额时，他放弃了立即取得一些他能用来消费或生产的财货。在市场经济中，这些牺牲能精确地计算出来：它们等于如果把现金握存拿去投资，他可赚到的本源利息。一个人考虑了利息损失，还保持现金握存，证明他偏好现金握存的好处甚于他所损失的利息收入。

我们可以把人们预期从保有一定量的货币获得的好处一一列举出来。但是，如果这样就认为只要分析这些动机便可提供一个决定购买力的理论，而无须借助现金握存和货币需求与供给等概念，那就是妄想了。[1] 从现金握存得到的那些好处或坏处并不是能够直接影响现金握存数量的客观因素。它们被每个人放在自己心中的天平上相互权衡，其结果是一个主观的价值判断，并沾染了判断者的个性色彩。不同的人以及同一个人在不同的时间对相同的客观事实会有不同的价值判断。正如知道一个人的财富与生理状况并不能告诉我们他愿意花多少钱来购买具有某种营养功效的食物，知道某个人的财富状况当然也不会使我们明确断言他将保持多少现金握存。

第十节　货币关系的含义

货币关系，即货币需求与供给之间的关系，在涉及各种可销售商品与服务的交换比率时，能决定价格结构。

如果货币关系保持不变，则贸易、生产、消费和就业方面便不可能出现通货膨胀或通货紧缩的压力。与此相反的说法反映了一些人的不满，这些人不愿意像同行一样根据市场需求调

---

[1] 葛利丹努（Greidanus）在他所著的《金钱的价值》(The Value of Money)（伦敦，1932年）第197页中做了这样的尝试。

整自己的行动。然而，并不是货币稀缺导致农产品的价格过低，以致边际生产以下的农夫赚不到他们想要的收入；这些农夫之所以处境艰辛，是因为其他农夫的生产成本更低且比较有效率。英国制造业问题的症结不在于价格水平太低，而在于他们并未成功地提高资本的使用效率和所雇佣工人的生产力，从而达到足以供应英国人想要的所有财货的消费程度。

财货生产数量的增加在其他条件相同的情况下必定会改善人们的生活条件（增强满足感）。与此同时，产量增加的那些财货的货币价格也会下跌，但这丝毫无损于人们从增加的财富（增产的结果）中获得利益。有人也许认为，增加的财富会有一部分落入债权人的口袋，这是不公平的。如果购买力上升已经被正确预测到，并且充分反映在一定的负利差上，[1]这种想法就是有问题的。但我们绝不能说，产量增加导致有关财货价格下跌是某种不均衡存在的证明，除非增加货币数量，否则不可能消除不均衡。当然，每当一部分或所有商品的产量增加时，各产业部门通常需要配置一些新的生产要素。如果货币数量保持不变，价格结构会清楚地表明重新配置生产要素的必要性。有些生产行业变得比较赚钱，有些生产行业则出现利润下降或亏损，因此，市场运作就这样消除了这些被大肆讨论的不均衡状态。增加货币数量可以延缓或阻碍这个调整过程，但是，这个过程还是必然会发生，这种手段并不能改变这个事实，也不能消除当事人的痛苦。

如果由政府管理现金引起的购买力变化仅仅导致财富从一

---

[1] 关于市场利率和购买力变化之间的关系，请参见第二十章。

些人手中移转至其他人手中，那么从交换学中立的角度出发是不允许人们谴责政府的这种行为的。另一方面，以公益或公共福利为借口妄图证明这种行为的正当性显然是骗人的。但人们仍然可以认为这是一种政治措施：以牺牲某些人为代价来促进某些群体的利益，而不会进一步损害他人的利益。然而，在这里除了财富移转的结果外，还会牵涉一些其他事情。

我们无须赘述，持续的通货紧缩政策必定会导致哪些后果，没有人会主张这样的政策。一般民众以及渴望掌声的研究者和政客都支持通货膨胀。对于这些人，我们必须强调三点。第一，通货膨胀或扩张性政策必定一方面导致过度消费，另一方面导致错误投资。它浪费了资本，损害了未来的需求满足状态。[1] 第二，通货膨胀过程不会消除调整生产和重新配置资源的必要性。它只是推迟了调整过程，从而使调整过程更困难。第三，通货膨胀不能作为一个可以永久采用的政策，否则将导致货币体系崩溃。

一个零售商或一个小酒馆的老板很容易产生某种错觉，他们误以为要使自己和同事更富有，只需一般民众多花钱就可以了。在他看来，重点是刺激人们多花钱。但是，令人惊讶的是，这个想法居然被当作一个崭新的社会哲学理论呈现在世人眼前。凯恩斯和他的门徒认为，经济状况不尽如人意的原因在于人们的消费倾向不足，在他们看来，要让人们更为富有，需要的不是增加生产，而是增加支出，为了让人们多花钱，他们推荐了一个"扩张性的"政策。

---

[1] 参见第二十章第六节。

这个学说既陈旧又拙劣，对它的分析和驳斥将在后文处理商业周期的章节提出。[1]

第十一节　货币替代物

可以向某个偿付能力和偿付意愿丝毫不存在瑕疵的债务人要求一定金额的货币，且一经展示就必须偿付或赎回的债权，能给债权人提供货币所能提供的一切服务，但前提是所有可能和债权人进行交易的人都完全熟悉该债权的基本性质：债权人随时都可以提出债权要求，而且债务人的偿付能力与意愿毫无瑕疵。我们可以把这种债权称为货币替代物，因为它能在个人或企业的现金握存中完全取代货币。交换学不在乎货币替代物在制作技术上与法律上的特征。一个货币替代物可能是一张银行钞票或一笔存入某家银行可以用支票提取的即期存款（支票簿货币或存款货币），只要该银行随时可以免费拿出真正的货币交换钞票或存款。代币（象征性钱币）也是货币替代物，只要持有者在需要时随时能免费把它换成货币。要实现这个条件，不需要政府的法律规定，关键是，这些象征性钱币实际上能立即免费换成货币。如果象征性钱币的发行总金额能够保持在合理的范围内，那么政府就没必要制定任何特殊规定保证象征性钱币的交换价值等于其面值。一般民众对零钱的需求让每个人有机会很容易就把零钱换成几块货币。重点是，每个拥有货币

---

[1] 参见第二十章第五节和第六节。

替代物的人要完全相信他手中的替代物能立即免费换成货币。

如果债务人——政府或银行，相对于他所发行的货币替代物保留等量的真正货币储备，我们便称这种货币替代物为货币凭证（money-certificate）。个别的货币凭证代表——不必然是法律意义上的代表，但总是交换学意义上的代表——储备相应数额的货币。货币凭证的发行不会增加对应于现金握存的货币的商品，因此，货币凭证的数量变化不会改变货币供需关系，换言之，货币凭证的数量变化对货币购买力毫无影响。

如果债务人所保持的货币储备数量少于他所发行的货币替代物总额，那么我们把货币替代物超出储备的部分称为信用媒介（fiduciary media）。一个货币替代物究竟是货币凭证，还是信用媒介，通常是无法确定的。债务人所保留的货币储备通常只够偿付一部分他所发行的货币替代物，因此，发行的货币替代物一部分是货币凭证，其余的则是信用媒介，但这个事实只有那些熟悉银行资产负债表的人才能察觉。个别的钞票、存款单或象征性钱币究竟是货币凭证还是信用媒介无法判断。

发行货币凭证不会增加发行银行能用来放款的资金。一家没发行信用媒介的银行只可能发放商品信用（commodity credit），即它只能借出它自己的资金和它的顾客所托付的资金。信用媒介的发行扩大了银行可用来放款的资金，并超过了前述限制。它现在不仅能发放商品信用，也能发放循环信用（circulation credit），即以发行信用媒介来发放贷款。

虽然货币凭证的数量多少无关紧要，但信用媒介的数量却不是这样的。信用媒介就像货币那样会影响市场状况，信用媒介的数量变化会影响货币购买力、价格，并暂时影响利率。

以往经济学家使用的术语不一样，他们直接把货币替代物称为货币，因为它也同样能够提供货币所提供的服务。然而，这个术语的使用并不妥当。使用科学术语的首要目的是方便有关问题的分析。交换学上的货币理论的任务不同于法律上的货币理论，也不同于银行管理和会计等职业学科研究价格和利率，这个任务需要我们清楚区分货币凭证和信用媒介。

信用扩张（credit expansion）一词常引起误解。我们必须明白，商品信用是不可能扩张的。信用扩张的唯一工具是循环信用，但是，发放循环信用并非总是意味着信用扩张。如果先前发放的信用媒介金额对市场的作用已经完全发挥完毕，如果价格、工资率和利率已经适应了包含真正的货币和信用媒介的总供给（广义的货币供给），则在信用媒介数量没有增加的情况下，循环信用的发放便不再是信用扩张。只有在银行以增加发行信用媒介发放贷款时，才会出现信用扩张。如果银行只是把旧借款人还回来的信用媒介重新发放出去，便不会出现信用扩张。

第十二节　信用媒介的发行限制

人们把货币替代物当作货币处理，因为他们完全相信随时都能把货币替代物免费换成货币。我们可以把这种有信心从而愿意把货币替代物当成货币处理的人称为货币替代物发行者，他们可以是银行家、银行或政府。发行机构是否按照银行业常见的经营模式操作是无关紧要的问题。一个国家的国库所发行的那些象征性钱币也是货币替代物，虽然国库通常不认为它们是国债的一部分，也不会把它们当作负债记入账簿。一个货币替代物的持有者是否有权利上告法院要求赎回并不重要，重要的是该货币替代物是否实际上能够立即免费换成货币。[1]

发行货币凭证是一项花费巨大的商业冒险：钞票需要印制，象征性钱币需要铸造；为寄存的货币（存款）必须设立复杂的会计制度；储藏的货币必须有安全保障；然后还有伪造钞票与支票欺骗的风险。与这些费用相比，其他花费的可能性很小，比如发行的钞票也许会有损毁或遗失，以及某些储户忘记了他们的存款。发行货币凭证如果没同时发行信用媒介，那便是一桩倾家荡产的生意。在早期银行业的发展史中，有些银行唯一的业务是发行货币凭证，但是，这些银行的客户并未补偿发行货币凭证所产生的成本。无论如何，对于那些不发行信用媒介的银行如何经营的技术性问题，交换学不感兴趣。对于货币凭证，交换学唯一感兴趣的仅在于货币凭证的发行和信用媒介的发行有什么联系。

虽然货币凭证的数量对交换学而言不重要，但是，信用媒介数量的增减对货币购买力的影响和货币数量的变化有同样的作用，因此，信用媒介数量的增加会不会受到限制的问题起到了关键性作用。

---

[1] 再者，法律是否赋予货币替代物以法偿货币或法币的地位，也是无关紧要的。如果这些东西实际上被人们当成货币替代物处理，因此这些东西便是货币替代物，其购买力等于相应金额的货币，法币地位的唯一作用只是防止有人仅仅为了惹恼他们的同胞而采取恶意欺诈的手段。然而，如果这些东西不是货币替代物，即它们的交换价值低于面值，那么赋予它们法币地位便等于政府当局规定了一个价格上限，即规定了黄金和外汇的最高价格，同时规定了那些不再是货币替代物，而仅是信用货币或不可兑换币的最低价格。于是，格雷欣法则所描述的那些效果便会出现。

如果某家银行的客户群包括所有市场经济成员，则信用媒介发行量受到的限制与货币数量的增加受到的限制是一样的。如果在一个孤立的国家或在全世界内，某家银行是唯一的一家信用媒介发行机构，它的客户群包括所有个人和企业，那么它在业务经营上势必要遵守两个规则：

第一，必须避免任何可能招致客户，即一般民众质疑的行为。一旦客户开始失去信心，就会要求银行赎回钞票，并提取存款。这家银行究竟能在多大程度上增加它的信用媒介发行量，而不至于引起质疑，取决于客户的心理状况。

第二，信用媒介数量增加的速度绝不能让客户认为，价格上涨将按某一加速度无止境地持续下去。如果一般民众这么认为的话，他们将减少现金握存，逃向"实际价值"，导致灾难性的经济暴涨。但是，我们无法想象这种灾难什么时候来临，除非假定这种灾难来临的第一个迹象是人们对该银行完全失去信心。一般民众无疑会选择把信用媒介换成货币，而不是逃向实际价值，即胡乱购买各种商品，那么，在前述灾难来临之前，这家银行必定会倒闭。然而，如果政府介入，免除该银行按照契约赎回钞票和支付存款的责任，信用媒介便变成信用货币或不可兑换货币。暂停兑付货币使情况完全改变，这时，就不再有任何信用媒介、货币凭证和货币替代物的问题。政府携带它自己制造的法偿货币法登场，该银行便丧失了独立存在的地位，它变成了政府的一个政策工具、国库的一个下属单位。

就交换学的观点而言，和客户群，包括所有市场经济成员的单一银行或一致行动的数家银行的信用媒介发行有关的问题中最重要的问题并不是发行量受到限制的问题。我们将在第二十章专门讨论货币数量和利率的关系，处理那些最重要的信用媒介发行问题。

在这个环节，我们必须先仔细研究多家银行独立并存的问题。独立的意思是，在发行信用媒介时，每一家银行都各自行动，没和其他银行一致行动。并存的意思是，每一家银行都有一群不包括所有市场经济成员的客户。为了简单起见，我们假设没有哪个人或哪个企业是两家或两家以上银行的客户，这对我们的证明结果没有任何影响，即使我们假设有些人是两家或两家以上银行的客户，或者有些人不是任何银行的客户。

我们要问的问题不是这些独立并存的银行是否有信用媒介发行量的限制。既然对于一个其客户群包括所有人的单一银行在发行信用媒介时都有数量限制，那么对于多家独立并存的银行来说，显然也会有这种限制。我们必须证明的是，多家独立并存的银行所受到的这种限制比拥有无限客户群的单一银行所受到的限制更为严苛。

我们假设，在某个市场体系里，数家独立的银行很早便成立了。这个体系在先前只使用货币，不过，这些银行已经引进了货币替代物，而一部分货币替代物则是信用媒介。每家银行都有一群客户，也都发行了一定数量的信用媒介，并被客户当作货币替代物保留在现金握存中。这些银行总共发行的为客户的现金握存所吸纳的那些信用媒介数量已经改变了价格结构和货币购买力。这些改变的效果已经全部发生作用，过去的信用扩张所产生的任何变化不再扰动目前的市场。

现在，让我们进一步假设，某家银行单独发行一笔新增的信用媒介，其他银行并没有跟着增发信用媒介。这家扩张银行的客户不管是老客户，还是由于这信用扩张而获得的新客户都得到了新增的信用，于是他们扩大了商业活动，他们在市场上需要更多的财货与服务，因此抬高了一些价格。那些不是这家扩张银行客户的人不能够支付这些较高的价格，便被迫缩减他们的购买。于是，市场上会有一部分财货从这家银行的非客户手中移转至这家扩张银行的客户手中。银行客户向非银行客户购买的商品比他们卖给非银行客户的要多，他们必须支付给非银行客户的货款也比他们从非银行客户手中收回的还要多。但是，这家扩张银行所发行的那些货币替代物不适合支付给非银行客户，因为这些非银行客户不承认它们具有货币替代物的性质。为了结清对非银行客户的欠款，银行客户必须首先去他的银行——扩张银行，将其所发行的货币替代物换成货币。这家扩张银行必须赎回它的钞票和并支付客户的存款，它的货币储备（我们假设它所发行的货币替代物只有一部分具有信用媒介的性质）数量在减少。这家银行在竭尽货币储备后将不能再赎回仍然发行在外的货币替代物。为了避免丧失偿付能力，它必须尽快采取强化货币储备的经营策略，所以它要放弃扩张。

对于一家客户群数量有限的银行在进行有限的信用扩张之后市场做出的反应，英国的通货学派（the Currency School）曾有非常出色的描述。通货学派所处理的特殊情况指的是某国享有特权的中央银行或某国所有银行一致扩张信用，遇上其他国家的银行采取非扩张性政策。我们的阐述不仅涵盖多家拥有不同客户群的银行独立并存这个比较普遍的情况，也涵盖某一体系内只存在一家客户的银行，而其余的人既不光顾银行，也不把任何支付货币的权利当作货币替代物这个最普遍的情况。当然，假设一家银行的客户群和其他银行的客户群分别处于不同区域，或者他们和其他银行的客户群处于同一个地方，是无关紧要的。这些具体的差异对此处所涉及的交换学问题不会有任何影响。

　　一家银行能发行的货币替代物，绝不可能多于它的客户所保留在现金握存中的货币替代物数量。个别客户在现金握存中所能保留的货币替代物比例绝不可能高于他和同一家银行其他客户的交易额占他总交易额的比例。为了方便起见，他保留的货币替代物比例通常会远低于这个最高比例。于是，信用媒介的发行便遇到了一个限制。我们可以承认，每个人，在他的日常交易中都准备无差别地接受任何银行发行的钞票和任何银行付款的支票。但是，他不仅会把收到的支票立即存入他的往来银行，也会把其他银行的钞票立即存入他的往来银行。进一步说，他的往来银行会和有关银行结清彼此的账户余额，于是，上面描述的过程就启动了。

　　有些观点纯属无稽之谈，它们声称一般民众有一些奇怪的癖好，特别容易接受可疑银行所发行的钞票。真实的情况是，除了一小群能够辨别银行情况好坏的生意人外，一般人过去总是以怀疑的眼光看待钞票，是政府授予一些特权银行特别的许可证才慢慢地使人们的怀疑消失。时常有人说，小额钞票会流入贫穷无知、不能辨别钞票真假好坏的人们手中，这样的论点可不能当真。收到钞票的人越穷且越不熟悉银行业务，就会越快把它花出去，于是，这些钞票就越快经由零售业和批发业回到发行银行或熟悉银行业情况的人的手中。

　　对一家银行来说，要让人们接受它通过信用扩张、授予贷款发放一定数量货币替代物是很容易的。但是，对任何银行来说，要扩大它的客户群，即要扩大愿意把这些要求支付货币的权利当作货币替代物，而把它们保留在现金握存中的人的数量却很少。要扩大这样一群客户，是一个复杂和缓慢的过程，就像要取得任何商业信誉那样复杂。另一方面，一家银行可能会快速失去它的客户群。它如果想留住客户群，就绝不能容许任何人怀疑它随时遵照契约履行所有责任的能力和意愿。它必须保留足够多的货币储备，以便赎回某个持有者可能拿出来请求它赎回的所有钞票。所以，没有哪一家银行能自满于只发行信用媒介。相对于它所发行的货币替代物总额，它必须保留一笔货币储备，于是它会同时发行信用媒介和货币凭证。

把货币储备的责任想象成银行为了赎回对它已经失去信心的持有者手上的钞票是一个严重的错误。一家银行和它发行的货币替代物所享有的信任是不可分割的，它要么拥有所有客户的信任，要么完全失去所有的信任。如果某些客户对它失去信心，则其余客户也会失去信心。一旦所有的客户都失去信心，都要求赎回他们手上的钞票和提领他们的存款，那么没有哪一家发行信用媒介和发放循环信用的银行还能够履行它在发行货币替代物方面所承担的责任。这是发行信用媒介和发放循环信用的基本特征，或者说是这个行业的弱点，没有哪种货币储备政策体制或哪些货币储备的法律规定能够补救这一点。一笔货币储备所能做到的只是让银行能够从市场上撤回过量发行的信用媒介，如果银行发行的钞票数量多于它的客户能用来和别的客户交易的数量，就必须把多出来的数量赎回来。

就限制信用媒介和限制循环信用数量的增加而言，那些强迫银行按发行存款与钞票总额的一定比例保持一笔货币储备的法律，是有效的。但是，如果立法的用意是想在人们失去信心时确保钞票被银行迅速赎回和存款被银行迅速归还，那它们是没用的。

银行学派（the Banking School）对这些问题的处理是完全

失败的，它被一个虚假的想法搞糊涂了。该想法认为，商业活动对贷款的需求严格限制了银行可以发行的可兑换钞票的数量。他们没有意识到，一般民众对银行贷款的需求数量取决于银行的放款意愿，而一些无视自身偿付能力的银行可以通过降低放款利率至市场利率以下来扩张循环信用。银行学派认为，如果银行放款仅限于将买卖原材料和半成品所产生的商业汇票贴现，则银行能发放的贷款数量只取决于商业交易状况，而无关银行经营策略，这是不对的。银行贷款数量其实会随着贴现率的升降而减少或扩大。银行降低利率，等于加剧了银行对商业贷款需求正常数量的错误认识。

对于19世纪三四十年代经常扰乱英国商业状况的那些危机，通货学派给出了一个相当正确的解释。当时英格兰银行和英国其他银行与投资银行家都采取信用扩张策略，而与英国有贸易往来的那些国家却没有采取信用扩张政策，或者至少没有相同程度的扩张，这种情况产生的必然后果就是黄金外流。银行学派提出来反对这个理论的所有理由都是无效的。不幸的是，通货学派犯了两个错误。首先，它并未意识到，它提议的补救办法——制定法律对银行发行超过黄金储备的钞票数量加以严格限制，并不是唯一的补救办法。它从未有过银行业自由（free banking）的想法。其次，通货学派未能看出支票存款是货币替代物，而且只要它的数额超过银行所保留的货币储备，它就属于信用媒介，因此它和钞票一样是信用扩张的一个工具。银行学派的唯一优点在于，它看出了被称为存款货币的东西和钞票一样，是一种货币替代物，但除了这一点，它的学说都是靠不住的。银行学派接受了一些和货币中立性有关的矛盾观念，它尝试引用被大肆宣扬的货币窖藏理论反驳货币数量学说，而且它还完全误解了利率问题。

必须强调的是,之所以会出现以法律限制信用媒介发行量的问题,全是因为政府先授予一家或数家银行特殊权利,阻止了银行业自由体制的发展。如果政府未曾为了某些特殊银行的利益而施加干预,如果政府未曾免除某些银行遵照契约规定清偿债务的责任,如果银行完全像市场经济里所有个人与企业该做的那样履行契约责任,就不会出现任何银行问题。信用扩张自然而然就会被限制,这将会使银行有效运作——因为每一家银行考虑到自身的偿付能力将不得不审慎限制信用媒介的发行。那些把必要的审慎规则不当回事的银行将破产倒闭,而一般民众吃一堑,长一智,也将变得加倍谨慎和保守。

欧洲各国政府及其附属机构对银行业的态度从一开始就不诚实。他们对所谓全国福祉以及一般民众,尤其是对贫穷无知的群众的假装关怀只不过是一个骗人的幌子。欧洲各国政府想要的是通货膨胀和信用扩张,想要的是繁荣和宽松的货币政策。曾经两次废除中央银行的美国人知道这种机构的危险,很不幸的是,他们未能看出他们要对抗的那些危害存在于政府对银行业的各种干预当中。当今,即便是最偏执的国家集权主义者也不能否认,与享有特权的银行以及政府控制的银行曾经引起通货膨胀,从而造成的灾难性后果相比,自由银行的所谓危害实在算不了什么。

有人说,政府之所以干预银行业,是因为要限制信用媒介的发行和防止信用扩张,这是一种神话。相反,引导政府介入银行业的主意来自政府对通货膨胀和信用扩张的强烈欲望。政府之所以赋予银行特权,是因为它们不希望信用扩张政策受到市场的阻碍,或者政府渴望为国库打开一个收入来源,这些考量给各国政府干预银行业提供了动机。政府深信，信用媒介是降低利率的一个有效手段，因此要求银行业扩张信用，以惠及企业和国库。政府仅仅在信用扩张的不良后果显现时才会制定法律限制银行发行钞票——有时候也限制发行存款通货超出黄金储备。建立银行业自由经营的环境从来没有被政府认真考虑过，因为那种环境对于限制信用扩张效果显著。因为政府及其附属机构和一般民众都一致认为，企业界有合理的权利要求"正常且必要的"循环信用额度，而它们不可能在银行业自由经营的情况下获得这个额度。[1]

许多政府从未从财政收入以外的角度去看待信用媒介的发行问题，在它们看来，银行的首要任务是借钱给国库。货币替代物是政府发行纸币的先驱，可兑换的银行钞票只是迈向不能赎回的银行钞票的第一步。随着邦国崇拜主义和干预主义政策的发展，这些观念变得越来越普遍，并且不再遭到任何人质疑。如今，没有任何政府愿意考虑自由银行的方案，因为没有任何政府想放弃一个它认为很方便的收入来源。当今被称为战备财政的观念指的只是国家可以通过特权银行和政府控制的银行取得战争所需的金钱罢了。通货膨胀主义虽然没获得公开承认，它却是我们当代经济意识形态的一个基本特征。

但是，即使在自由主义享有最高威望并且政府也比较渴望保持和平与幸福，而不是煽动战争、死亡、毁灭和痛苦的时代，人们在处理银行业的问题时也怀有偏见。除了英语系国家，当

---

[1] "正常的"信用扩张是一个荒谬的观念。增加发行信用媒介，不管数量多少，总是会启动景气循环理论所描述的那些价格结构变化。当然，如果增加发行的数量不大，扩张的效果也不会很大。

时一般国家的舆论相信，优良政府的一个主要任务是降低利率，而信用扩张则是达到此目的的适当手段。

英国在1844年进行银行法改革时还没有前述错误想法，但这个著名的改革法案失效了，主要是因为通货学派有两个缺点。一方面，政府对银行业的干预体制被保留下来；另一方面，该法案只限制银行钞票超出黄金储备的发行量。即只有钞票形式的信用媒介受到限制，信用媒介能以存款货币的形式疯狂增长。

如果我们将通货学派的货币理论所隐含的理念用于最彻底的逻辑结论推演，我们便可以建议，法律应该强迫所有银行相对于货币替代物（钞票加即期存款）总额保持100%的货币储备。这是费雷教授100%储备计划的核心，但是，费雷教授把这个计划和他关于某种指数本位制的一些提案合并在一起。我们在上面已经指出，为什么这样一个构想不仅是空想，而且也等于公开赞同政府有权力按照强大压力团体的欲望操纵货币购买力。即使这个100%储备计划真的在纯正的金本位制基础上被采纳，它也不会完全消除政府对银行业进行干预必然会产生的那些弊病。要杜绝进一步信用扩张，必须做到：把银行业置于商法和民法的一般规范之下，必须像要求每个人和每个企业那样要求每一家银行按照契约规定履行所有责任。如果银行依旧是由特殊的法律规定的有所节制的特权机构，那么政府依然能把银行作为一个备用的财政工具。于是，对发行信用媒介所设下的每一道限制是否有效，便取决于政府和国会是否心怀善意。它们也许会在所谓正常期间限制信用媒介发行，但是一旦某个政府认为有紧急状况，应该采取非常措施，那么这种限制将会被立即撤销。如果某个行政当局和支持它的政党想要增加支出，却不想通过征收比较重的税收而致使他们的民意支持度下降，他们一定会把其所面对的僵局称为紧急状况。求助于印钞机以及愿意为银行业管理当局效犬马之劳的银行经理，是在纳税人不准备通过纳税支持施政项目时政府所能采取的最重要的手段。

要防止信用扩张固有的危险，自由银行是唯一可行的办法。没错，允许银行业自由经营的环境不会妨碍那些谨慎且公开提供所有必要财务信息的银行在非常小的范围内缓慢地扩张信用，但银行业自由经营的环境不可能让信用扩张及其不可避免的后果发展成经济体系的常规特征，即经常有人提到的"正常特征"。只有自由的银行业才能确保市场经济免于危机与萧条。

回顾过去一百余年的历史，我不禁觉得，自由主义在处理银行问题上所犯的错误对市场经济是一个致命的打击。在银行业方面，放弃自由企业原则是完全行不通的。在面对普遍敌视放贷取息的民意时，自由主义的政治人物大多干脆投降。他们未能意识到，利率是一个不可能受政府或其他机构随意操纵的市场现象。他们认同民粹迷信，误以为降低利率是好事，而信用扩张则是降低利率的正确手段。对自由市场伤害最大的莫过于几乎定期复发的经济过热与牛市的突然崩溃以及旷日持久的衰退。舆论甚至转而相信，在未受干扰的市场经济里，发生这种事情是不可避免的。一般人没想到，他们自己所哀叹的状况竟然是企图通过信用扩张以降低利率的政策的结果。他们固执地坚持这些政策，又徒劳地希望以越来越多的政府干预对抗这些政策所产生的恶果。

关于自由银行业的几点意见

　　银行学派说,银行如果只做短期放款业务便不可能过度发行钞票。当贷款到期偿还时,钞票便从市场上消失了,回到银行手中。然而,只有在银行缩减放贷金额时才会发生这种事(但是,即便是这样,它也不会消除先前扩张信用的效果而只是在该效果之上添加一个后来的信用紧缩的后果)。银行通常的做法是以新商业汇票贴现取代到期还款的旧商业汇票。于是,相对于从市场上收回的钞票(旧贷款的偿还),银行又重新发行了同等金额的钞票。

　　在自由银行业体制下,使信用扩张受限的那个连锁效应以不同于银行学派所说的方式运作,完全不涉及富拉顿原则所想象的过程。这是因为,信用扩张本身不会扩大相关银行的客户群,也就是说向银行要求赎回的货币替代物的人数并未增加。如前所述,当一家银行单方面过度发行信用媒介时,该银行的客户对非银行客户支付的金额会增加,因此银行所发行的货币替代物被非银行客户要求赎回的数量也会跟着增加。于是,这就迫使扩张信用的银行不得不重新收缩信用。[1]

　　在活期存款方面,这个事实从来没有遭到质疑。显然,一家扩张信用的银行很快就会发现,它在和其他银行进行清算时遇到了困难。然而,人们有时候认为,在银行发行钞票方面,情况有所不同。

---

[1] 维拉·C·史密斯(Vera C.Smith)在其功勋卓著的著作《中央银行的基本原则》(*The Reason of Central Banking*)(伦敦,1936年)第157页中,对于这个最根本的事实,没有给予适当注意。

交换学在处理货币替代物问题时的主张是，货币替代物被一定数量的人当作货币处理，即它们像货币那样被某些人在交易中支付和接受，也被某些人保持在现金握存中。关于货币替代物，交换学所说的一切都预设了这个情况。但是，我们绝不可荒谬地认为，任何银行所发行的每一张钞票都会实际成为货币替代物。发行银行必须享有特殊商誉才能使一张钞票变成一个货币替代物。人们对于银行在任何时候立即免费赎回每一张钞票的能力或意愿只要有丝毫质疑，这个特殊商誉就会受到损害，该银行所发行的每一张钞票就会失去货币替代物的性质。我们可以假设，每个人不仅愿意把这种有问题的钞票作为借款，而且宁愿把它们作为当下接受偿付的手段也不愿再多等待一段时间。但是，如果人们对它们的主要性质存在质疑，将会尽快把它们用掉。人们将在现金握存中只保留货币和他们认为绝对安全的货币替代物，而把那些可疑的钞票尽快处理掉。这些钞票将会被折价交易，而这将使它们迅速涌回发钞银行，因为只有该家银行不得不按面值全额将其赎回。

回顾欧洲大陆的银行业发展情况可以把这里的问题说得更为明白。在欧洲大陆，对于商业银行创造支票存款的金额并没有任何法律限制。它们确实能够采取英语系国家里的银行所使用的那些方法来发放循环信用，从而扩张信用。然而，一般民众并不准备把这种银行存款当作货币替代物处理。一个收到支票的人通常会立即把它兑现，并从银行领走相当于票面金额的货币或货币替代物。所以，对一家商业银行来说，除非金额微不足道，否则它不可能以贷记借款人账户的方式发放任何贷款，因为一旦借款人开出支票，银行就会被要求兑换该张支票面额的货币。只有一小部分大企业会把存放在它们国家中央发钞银行的存款（注意：不是存放在商业银行的存款）当作货币替代物。虽然大多数国家的中央银行在存款业务方面不受任何法律限制，但它们却不敢使用存款作为大规模信用扩张的工具，因为把存款货币当作货币替代物的客户人数太少了。银行钞票实际上是循环信用和信用扩张的唯一工具，类似的情况早先出现在世界上所有不采用英语系银行业务方法的国家，到现在也还是一种常态。

在19世纪80年代，奥地利政府推行过一个计划，即在邮政储蓄局设立一个支票存户部门，借以推广支票簿货币，这个计划在某种程度上算是成功的。把邮局这个部门的账户余额视为货币替代物的客户群人数比该国中央发钞银行支票存款部的客户群人数还要多。这套制度后来被1918年继承哈布斯堡帝国的新奥地利联邦保存下来，也被许多其他欧洲国家采用，如德国。必须强调的是，这种存款货币纯粹是政府的一项业务，而这套制度授予的循环信用也完全只限于贷款给政府。值得注意的一个特点是，奥地利邮政储蓄局的名称不是储蓄银行，而是储蓄局，而国外的模仿者大多也使用这个名称。在大部分非英语系国家，除了政府邮政系统的活期存款外，银行钞票是唯一的循环信用工具（政府控制的中央发钞银行的存款在某种程度上也是循环信用的工具）。在讲到这些国家的信用扩张时，几乎完全是指银行钞票的增加发行。

在美国，许多雇主以开立支票的方式支付薪水，甚至工资。只要这些收款人能立即兑现收到的支票，并且把全部金额从银行提取出来，这种支付薪资的方法就只意味着钱币和钞票的繁重负担从雇主的出纳身上移转到银行的出纳身上，它没有任何交换学上的意义。如果所有人都这样处理收到的支票，银行存款便不是货币替代物，也不可能用作循环信用的工具。实际上有相当一部分民众把银行存款视为货币替代物才使得银行存款普遍被称为支票簿货币或存款通货。

把自由银行业概念想象成每个人都可以自由发行钞票欺骗民众是错误的。人们时常提到曾被图克[1]引用过的一句警语:"自由银行业就是自由的坑蒙拐骗。"然而,在银行可自由发行钞票的情况下,银行钞票的使用习惯即使没被彻底丢弃,其使用频率也将大大下降。1865年10月24日,赛努奇(Cernuschi)在法国银行法审查听证会上提出的正是类似的想法:"我相信,所谓自由银行业的体制将导致钞票在法国完全消失。我希望赋予每个人发行钞票的权利,以便不会再有任何人接受任何钞票。"[2]

有人可能会坚持认为,钞票比硬币的使用更方便,因此基于方便的考虑,人们乐于使用钞票。如果情况真是这样,人们将愿意支付额外的费用,以避免他们装满一口袋沉重的硬币所造成的不便。因此,在早期,偿付能力毫无问题的银行所发行的钞票,其交换价值稍微高于金属货币。也因为如此,旅行支票相当受欢迎,尽管发行旅行支票的银行要收取一定的发行手续费。但是,这个事实和这里讨论的问题没有任何关系,它不可以用来为各种促使民众使用钞票的政策做辩护。各国政府不是为了让逛街采购的女士免于不便而促使人们使用钞票的。各国政府的想法是降低利率,要给它们的财政部打开一个低利贷款的来源,在它们看来,增加信用媒介数量是增进国民福祉的

---

[1] 即Thomas Tooke(1774—1858年),英国经济学家,银行学派的代表性人物。——译者注
[2] 参见赛努奇的《反对纸币》(*Contre le billet de banque*)(巴黎,1866),第55页。

一个手段。

　　各种钞票并非不可或缺，即使没有它们，资本主义所有的经济成就还是会达成。此外，存款货币做得到了所有钞票能够做到的事情。而且，要为政府干预商业银行存款业务作辩护，也不可能引用"保护贫穷无知的工薪阶级和农夫免于邪恶的银行家伤害"这个伪善的借口。

　　但是，有些人可能会问，如果多家商业银行组成一个卡特尔，那会怎么样呢？难道各家银行不会勾结起来，无限扩大发行它们的信用媒介？这个反对自由银行业的理由是荒谬的。只要一般民众没因政府干预而丧失从银行提取存款的权利，便没有哪一家银行能够冒着自毁商誉的风险和一些商誉不如自己的银行勾结在一起。我们绝不能忘记，每一家发行信用媒介的银行都处在一个相当不确定的危险位置，它最有价值的资产是它的信誉。一旦人们产生任何关于它是否完全值得信赖、是否有偿付能力的疑虑，它必定破产倒闭。对一家信誉良好的银行来说，把它的招牌和商誉比较差的其他银行的招牌联结在一起，无异于自杀。在银行业自由体制下，银行卡特尔将摧毁整个国家银行体系，对任何银行都没有好处。

　　信誉优良的银行大多因为保守经营和不愿意扩张信用而遭到指责。在那些不值得银行授信的人看来，限制信用扩张显然是一种恶行，但是，在银行业自由体制下，限制信用扩张却是银行经营的首要的最高准则。

　　对我们这个时代的人来说，要想象自由银行业的情况是一件极其困难的事，因为人们把政府干预视为一种理所当然的和必要的事。然而，我们必须记住，政府干预银行业是以一个错误的假设为前提的。它误以为，信用扩张是永久降低利率的一个适当手段，除掉麻木不仁的资本家对任何人都不会造成伤害。各国政府之所以干预银行，恰恰是因为它们知道，自由银行业会把信用扩张限制在有限的范围内。

有些经济学家断言，就银行业目前的状况来说，政府对银行业的干预是合理的。他们的这个说法也许是对的，但是，银行业目前的状况不是未受干扰的市场经济运作的结果。它是各种政府措施企图实现大规模信用扩张所造成的结果。如果政府从未施加干预，银行钞票和存款货币的使用将仅限于那些对银行的偿付能力相当了解的人，大规模的信用扩张将不可能发生。现在，普通人怀着迷信的敬畏看待每一张被国库或国库所控制的机构印上"法币"这两个魔术字眼的纸，这种迷信四处散布的状况是政府一手造成的。

政府对银行业经营状况进行干预，如果其目的是阻止或至少严格限制进一步的信用扩张，从而改善银行业的不良情况，那么这种干预是值得肯定的。然而，实际上，当今政府干预的主要目的却是进一步加剧信用扩张，这个政策注定会失败，迟早会造成大灾难。

第十三节　现金握存的规模和构成

货币和货币替代物的总金额被个人和企业保留在他们的现金握存中。每个人保留的金额取决于边际效用，每个人都渴望在他的总财富中保留一部分现金。人们以增加购买来支出多余的现金，以增加销售来填补现金缺口。把个人对作为现金握存的货币需求和个人对财富与可销售的财货的需求易搞混的术语一定欺骗不了经济学家。

对个人和企业有效的陈述对个人和企业持有的现金握存总额也一样有效。从什么观点出发把某一群人和企业当成一个整体来计算他们的现金握存，是无关紧要的。某一城市、某一省或某一国的现金握存，是相关地区所有居民的现金握存的总额。

现在，让我们假设，市场经济只使用一种货币，而且货币替代物要么不存在，要么在整个市场范围内被每个人当作货币无差别地使用。例如，黄金货币和可赎回的银行钞票（钞票由某一世界银行发行）被每个人当作货币替代物。在这种假设下，那些阻碍商品与服务交换的措施不影响货币状况和现金握存的多少。关税、禁运和移民障碍影响价格、工资和利率的均等化趋势，但是，它们不会直接影响现金握存。

如果某个政府想增加辖区内公民的现金握存金额，它就必须命令他们寄存一定金额在某一机构里，而且必须原封不动地将它留在那里。由于必须取得这笔金额，每个人将被迫卖得更多，买得更少，国内的价格将会下降，出口将会增加，而进口将会减少，一定数量的现金将被输入。政府如果只是阻碍财货进口和货币出口，不可能达到它的目的。如果进口下降，在其他条件相同的情况下，出口也将同时下降。

货币在国际贸易方面所扮演的角色和它在国内贸易方面所扮演的角色没什么不同。在国内贸易方面，货币是一种交换媒介；在国际贸易方面，它同样也是一种交换媒介。不管是在国内贸易中还是在国际贸易中，财货的买卖在个人与企业的现金握存上所引起的变动将只是一时的，除非人们刻意增加或减少他们的现金握存。只有当一国的居民比外国人更渴望增加他们的现金握存时，流入该国的货币才会多于流出的货币；反之，只有当一国的居民比外国人更渴望减少他们的现金握存时，流出该国的货币才会多于流入的货币。货币在从一国移转到另一国时，如果它的数额没被反向的货币移转抵消，那么这种结果绝不是国际贸易偶然的交易结果。货币的跨国净移转永远是居民有意改变其现金握存的结果。所以，就像只有当一国的居民想输出多余的小麦时小麦才会输出那样，只有当居民想输出他们认为过剩的货币时，货币才会输出。

当一国转而使用一些外国没使用的货币替代物时，货币过剩的现象便会出现。这些货币替代物的出现无异于该国广义的货币供给（货币加上信用媒介的供给）的增加，这也就导致了广义的货币供给过剩。居民渴望移除他们手中过剩的货币和信用媒介，于是增加购买国内或国外的财货。如果是第一种情形，则出口下降；如果是第二种情形，则进口增加。无论是哪一种情形，过剩的货币都会流到国外。根据我们的假设，由于货币替代物不可能输出，所以只有真正的货币可以流出国外。结果是，在国内广义的货币（货币＋信用媒介）中，货币的比例下降，而信用媒介的比例则增加。国内狭义的货币存量变得比以前少了。

现在，我们进一步假设国内的货币替代物不再是货币替代物，发行这些货币替代物的银行不再偿付货币赎回它们。这些以前的货币替代物现在是一些可向某家银行要求支付货币的债权凭证，而这家银行没有履行契约责任，是一家偿付能力和意愿颇有问题的银行。谁也不知道这些债权凭证是否会或何时会获得偿付，但是，这些债权凭证可能被一般民众当作信用货币使用。以前它们作为货币替代物时，持有者在任何时候都有权要求偿付那一笔货币，作为信用货币时，它们现在要打折兑换。

这个时候，政府可能会出面干预，规定这些信用货币是法币，可以按它们的面值偿付一切债务，[1]任何商人都不可以歧视它们。该法令试图迫使公众承认一些交换价值不同的东西具有相同的交换价值。它干预市场所决定的价格结构，它给信用货币规定最低价格，同时给商品货币（黄金）和外汇规定最高价格，它所产生的结果不是政府想要达到的目的。信用货币和黄金之间的交换价值差异没有消失。由于政府禁止人们按照钱币的市场价格使用钱币，所以人们不再使用它们买卖东西或偿付债务。他们保留它们，或者输出它们，商品货币从国内市场消失。格雷欣法则说，劣币把良币逐出国内市场。比较正确的说法是，交换价值被政府法令低估的货币从市场上消失，而被高估的货币则留下来。

因此，商品货币外流不是国际收支逆差的结果，而是政府干预价格结构的结果。

第十四节　收支平衡表

在一个特定时期，一个人或一群人的全部收入与支出的货币当量对照表被称为收支平衡表。贷方与借方永远相等，平衡

---

[1] 这些银行钞票在它们还是货币替代物时，便已经被赋予法偿货币（或法币）的地位了，因此其交换价值等于货币。那时，赋予法币地位的规定没有任何交换学的意义。现在这个规定具有了重要的意义，因为市场不再认为它们是货币替代物。

表永远是平衡的。

如果我们想知道某个人在市场经济架构内的地位，我们就必须看他的收支平衡表。这个表能告诉我们，作为社会分工体系内的一分子，人所做的每一件事情。这个表能表明，这个人给了别人什么，以及别人从他手上取得了什么；也能表明，这个人是一个正直独立的公民、一个小偷，还是一个接受救济的贫民；还能表明，他消费了所有的收入，还是储蓄了一部分收入。但有许多关于人的事情没有反映在这些会计分类账上，比如，美德和成就、恶性和罪行在这些会计账上没有留下任何痕迹。但是，就一个融入社会生活、可自由行动的人来说，他对社会的贡献、这种贡献在人们眼中的价值以及他消费了市场上交易的东西，收支平衡表传达了完整的信息。

如果我们将一定数量的个人收支平衡表进行合并，把这群人彼此交易的项目剔除，我们就制作了这群人的整体收支平衡表。这张收支平衡表告诉我们，把这群人视为一个整体时，这个整体是怎样和市场社会的其余部分发生联系的。比如，我们能够制作以下表格：纽约律师公会全体会员的收支平衡表、比利时全体农夫的收支平衡表、巴黎全体居民的收支平衡表或瑞士伯尔尼州全体居民的收支平衡表等。统计学家最热衷于为一些独立国家的全体居民分别建立收支平衡表。

虽然某个人的收支平衡表详细传达了关于他的社会地位的完整信息，但一群人的收支平衡表所透露的信息却少了许多，它完全没提到这群人彼此之间的关系。这群人的人数越多，水平越参差不齐，收支平衡表所传达的信息便越少。拉脱维亚的收支平衡表所透露的关于拉脱维亚人民处境的信息比美国联邦的收支平衡表所透露的关于美国人民处境的信息还要多。如果我们想描述某个地方的社会经济情况，我们的确不需要处理该地方每一个居民的个人收支平衡表。但是，除非其成员在社会地位和经济活动方面大致相同，否则我们就不该把他们放在一起制作整体的收支平衡表。

因此，阅读收支平衡表是很有启发意义的，然而，我们必须知道怎样解读它，要小心提防一些流行的谬误。

人们在制作一个国家的收支平衡表时，习惯于分别列出货币项目和非货币项目。如果货币和金银的进口大于货币和金银的出口，人们称此为收支顺差。反之，当货币和金银的出口大于进口时，人们称此为收支逆差。这种术语源自根深蒂固的重商主义思想谬误，很不幸的是尽管经济学家对此进行过彻底的批判，但是这种思想谬误今天依然存在。货币和金银的进出口被人们认为是收支平衡表里那些非货币项目的组合形态的一个偶然结果。这是一个完全错误的见解。一国的货币和金银出口大于进口不是天灾，而是该国居民有意减少货币握存转而购买财货的结果。这才是黄金生产国的收支平衡表通常出现"逆差"的原因，也是一个以信用媒介取代一部分货币存量的国家（只要这个过程还在进行）的收支平衡表出现逆差的原因。

一国要避免因为收支逆差而失去所有的货币存量，并不需要有什么仁慈的威权机关采取什么有远见的行动。在这方面，不管是个人的收支平衡还是一群人的收支平衡，情况并无不同，即使某个城市、某个区域或某个主权国家的收支平衡，情况也不会不一样。要防止纽约州的居民在和美国联邦其他四十七州的交易中花掉其所有的货币不需要政府干预。任何美国人，只要他自己认为握存现金还值得，他就会自发地处理好这件事。于是，他就会贡献自己的那一份力量，从而维持他的国家所拥有的充足的货币供给。但是，如果没有哪个美国人愿意保留任何现金握存，那么在国际贸易和国际支付清算方面就不会有任何防止美国的货币存量外流的政府措施，这时便需要对货币与金银的出口严格禁止。

第十五节　两地之间的货币交换率

让我们先假设市场中只有一种货币，那么，对货币在各地方的购买力的表述与对商品价格的表述同样有效。棉花在英国利物浦的最后价格与棉花在美国休斯敦的最后价格的差距不可能高于两地之间的运输成本。一旦棉花在利物浦的价格上升到某一较高的水平，商人就会把棉花运到利物浦，于是利物浦的棉花的价格就会向最后价格回跌。同理，一张在荷兰阿姆斯特丹支付一定荷兰盾金额的汇票在美国纽约的溢价不可能高于重铸钱币、输送、保险以及这期间的利息等合计成本。一旦该溢价上升到这一水平之上——这一水平被称为黄金输出点，那么将黄金从纽约输送到阿姆斯特丹便比较划算。黄金的输送迫使荷兰盾在纽约的溢价低于黄金输出点。商品在两地间的交换率结构和货币在两地间的交换率结构之所以有一点差异，只是因为商品通常只往一个方向移动，即从生产过多的地方移向消费过多的地方。棉花被商人从休斯敦输送至利物浦，而不是从利物浦输送至休斯敦，它在休斯敦的价格比在利物浦的价格低，价格差就是运输成本。但是，货币有时候会往某个地区输送，有时候会往另一个地区输送。

有些人误以为，两地之间的货币交换率和货币的输送取决于收支平衡表里非货币项目的组成结构，他们误以为货币有一种不同于商品的特殊地位。他们不明白，就两地间的交换率而言，货币和商品之间没什么不同。如果休斯敦和利物浦之间进行棉花贸易，则这两个地方的棉花价格差异便不可能超过棉花输送所需的总成本。棉花在什么情况下会从美国南部各州输送至利物浦也像黄金从南非这种产金国输送至欧洲的情况一样。

我们可以不理会产金国的情况。让我们假设，在金本位制的基础上，彼此交易的人们和企业不想改变他们的现金握存多少。他们的交易产生了一些债权和债务，从而需要进行两地之间的支付，但是，根据我们的假设，两地之间的支付金额是相等的。A地居民必须支付给B地居民的金额等于B地居民必须支付给A地居民的金额，因此，我们有办法省下从A地到B地以及从B地到A地的黄金输送成本。债权和债务能以两地之间的冲销结算制度进行清偿。至于是通过两地之间的冲销结算组织，还是通过某一特殊的外汇交换市场的冲销交易执行这种冲销结算任务，只是一个技术性的问题。无论如何，A地或B地居民为了偿付在B地或在A地的债务所需支付的外汇价格维持在黄金输送成本所决定的范围内。外汇价格不可能上升至平价加上黄金输送成本（黄金输出点）以上，也不可能下跌至平价减去黄金输送成本（黄金输入点）以下。

在其他假设保持不变的前提下，有可能发生这样的情形：A地支付给B地的金额和B地支付给A地的金额之间有一个暂时的差额，那么，若要避免两地之间的黄金输送，就只能插入一个信用交易。假设一个进口商今天必须从A地汇款到B地，而他只能在外汇市场上买到90天后到期的由B地居民兑付的汇票；那么，如果他能在 B 地获得所需金额的贷款（为期 90 天），那么他便能省下输送黄金的成本。如果 B 地贷款的成本没有比 A 地贷款的成本高出黄金输送成本的两倍，外汇交易商将会采取这种临时应急的办法。如果黄金输送成本为 0.125%，他们愿意为 90 天的 B 地贷款支付的利率将高于两地之间没有暂时支付需求时 A 和 B 的信用交易——短期贷款利率（最多达到年利率 1%）。

我们允许人们用下面这样的说法来表述那些事实：A 地和 B 地之间每天的收支平衡状况在黄金输出点和黄金输入点所定下的范围内决定了外汇交换率被固定在哪一点。但是，人们绝不可认为，只有当 A 地和 B 地的居民不想改变他们的现金握存多少时，才会发生这样的事情。正因为人们不想改变他们的现金握存，所以才有可能完全避免黄金的输送从而把外汇交换率（或汇率）维持在两个黄金运输点所定下的范围内。如果 A 地的居民想减少现金握存，而 B 地的居民想增加现金握存，那么黄金必定会从 A 地输送至 B 地，而在 A 地电汇到 B 地的汇率也必定上升到黄金输出点。这时，黄金从 A 地送往 B 地的情形就如同棉花从美国送往欧洲那样。电汇到 B 地的汇率之所以上升到黄金输出点，是因为 A 地的居民正在卖黄金给 B 地的居民，而不是因为 A 地居民的收支平衡表出现逆差。

以上所有陈述对于各区域之间的任何汇款交易都是同样有效的。相关城市同属一个主权国还是分属不同的主权国，是无关紧要的，然而，政府的干预使得情况大为改变。各国政府成立了一些机构让国内的居民能够按平价进行国内的异地汇款。在国内异地输送货币所涉及的成本可能由国库承担，可能由中央银行承担，也可能由政府设立的另类银行承担，比如，在许多欧洲国家就由邮政储蓄银行承担，于是，再也没有任何国内异地汇兑市场。民众申购国内异地支付的汇票时被索取的费用不会高于申购本地支付的汇票时被索取的费用，即使费用稍有不同，这个费率差额也和国内异地间的货币移动方向变化没有任何关系。正是这样的政府干预，使国内汇兑与国外汇兑变得泾渭分明，国内汇兑按平价交易，而国外汇兑的汇率则在两个黄金输送点所定下的范围内波动。

如果人们使用一种以上的货币作为交换媒介，这些货币之间的交换率取决于它们的购买力。以不同货币表示的各种商品的最后价格彼此之间构成比例关系，或者说，以不同货币表示的商品的最后价格结构比例不变。各种货币之间的最后交换率反映了它们相对于各种商品的购买力。只要出现任何比例差异，便存在有利可图的买卖机会，渴望利用这种机会赚钱的商人便会努力追逐，从而促使这种差异再度倾向于消失。外汇的购买力平价理论只是把关于价格决定的一般定理应用到多种货币同时并存的特殊场合。

各种货币可能同时存在于一个国家，或者不同国家使用不同的货币，是个无关紧要的问题。无论如何，它们彼此的交换率趋向于某种最后状态。在那个状态下，不管人们用哪一种货币买卖商品，都不再有什么区别。当出现需要异地输送货币的情况时，这些输送成本必须被加上或减去。

货币相对于不同商品与服务的购买力变化不是同时发生的。让我们再次讨论只有某一个国家发生通货膨胀的问题，这是一个实际上很重要的情况。国内信用货币或不可兑换货币数量的增加在一开始只影响某些商品与服务的价格，其余商品的价格在某段时间内停留在它们先前的位置上。本国货币和外国货币的交换率由某个特殊的货币交换市场决定，这个特殊市场的组织和管理方式会遵循股票交易所的模式和商业惯例。市场中的交易商在应对未来的变化方面比其他人更迅速，因此，外汇市场的价格结构会比许多商品与服务市场的价格更早反映新的货币关系。一旦本国的通货膨胀开始影响某些商品的价格，外汇的价格在大部分商品与服务价格完全反映通货膨胀的影响之前便已开始趋向国内最后的物价和工资状态。

有些人完全误解了这个事实，他们未能意识到，外汇的汇率上涨只是国内商品价格未来变动的预先反应。他们却把外汇的汇率上涨解释为国际收支逆差所造成的一个结果。他们说，外汇需求之所以增加，是因为国际贸易收支或其他国际收支状况恶化，或者纯粹是因为没有爱国心的外汇投机者操纵的结果。外汇的价格上涨导致进口品的国内价格上升，国内一些产品的价格因此必须跟着上升，否则它们的低价将鼓励商人将它们从国内消费市场撤走，转而按比较高的价格卖到国外。

这一流行学说的谬误显而易见。如果国内民众的名义收入没有因通货膨胀而增加，他们将被迫减少消费，既可能会减少购买进口品，也可能会减少购买本国产品。如果是第一种情形，进口就会下降；如果是第二种情形，出口将会增加。于是，国际贸易收支将会再度回到重商主义者所谓的顺差状态。

遭到步步逼问后，重商主义者不得不承认，我们的前述推理正确无误。但是，他们说，这个推理仅适用于正常的贸易，并没考虑这样的情况：有些国家必须进口，诸如食物和基本原料等绝对必需品。这些财货的进口不可能缩减至某个最低数量以下，不管价格多高，它们都会进口。如果进口它们所需的外汇不能用足够的出口金额抵消，贸易收支就会出现逆差，因此外汇汇率必定会涨得越来越高。

上述观点是重商主义一贯的虚幻想法。某一个人或某一群人对某些财货的需求不管多么迫切，他们都必须支付市场价格才能满足这种需求。如果某个奥地利人想买加拿大的小麦，他就必须以加拿大元支付小麦的市场价格。他必须输出财货，或者将财货直接输出到加拿大，或者输出到其他国家，以取得加拿大的货币。如果他只是以较多的先令（奥地利国内货币）支付较高的小麦价格，那是不可能使加拿大的货币数量增加的。再者，如果他的（以先令给付的）收入保持不变，他也支付不起价格较高（以先令给付的）的进口小麦。正因为奥地利政府执行某一通货膨胀政策增加了奥地利人民口袋里的先令数量，所以奥地利人民才能够继续购买过去习惯购买的加拿大小麦，并且没有缩减其他方面的支出。如果国内没有通货膨胀，进口品价格的任何上涨都将导致进口品消费的下降，或其他财货消费的下降。于是，上面提到的那个调整过程就会启动。

如果某人想向邻村的面包师购买面包，却没有所需要的货币，其原因不在于货币稀缺，而在于这人未能以出售财货或提供人们愿意购买的服务取得所需的货币。同样的道理也适用于国际贸易。某个国家可能处境艰难，因为它不知道怎样才能把足够多的商品卖到国外，以便取得外汇，购买人民所需要的全部食物。但是，这并不表示外汇稀缺，只表示该国的居民贫穷。然而，国内的通货膨胀肯定不是消除贫穷问题的一个适当手段。

此外，投机和外汇汇率的决定也没有任何关系，投机者只是先一步看到了预期变化。如果他们的预期错了，如果他们认为的通货膨胀正在进行的看法是错的，那么价格和外汇汇率的结构将不会和他们的预先反应相符，因而他们也将为预期的错误付出亏损的代价。

认为外汇汇率取决于收支平衡的学说是以一个特例为基础的，它是这个特例的一个不恰当的概括推论。如果 A 和 B 两地使用同一种货币，而且如果这两地的居民不希望他们的现金握存有任何变动，且在一定时期，A 地居民支付给 B 地居民的货币数额等于 B 地居民支付给 A 地居民的货币数额，所有支付都能够通过某种方式结算，而无须运送货币从 A 地到 B 地或从 B 地到 A 地；那么，在 A 地电汇到 B 地的汇率便不可能上升到高过某一略低于黄金输送点的价位，也不可能下降到低于某一略高于黄金输入点的价位，反之亦然。在这个范围内，每天的收支平衡状态决定了每天的外汇汇率状态。之所以会这样，是因为无论是 A 地的居民还是 B 地的居民，都不想改变现金握存数额。如果 A 地的居民想减少现金握存，而 B 地的居民想增加现金握存，货币就会从 A 地输送至 B 地，而电汇到 B 地的汇率在 A 地会达到黄金输出点。但是，黄金不是因为 A 地的收支发生逆差而输送至 B 地的。重商主义者所谓的收支逆差是 A 地居民刻意减少他们的现金握存，而 B 地居民刻意增加他们的现金握存所造成的结果。如果没有哪个 A 地居民想减少他的现金握存，黄金从 A 地外流的现象就绝不可能发生。

货币方面的贸易和商品方面的贸易之间的差别，只在于这一点：商品通常在一个单行道上移动，即从生产过多的地方移往消费过多的地方。因此，某一商品的价格在生产过多的地方通常比在消费过多的地方相差了一个运输成本。如果我们不考虑黄金生产国的情况和居民刻意要改变现金握存的那些国家的情况，那么货币的情况就不同了：货币有时候朝某个方向移动，有时候朝另一个方向移动。某个时间某个国家输出货币，另一个时间它输入货币。每一个输出货币的国家很快会变成一个输入货币的国家，这恰恰是因为它先前输出过货币，仅凭这一点便可以通过外汇市场的互动作用省下输送货币的成本。

第十六节　利率和货币关系

货币在信用交易中所扮演的角色，和它在其他商业交易中所扮演的角色相同。贷款通常用货币发放，而利息和本金也用货币偿还。信用交易所产生的款项支付只会暂时影响现金握存的多少。那些收到贷款、利息和本金的人会花掉收到的金额，要么用于消费，要么用于投资。他们只有在某些与货币流入无关的特定考量促使他们增加现金握存时，才会增加他们的现金握存。

对所有性质相同的贷款来说，市场利率的最后状态是相同的。利率的差异要么反映了借款人在财务健全与诚信方面的差异，要么反映了贷款合约内容的差异。[1] 借款者会接触索取较低利率的贷款者，而贷款者会迎合愿意支付较高利率的借款者。发生在货币市场上的事情和发生在其他市场上的事情，没什么两样。

在两地之间的信用交易方面，如果存在两地之间的汇率变化以及货币本位制的差异，那么这些都是人们应该考虑的因素。让我们看一个例子。A 国采取金本位制，而 B 国则采取银本位

---

[1] 参见第十九章第二、三、四节。

制。想把钱从A国贷到B国的贷款者，首先必须卖出黄金，买回白银，然后在贷款到期时卖出白银、买回黄金。在贷款到期日，如果白银的价格相对于黄金的价格下跌，以借款者（用白银）还回的本金买到的黄金将小于贷款者先前投入信用交易时预期获得的金额。因此，贷款者只会在A和B两国间的市场利率差距大到足以弥补预期的白银价格相对于黄金价格下跌的幅度时才会冒险把钱贷到B国。如果A和B两国采取同一货币本位制，A和B两国的短期贷款市场利率会存在均等趋势。这个利率均等化趋势在两国采取不同的货币本位制时受到严重阻挠。

如果A和B两国采取同一货币本位制，并且B国的银行没采取同样的政策，A国的银行便不可能扩张信用。A国的信用扩张使A国的价格上涨，短期利率下跌，而B国的价格和利率则维持不变。因此，A国的出口下降，进口增加。此外，A国的短期放贷者变得热衷于在B国的短期贷款市场放贷。结果就是，货币从A国外流，使A国银行的货币储备缩小。如果A国的银行没放弃信用扩张政策，它们将会因丧失偿付能力而倒闭。

有些人完全误解了这个过程。他们说，一国的中央银行有一个必须代表国家履行的至关重要的职能，那就是维持外汇汇率稳定和保护国家的黄金储备，以对抗外国的投机者和他们在国内的帮凶，这是中央银行的神圣责任。但真相是，一国的中央银行唯恐其黄金储备蒸发而采取的一切做法全是为了保护它自己的偿付能力。它过去从事信用扩张，因而危及它的财务状况，现在必须弥补它过去的行为，以避免该行为的灾难性后果。它的信用扩张政策碰到了信用媒介发行的障碍（限制）。

讨论货币问题和讨论其他交换学问题一样，使用战争术语是不适当的。在各国的中央银行之间没有"战争"这回事。没有什么阴险邪恶的力量在"攻击"银行的地位或威胁外汇汇率的稳定。不需要什么"捍卫者"来"保护"一国的货币制度。此外，阻止一国的中央银行或私人银行降低国内市场利率的因素也不是因为要保持金本位制，或要维持外汇汇率稳定，或要挫败某一国际性的资本主义短期放贷者同盟的阴谋诡计。市场利率不可能因信用扩张而降低（除非在短期内），但信用扩张会引起景气循环理论所描述的一切后果。

当英格兰银行按照合约规定赎回一张它所发行的银行钞票时，它并未无私地给英国人民提供什么至关重要的服务，它只是做了每个家庭主妇在市场采购时所做的那种买菜给钱的事。人们之所以会产生一国的中央银行在履行它自愿承担的一些责任时做了特殊功德的想法，只是因为各国政府一再赋予这些银行特权，允许它们拒绝客户请求支付的合法权利。实际上，各国的中央银行变得越来越像国库的下属官署，它只是帮政府执行信用扩张和通货膨胀的工具。它们为政府间接拥有，还是直接由政府官员管理，实际上没什么差别。实际上，今天在每一个国家里，那些发行信用媒介的银行都只是国库的附属机构。

要维持本国货币永远和黄金与外汇平价交换，只有一个办法——无条件赎回。中央银行必须用本国银行钞票和存款货币按平价汇率来购买上门求售的任何数额的黄金和外汇。另外，它也必须无差别地出售任何数额的黄金和外汇给上门要求购买的人——只要他愿意用本国银行钞票、钱币或存款货币支付平价汇率。这就是金本位制下各国中央银行的政策，这也是那些采取一种通常称为金汇兑本位制的政府和中央银行所实施的政策。从19世纪20年代初期直到第一次世界大战爆发，英国和其他一些国家曾采取的那个"正宗的"或古典的金本位制和所谓金汇兑本位制唯一的差别仅在于国内市场是否使用金币。在古典金本位制下，人民的一部分现金握存是金币，其余的是货币替代物。在金汇兑本位制下，人民的现金握存完全是货币替代物。

与一定的外汇汇率挂钩等于按此汇率赎回本国货币。

此外，若要成功操作外汇平准基金，也只能采取相同的方法。

过去数年间，一些欧洲政府之所以偏爱以外汇平准基金取代中央银行，其理由是相当明显的。中央银行法的制定是自由主义政府或至少在金融政策运作方面不敢公然挑战舆论的自由主义政府的一项成就。所以，中央银行的各项操作皆以经济自由为中心。也因为这个理由，它们在我们这个极权主义兴起的年代被认为是令人不满意的。外汇平准基金的操作模式和中央银行政策的不同之处，主要在于：

（1）有关当局将基金的交易视为秘密。法律责令中央银行定期公布它的实际操作状况，通常是每周公布。但是，外汇平准基金的实际操作状况只有局内人知道。官方只在很长一段时间后才公布一份报告。那时，该报告上的数字只有历史学家才会感兴趣，而对于商人则完全没有用。

（2）由于过程保密，有关当局能够歧视一些它不喜欢的人。在许多欧洲国家，它导致贪污丑闻。其他一些政府则使用该项歧视权力做出一些对属于少数语言、宗教族群或支持反对党的商人不利的行为。

（3）平价汇率不再由国会经过适当程序颁布的法律规定，所以，平价汇率不再是众所周知的，官僚可以任意决定平价汇率。新闻报纸不时报道某国的货币走势疲软。一个比较正确的描述应该是：某国汇率当局已经决定提高外汇价格。[1]

外汇平准基金不是一根魔术棒，它不能被用来去除通货膨胀的各种危害。除了"正规的"中央银行可用的那些手段，它没有别的手段可以运用。而且即使再努力，只要国内有通货膨胀和信用扩张，它也必定像各国中央银行那样不能维持平价汇率。

有人曾断言，以提高贴现率这个"正规的"办法对抗黄金外流不再行得通，因为现在世界各国再也不愿意遵守"游戏规则"了。而且他们还说金本位制并不是一个游戏，而是一个社会制度，它的运作不依赖人们是否愿意遵守某些任意选定的规则，它运行时受制于不可动摇的经济法则。

为了支持反对金本位制的立场，有些批评者指出，在两次世界大战期间，贴现率上升未能遏止货币外流，即黄金外流和存款移转至外国。但是，这个现象是各国政府反金本位制和亲通货膨胀政策造成的。如果某人预期，即将发生的货币贬值将使他损失40%的存款余额，他将会想尽办法把他的存款转移至另一个国家，而且绝不会改变他的决定，即使银行利率在那个计划贬值的国家上升1%或2%。这种幅度的贴现率上升显然弥补不了比它大10倍、20倍甚至40倍的损失。一旦各国政府热衷于破坏金本位制的运作，它当然就无法发挥作用。

---

[1] 参见第三十一章第三节。

第十七节　次级交换媒介

各种可销售商品在可销售性方面的差异并没有因为货币的使用而消失。在使用货币的经济体系里，货币的可销售性和各种财货的可销售性之间有巨大的差异。但是，就各种可销售的财货而言，它们在可销售性方面也仍然有许多差异。有些可销售的财货比较容易立即找到买方，在当时的市场状态下，买方愿意支付最高的价格，而其他可销售的财货要立即找到这样的买方则比较困难。一张顶级债券比一栋位于某一城市主要街道的房子更有可销售性，一件旧皮大衣比18世纪某位政治家的墨迹更有可销售性。我们这里不再拿各种可销售财货的可销售性和货币的完美可销售性做比较。我们只比较各种可销售财货的可销售性，我们可以讲各种可销售财货次级可销售性的好坏。

某人如果拥有次级可销售性相当高的财货，便能够缩减他的现金握存。他可以指望，当某一天他需要增加他的现金握存时，他能立即在市场上按可能得到的最高价格销售这些次级可销售性相当高的财货。因此，一个人或一个企业的现金握存数量要看他或它是否拥有次级可销售性相当高的财货。现金握存的数量和保持现金握存所导致的费用可以减少，只要存在次级可销售性相当高且又可产生收入的一些财货。

因为有人渴望持有这些财货以便减少现金握存成本，所以就出现了对这些财货的特殊需求。这些财货的价格有一部分取决于这种特殊需求，如果没有这种需求，它们的价格将会降低。可以说，这些财货是次级交换媒介，而它们的交换价值则是两种需求的综合结果：和它们作为交换媒介提供的服务有关的需求，以及和它们提供的其他服务有关的需求。

现金握存所产生的成本等于相关金额用于投资时会产生的利息。一笔次级交换媒介的握存成本是作为该用途的那些有价证券的利息收益与其他有价证券的收益之差。除了收益外，后者不同于前者之处只在于它们的可销售性较差，所以不适合作为次级交换媒介使用。

自古以来，珠宝便一直被人们当作次级交换媒介使用。现在，通常用作次级交换媒介的东西是：

（1）可向银行、投资银行家和储蓄银行要求支付的一些债权。它们虽然不是货币替代物[1]，却是随时能够到期或能在临时通知后获得赎回的债权。

（2）一些数量庞大且很受欢迎的债券。它们通常能被适量销售，因而不用担心压低它们的市场价格。

（3）某些可销售的特殊性的股票或者某些大宗商品。

当然，预期从降低现金握存成本得到的好处必须和可能导致的一些风险进行比较。某些有价证券若不想蒙受损失，便可能卖不掉；要卖掉某些商品，损失可能更大。银行存款没有这种风险，银行倒闭的风险通常非常微小。因此，一些在临时通知后便可向银行和投资银行家要求偿还的生息债权是最受欢迎的次级交换媒介。

我们绝不可混淆次级交换媒介和货币替代物，货币替代物在货款结算时被人们当作货币用来支付。但是，如果我们把它们迂回地用来支付或增加我们的现金握存，次级交换媒介必须

---

[1] 例如，不能用支票提取的活期存款。

先换成货币或货币替代物。

那些用作次级交换媒介的债权因为具有此用途，因而享有较大的市场和较高的价格。结果它们的利息收益低于同一种类但不适合作为次级交换媒介的债权。能被当作次级交换媒介使用的政府债券和国库券，其首次上市的条件比不能被当作次级交换媒介的借款对借款人比较有利。所以，一些借款人热衷于为他们的负债凭证寻找一定的市场，以使相关债权凭证对一些正在寻找次级交换媒介的人具有吸引力。他们致力于使每个持有者能在最合理的条件下出售相关债权凭证或以该凭证为担保品融资借钱。在向大众推销他们发行的债券时，他们强调这些有利的条件是一种特殊的福利。

银行和投资银行家同样致力于吸引次级交换媒介的需求，他们给顾客提供便利条件，他们竞相缩短提取存款必须事先通知的时间。有时候，他们甚至支付利息给无须事先通知便可提领的存款。在这种竞争过程中，有些银行已经做得很过分，并危及他们的偿付能力。

过去数十年的政治状态已经使那些能被当作次级交换媒介使用的银行的存款越发重要。几乎所有国家的政府都参与反对资本家的政治运动，它们致力于通过征税和货币措施没收资本家的财产。资本家渴望保护本身的财产，于是他们的一部分资金处于流动状态，以便能及时逃避各种没收措施。他们把资金存放在没收风险或货币贬值风险暂时比别的国家低的那些国家的银行。一旦前景有变，他们就会把存款移转至暂时比较安全的国家。当人们讲到"热钱"时，心里想的就是这些资金。

热钱对货币供需形势的巨大影响是，它会导致单一储备制。为了方便中央银行进行信用扩张，欧洲各国很早以前便开始把它们国家的黄金储备集中到它们的中央银行。其他银行（私人银行，即那些既没被赋予特权，也没资格发行钞票的银行）缩减了它们的现金握存，仅供它们的日常交易所需。它们不再保留一笔现金储备，以应付它们每天到期的负债。它们不认为有必要在它们的各笔负债和各笔资产的到期日之间维持某一平衡，以使它们能够无须别人帮助便能在每一天立即履行对债权人的责任，它们依赖的是中央银行。当债权人想提取的金额超过"正常"金额时，那些私人银行便从中央银行借来所需的资金。每家私人银行都认为它自己的流动性没有问题，只要它拥有金额充足的可在中央银行借到钱的担保品，或可在中央银行申请重贴现的汇票。[1]

当热钱开始流入时，它暂时存钱的国家的一些私人银行看不出以通常的方式处理这些资金有什么不妥。这些私人银行把寄存在它们那里的增加的资金用于增加它们对企业的贷款。它们不担心这么做的后果，虽然它们知道，一旦它们本国的财政或货币政策传出任何让人疑虑的消息，这些资金将会被撤走。这些银行的财务状况欠缺流动性是显而易见的：一方面是顾客有权利在临时通知后提取大笔现金，另一方面则是只能在稍后收回企业贷款。谨慎处理热钱的唯一办法是保持一笔足够多的黄金和外汇储备，以便热钱突然被撤出时可以偿付全部的热钱。当然，这个办法将要求那些银行向寻求安全存放资金的顾客收取资金寄存手续费。

---

[1] 这里的所有讨论都只涉及欧洲的情况。美国的情况只在技术细节上有所不同，在经济原则上没什么不同。然而，美国并没有热钱的问题，因为在目前的情况下，没有哪个资本家会认为有比美国更为安全的避难所。

对于瑞士的银行来说，摊牌的时刻于1936年9月的某一天到来，当天法国宣布法郎贬值。寄存热钱的存户大为惊慌，他们担心瑞士可能会效仿法国，跟着贬值。可以预期，他们全都会尝试把资金移转到伦敦、纽约或巴黎，因为在未来几周，法郎再次贬值的风险似乎比其他国家的货币小。但是，瑞士的那些商业银行如果没得到瑞士国家银行的协助，便没有办法偿付这些资金，它们已经把这些资金借给企业——大部分是一些外国企业，而这些国家又实施外汇管制，因而把它们在各个国家的存款冻结了。对它们来说，走出困境的唯一办法是向瑞士国家银行借钱，那么，它们将保持自己的偿付能力。但是，那些得到偿付的客户将会立即请求瑞士国家银行以黄金或外汇赎回他们收到的瑞士国家银行钞票。如果不答应这个请求，那就等于实际放弃了金本位制，并且将瑞士法郎贬值了。另一方面，如果瑞士国家银行赎回它的钞票，就会失去大部分黄金与外汇储备，这将导致市场恐慌。瑞士本国人将会尝试搜罗尽可能多的黄金与外汇，整个国家的货币体系就会崩溃。

对瑞士国家银行来说，唯一的选择是完全不协助那些私人银行。但是，这等于是放任该国最重要的一些信用机构倒闭。

于是，瑞士政府没有任何选择的余地，它只有唯一的一个办法防止瑞士发生经济灾难：立刻跟进法国，宣布瑞士法郎贬值，这事不容拖延。

大体而言，在1936年9月战争爆发时，英国也必须面对类似的情况。伦敦曾经是世界银行业的中心，它早已失去这个地位。但是，在战争前夕，外国人和英属自治领的人仍然在英国的一些银行保有数量相当庞大的短期存款。此外，还有大量"英镑区"的中央银行同业存款。如果英国政府没以外汇管制措施将所有存款予以冻结，那么英国诸多银行没有偿付能力的事实将被公之于世。对那些银行来说，外汇管制是延期支付的一个伪装，它解除了它们的困境，让它们免于公开承认没有能力履行契约责任。

第十八节　通货膨胀主义者的历史观

一个非常流行的学说认为，货币单位购买力的逐渐降低在历史演化过程中发挥了一个决定性的作用。这个学说断言，如果货币供给增加的幅度未曾大于货币需求增加的幅度，人类将不会达到现在的幸福状态。因此购买力的下降，是经济发展的一个必要条件。只有在价格逐渐上涨的世界中，才会有随之而来的日益精细的分工以及持续增长的资本累积，从而使劳动生产力得以千百倍地提高。通货膨胀创造繁荣与财富，通货紧缩带来苦难与经济衰败。[1]纵观政治文献和几个世纪以来各国货币与信用政策背后的理念，这几乎就是被大众所接受的意见。这也是凯恩斯爵士和他在全世界的信徒所信仰的教义的精髓。

通货膨胀主义之所以流行，很大一部分原因是人们对债权人怀着根深蒂固的憎恨。人们认为通货膨胀是公正的，因为它惠及债务人而牺牲债权人的利益。然而，我们在这一节要处理的这个通货膨胀主义历史观和这个反债权人的理由只有松散的

---

[1] 参见玛丽安·冯·赫兹菲尔德（Marianne von Herzfeld）的书《货币运动的作用》(*Die Geschichte als Funktion der Geldbewegung*)，第 654—686 页。

关系。这个历史观主要以一些别的理由为根据，主张"信用扩张主义"是驱动经济发展的力量，而"信用紧缩主义"则是所有危害中最恶劣的危害。

通货膨胀主义所引起的问题显然不能以诉诸历史经验的教训来解决。虽然有时候会出现短期的中断，但大体上，价格的历史毋庸置疑地显示了一个连续上升的趋势。当然，要确立这个事实，除了通过历史的了解之外，我们不可能有别的方法，交换学的精确要求不适用于研究历史问题。某些历史学家和统计学家努力追溯，并且测量一些贵金属数世纪以来的购买力变化，但他们的努力是没用的。我们在前面已经表明，所有测量经济数量的尝试都以完全错误的假设为基础，都展示了对经济学和历史原则的无知。但是，在价格方面，历史以其特殊的了解方法能告诉我们的事实足以证明货币购买力数世纪以来呈现下降趋势的论断是合理的。对于这一点，大家一致表示同意。

但是，这不是我们必须厘清的问题。真正的问题是，从过去贫穷的年代演进到现代西方资本主义这种比较令人满意的情况，货币购买力下降到底是不是一个必要的因素？这个问题的答案绝不可照搬历史经验，因为历史经验能够按不同方式解释，而且总是被按不同方式解释。每个理论，乃至每个历史解释的支持者和反对者都能利用同一历史经验，证明他们那些彼此矛盾的陈述是正确的。这里需要以先验的理论思考，厘清购买力变化对分工、资本累积和技术进步的作用。

在处理这个问题时，我们不可自满于仅驳倒通货膨胀主义者提出来的那些论点。这些论点的荒谬之处是如此明显，要驳倒或拆穿它们其实很容易。自有经济学以来，经济学家便一再表明："货币数量丰裕是福气，而货币数量稀缺是灾难"的论断是错误推理的结果。通货膨胀主义者和信用扩张主义者为了驳斥经济学家正确的学说所做的种种努力已被彻底证明失败了。

唯一相关的一个问题是：通过信用扩张可不可以持续降低利率？这个问题我们将留到处理货币供需和利率之间的关系时（后文第二十章）再详细讨论。在那里，我们将阐明，信用扩张所造成的经济暴涨必定会有些什么后果。

但是，在这个环节，我们必须自问：是否还有其他理由可以支持通货膨胀主义的历史解释。通货膨胀主义者是否漏掉了可以用来支持他们的主张的某些理由？从每一个可能的角度探讨问题，无疑是必要的。

让我们想象一个货币数量固定的世界。这个世界使用某种商品作为货币，而且在很早以前，居民便已经生产出该商品货币可能被生产出来的全部数量，进一步增加货币数量是不可能的，至于信用媒介，则闻所未闻。所有货币替代物，包括辅币都是货币凭证。

在这些假设下，日益精细的分工从家庭、村庄、地域、国家的经济自给自足演进到19世纪涵盖全世界的市场体系，资本的逐渐累积和科技生产技术的进步将一直导致价格持续下跌的趋势。货币单位购买力如此上涨会中断资本主义的演进吗？

一般商人对这个问题的回答可能是肯定的。因为一直在一个认为货币单位购买力缓慢持续下跌是正常、必要和有益的环境中生活与行动的人，简直无法想象一种不同的境况。他一方面把价格上涨和企业利润联系在一起，另一方面则把价格下跌和企业亏损联系在一起。市场上也有空头操作，有些空头还曾经赚到大笔财富，但这一事实没有动摇他的独断意见。他会说，空头操作只是一些人的投机交易，这些人渴望从已经生产出来的供应市场的财货的价格下跌中赚取投机利润。而进一步的创新、新的投资和改良的科技方法的应用则需要价格上涨的预期所引起的激励作用。只有在一个价格上涨的世界中，经济才可能进步。

该观点是站不住脚的。在一个货币单位购买力逐渐上升的世界中，每个人的思考模式将会自动调整到适应当下的情况，就好像在我们这个真实的世界中，每个人的思考模式已经自动调整到适应货币单位购买力逐渐下降的事实。当今每个人都倾向于将他的名义收入的增加或货币收入的增加视为他的物质幸福的改善。人们比较注意名义工资率和以货币表示的财富数量的增加，比较不注意各种商品的供给增加。在货币单位购买力逐渐上升的世界中，人们将会比较关心生活成本的下降。而这将更清楚地凸显一个事实：经济发展的意义主要在于使各种生活便利品更容易被大众获得。

就实际的企业经营而言，长期价格趋势方面的考虑完全没有什么作用。企业家和投资者不会去纠结长期趋势，引导他们行动的是他们关于未来几周、几个月或几年的价格变动的看法。他们不会去注意所有价格普遍怎么变动的，对于他们来说，重要的是，各种互补的生产要素价格和它们的产品的预期价格之间是否存在差距。没有哪个商人会因为相信所有财货与服务的价格将上涨而着手进行某一特定的生产项目。他投入资本，只要他认为能从各种顺位的财货价格中的差距中赚得利润即可。在各种财货与服务的价格长期趋于下降的世界中，这种赚得利润的机会出现的方式和它们在各种财货与服务的价格长期趋于上涨的世界中出现的方式没有什么不同。所有价格普遍累进上涨的预期不会导致生产活动的增强和物质幸福的增加，它会导致"逃向实质的财货"，导致灾难性的经济暴涨和货币制度的完全崩溃。

如果人们普遍认为所有商品价格将下跌，短期的市场利率就会下降，以反映一般价格下跌的幅度或所谓负的价格贴水。[1]于是，企业家运用借来的资金投资获得保障，以免于承担价格下跌的后果，在一般价格上涨的情况下，贷款者通过利率的价格贴水获得免于货币购买力下跌后果的保障。

货币单位购买力长期上涨的趋势将要求商人和投资者使用一些不同于在货币单位购买力长期下跌的趋势下发展出来的经验法则。但是，对于经济的发展，这种经验法则肯定不会有什么实质性的影响。它不会消除人们改善自身物质处境的动机，他们仍旧会努力安排适当的生产以尽可能增加他们的物质幸福。它不会减损经济体系中有利于物质进步的那些因素，即积极进取的首倡者追求利润的努力和一般人对于以最低成本提供他们最大满足的一些商品的购买意愿。

这些意见当然不是在主张通货紧缩政策，它们只是想驳斥一些难以根除的通货膨胀主义的神话。它们揭露了凯恩斯爵士所谓贫穷与困苦以及经济萧条与失业的根源在于"信用紧缩主义的压力"这种学说的虚幻。所谓"通货紧缩的压力……肯定会……阻止现代产业发展"的说法是不正确的，所谓信用扩张导致"把石头变成面包的……奇迹"的说法也是不正确的。[2]

经济学既不推荐通货膨胀政策，也不推荐通货紧缩政策。它不敦促政府干预市场选择什么作为交换媒介，它只确立下面

---

[1] 参见第二十章第三节。
[2] 英国专家关于建立国际清算联盟的建议的文件，1943年4月8日（由英国政府的一个机构——英国信息服务局出版），第12页。

这些真理：

（1）政府致力于通货膨胀或通货紧缩政策不是在增进大众的福利、公共福祉或全国人民的利益。它只惠及某个或数个群体，而以其他群体的牺牲为代价。

（2）某一特定的通货膨胀或通货紧缩政策对哪个群体有利和有利的程度是不可能事先知道的。这些效果取决于所有相关的错综复杂的市场因素，它们也大多取决于通货膨胀或通货紧缩的速度，而随着通货膨胀或通货紧缩的出现，原来的效果可能完全反转。

（3）无论如何，信用扩张都会导致资本的错误投资和过度消费。它让国家变得比较贫穷，而不是比较富有。我们将在后文第二十章详细讨论这些问题。

（4）持续的通货膨胀最终必定终结于灾难性经济暴涨，终结于货币体系的完全崩溃。

（5）通货紧缩政策的代价对国家财政来说很高，而且群众不欢迎它。但是，通货膨胀对国家财政来说是一项恩惠，而无知的群众又很欢迎它。但实际上，通货紧缩的危险是很轻微的，而通货膨胀的危险则大得惊人。

第十九节　金本位制

人们过去基于黄金和白银在矿物学、物理学和化学方面的一些特点而选择它们作为货币。在市场经济里，就行为学的观点而言，使用货币是一个必要的事实。至于黄金而不是其他东西被用作货币则是一个历史事实，因此不是交换学所能理解的。在货币史方面，任何历史学家都必须像其他历史部门那样诉诸历史学特有的了解方法。如果有人喜欢把金本位制称为一个"野蛮的遗迹"，[1]他便不能反对把这个名称应用到每个由历史过程决定的社会制度上。那么，英国人讲英语而不是丹麦语、德语或法语也是一个野蛮的遗迹，而每个反对以欧洲国际语（Esperanto）取代英语的英国人，其独断和保守的程度也不亚于那些在面对各种以政府管理的货币取代金本位制的计划时没欢天喜地的人。

白银的非货币化和单一金本位制的确立是各国政府刻意干预货币制度的结果。讨论如果没有这些干预政策将会发生些什么事情，是无意义的。但是，我们绝不能忘记，当时各国政府的意思并非要确立金本位制，它们的目的是金银复本位制。它们想用一个由政府命令制定的固定的金银交换率取代独立并存的金币和银币之间浮动的市场交换率。这些努力背后的货币学说以政府官僚才办得到的那种完全错误的方式误解了市场现象。所有企图建立金银两种金属复本位制的尝试都可悲地失败了，正是从这样的失败中产生了金本位制。金本位制的出现表明各国政府和它们所珍爱的各种学说的惨败。

在17世纪，英国政府给金币和银币规定的价格高估了金币相对于银币的交换价值，因此银币从市场上消失了。只有磨损得很严重，或因为其他理由而受损的银币以及重量减少的那些银币才能留在市场上流通，把这种银币输出或铸成条块出售并

---

[1] 凯恩斯于1944年5月23日在英国上议院发表的演说，以"barbarous relic"称呼金本位制。

不划算。英国人因此得到了金本位制，违背了本国政府的意志，直到过了很久，英国的法律才把事实上的金本位制变成法理上的金本位制。该国政府放弃进一步给市场注入标准银币的无用尝试，而只铸造象征性的银币作为法偿效力有限的辅币。这些辅币不是货币，而是货币替代物，它们的交换价值靠的不是它们的白银含量，而是它们能在每一刻立即并且免费按它们的面值换成黄金的事实。它们事实上是印制在白银上面的钞票或可要求支付一定数量黄金的债权凭证。

后来到了19世纪，在法国和其他拉丁货币同盟国家，复本位制也如出一辙地导致事实上的单一金本位制出现。当19世纪70年代后期，白银市场价格下跌，事实上的银本位制本该自动取代事实上的金本位制时，这些国家的政府暂停铸造银币，以保存金本位制。在美国，金银条块市场的价格结构在内战爆发前便已经把法理上的复本位制转变成事实上的单一金本位制。在短暂的美元法币（greenback）时期结束后，随即发生了拥护金本位制和拥护银本位制的人士之间的斗争，结果是金本位制这一方获胜。一旦经济上最先进的一些国家采取了金本位制，其他国家便只好跟进。在经历第一次世界大战期间的巨大通货膨胀之后，大多数国家急忙恢复金本位制或金汇兑本位制。

金本位制是资本主义时代世界性的货币标准，在政治和经济方面增进了福祉、自由和民主。在自由贸易主义者看来，金本位制的主要优点就在于它是国际贸易以及国际金融与资本市场交易所需的一种国际货币标准。[1] 西方工业制度和西方资本

---

[1] 参见格里高利（T. E. Gregory），《金本位及其未来》（*The Gold Standard and Its Future*）（伦敦，1934年，第三版）。

以它作为交换媒介,把西方文明带到了地球上最遥远的角落,它摧毁了各种古老偏见和迷信的束缚,散播了新生活和幸福的种子,解放了心灵与灵魂,并且创造了前所未有的财富。伴随西方自由主义空前胜利的前进步伐,它几乎联合了所有民族,使之形成了一个彼此和平合作的自由民族共同体。

人们把金本位制视为最伟大和最有益的历史变迁的象征,这一点很容易让人理解。所有那些致力于破坏人类朝向幸福、和平、自由和民主演进的人,全都厌恶金本位制,而且不只是基于它的经济意义。在他们看来,金本位制是所有他们想要摧毁的那些学说和政策的标志和象征。在反金本位制的斗争中,利害攸关的不限于商品价格和外汇汇率。

民族主义者反对金本位制,因为他们想切断国家和世界市场的联系,想尽可能建立自给自足的国家经济体系。信奉干预主义的政府和压力团体反对金本位制,因为它们认为这是阻挠他们操纵价格与工资率的最大障碍。但是,金本位制遭到的最狂热攻击来自那些一心想要进行信用扩张的人,在他们看来,信用扩张是所有经济弊病的万灵丹:它能降低甚至完全消除利率;它能提高工资和价格,以惠及除寄生的资本家和剥削劳工的雇主以外的所有人;它能免除国家必须平衡预算的束缚。简而言之,它能使所有体面人变得富裕和幸福。阻止人类获得永久繁荣的只有一个原因,那就是金本位制这个由邪恶与愚蠢的"正统"经济学家炮制出来的恶毒发明。

金本位制当然不是完美的或理想的货币本位制,人世间没有完美这回事,但是,没有谁能告诉我们,怎样才能以某种比较满意的东西取代金本位制。黄金的购买力的确不稳定,但是,购买力稳定不变这个概念本身就是荒谬的。在一个变化的世界中，不可能有购买力稳定这回事，在假想的均匀轮转经济架构中，没有交换媒介存在的空间，货币的一个基本特点在于它的购买力不稳定。实际上，金本位的反对者并非想让货币购买力稳定，他们是想让政府有权力任意操纵购买力，而不用担心遭到"外在"因素，即金本位制下货币关系的阻挠。

他们反对金本位制的理由是，它使一个不受任何政府控制的因素——黄金产量的变迁在决定价格时发生作用。于是，一个"外在"或"自动"力量抑制了一国政府按照自己的意愿让人民富裕起来的权力，只要国际资本家下达指令，国家主权就变成徒有其表的幌子。

然而，干预主义政策的无效与货币制度其实毫无关系。稍后我们将说明，为什么政府实施的所有市场干预措施必定不可能达到它们想要的目标。如果干预主义政府想补救它先前干预市场的一些缺憾而不停地进一步干预市场，它最后会把本国的经济体系转变成德国纳粹模式的国家主义。那时，它便完全废除了国内市场，而没了市场也就没了货币和所有有关货币的问题，即使它仍可能保留一些市场经济的名称和标签。[1] 无论如何，使仁慈的权力当局的美梦受挫的不是金本位制。

在金本位制下，黄金供给量的增加取决于生产黄金的获利状况，这个事实的重要性当然在于限制政府推动通货膨胀的权力。金本位制使货币购买力的决定独立于各政党和各压力团体变幻不定的野心与教条之外。这不是金本位制的一个缺点，而是金本位制的主要优点。每一个操纵购买力的方法必然是任意

---

[1] 参见第二十七至第三十一章。

武断的。为了发现某一据称客观、科学的货币操纵标准，许多人提出了许多建议，所有这些建议都以能够"测量"货币购买力变化这个幻想为依据。金本位制使现金引起的购买力变化脱离政治竞技场。人们是否普遍接受金本位制，取决于他们是否承认下面这个真理：印制钞票不可能使每个人变得更富有。对金本位制的憎恨源于迷信万能的政府能从废纸堆里创造财富。

有些人曾断言，金本位制也是一个受操纵的货币标准。政府能够直接通过信用扩张——即使这种扩张必须考虑保持货币替代物的兑换而被限制在一定的范围内，或间接通过一些措施诱使人们缩减他们的现金握存去影响黄金的购买力。他们说的没错。发生在1896—1914年的商品价格上涨的原因大部分是政府的这些政策造成的，这是不能否认的事实。但重点是，金本位制把所有这些能够降低货币购买力的政策的影响力限制在狭小的范围内。通货膨胀主义者之所以反对金本位制，恰恰是因为他们认为，这些限制严重地阻碍了他们的计划的实施。

被信用扩张主义者称为缺点的那些金本位制的特征其实正是金本位制的优点，金本位制的那些特征恰恰遏制了政府推动大规模的通货膨胀，金本位制未曾失败过。各国政府之所以渴望摧毁金本位制，是因为它们死不认错，他们误以为信用扩张是降低利率和改变贸易收支的一个适当手段。

然而，没有哪个政府的权力会大到足以废除金本位制。黄金是国际贸易和超越国界的人类经济社会所使用的货币。金本位制不可能受到仅限于统治某些特定国家的政府措施的影响。只要一国在经济方面不是真正意义上的自给自足，只要民族主义政府为了隔绝它们国家和其余世界的联系而建立起来的那些围墙还有破绽，黄金就仍然会被用作货币。即使各国政府将它们到手的金币、金条和金块没收，并且视黄金持有者为罪犯，并对他们进行处罚，那也是无关宏旨的。各国政府在为了淘汰黄金作为国际贸易货币而签订的那些双边清算协议中所使用的语言，完全避免提到黄金。但是，根据这些协议执行的贸易额却是根据商品与服务的黄金价格计算的。任何在国外市场做买卖的人，都用黄金计算这种买卖的利益得失。尽管一国已经切断了本国货币和黄金之间的所有联系，它的国内价格结构仍然和黄金，以及世界市场上以黄金表示的商品价格保持着密切的关系。某个政府如果想切断国内价格结构和世界市场的关系，就必须采取其他措施，比如，令人望而却步的高关税和禁运令。将国际贸易收归国营——不管是公开实施的或间接通过外汇管制执行的，都消除不了国内价格结构与黄金的联系。政府作为贸易商，免不了要使用黄金作为国际贸易的交换媒介。

作为所有当代政府主要关注的事项之一，反金本位制的斗争绝不可以被当成一个孤立的现象来看待，它只不过是我们这个时代特有的毁灭程序的一个事例罢了。人们之所以反对金本位制，是因为他们想以国家自给自足取代自由贸易，以战争取代和平，以极权主义的万能政府取代自由。

也许有一天，随着科技的发展，人们将发现一个以极低成本扩大黄金供给的方法，届时黄金将失去作为货币使用的功能，那时，人们将必须以另一种货币本位制取代金本位制。现在就担心这个问题怎么解决，是没用的。对于人们将在什么情况下解决该问题，我们现在一无所知。

国际货币合作

国际金本位制的运作不需要政府采取任何行动，它是包括全世界的市场经济所有成员有效的真实合作。要让金本位制作为一个国际货币标准运作，不需要任何政府干预。

被各国政府称作国际货币合作的事项是指各国政府为了达成信用扩张的目的而采取的协同一致的行动。它们已经知道，当信用扩张仅限于一个国家时，货币将会外流。它们相信，货币外流是使它们降低利率，从而创造永久繁荣的计划遭到挫败的唯一障碍。它们认为如果所有政府在信用扩张政策方面通力合作，便能消除这个障碍。它们所需要的只是由一家国际银行发行某种信用媒介，而所有国家的所有人都把它当作货币替代物处理。

这里无须再次强调，信用扩张之所以不可能降低利率，原因不只是货币会外流。这个根本的议题在本书的其他章节有详尽的讨论。[1]

但是，另外有一个重要的问题必须在此讨论。

且让我们假设，存在一个发行信用媒介的国际银行，它的客户群是全世界的人。这些货币替代物是直接进入个人和企业的现金握存，还是只由各国中央银行保有作为发行本国货币替代物的储备是个无关宏旨的问题。重要的是，有一个统一的世界货币，各国的银行钞票和存款货币可依法兑换成该国际银行发行的货币替代物。由于必须保持本国货币和国际货币平价兑

---

[1] 参见第十二节和第二十章第六、七、八、九节。

换，所以各国中央银行体系扩张信用的权力受到限制。但是，这个世界银行没有这种平价兑换的限制，除非它作为一个孤立的经济体系中或在全世界运行的唯一一家银行扩张信用。

我们不妨进一步假设，这个国际银行不是一个发行货币替代物（其中有一部分是信用媒介）的银行，而是一个发行不可兑换的国际货币的世界机构。黄金已经完全非货币化了，人们唯一使用的货币是该国际机构创造的不可兑换货币。该国际机构可以随意增加这种货币的数量，只要不至于引起灾难性的经济暴涨，以致整个货币体系崩溃。

那么，凯恩斯主义者的理想就实现了。有一个可操作的机构能对"世界贸易"施加"扩张性的压力"，它可以任意给世界每个角落倾注取之不尽、用之不竭的财富。

然而，这种计划的拥护者忽略了一个根本问题：当这种信用货币或这种纸币增加发行时，增加的数量在各国之间如何分配？

让我们假设，该国际机构增加发行一定金额的货币，所有增发的货币都交给某个国家 R 国。这种通货膨胀行为的最后结果将是全世界商品与服务价格纷纷上涨，但是，在这个过程中，各国人民的处境受影响的情形不一样。R 国人民是第一批得到该笔增发货币恩赐祝福的人。当他们的口袋里有更多货币时，其他国家的人还没得到任何新增发行的货币。他们能够出比较高的价格，而其他国家的人却不能。所以，R 国人从世界市场取走比他们从前取走的更多的财货，非 R 国人则被迫缩减他们的消费，因为他们竞争不过 R 国人所支付的较高价格。当各种财货价格在不断调整以适应货币关系的改变时，相对于非 R 国人，R 国人处于一个比较有利的位置。当这个过程最后结束时，

R国人已经借由非R国人的牺牲而变富了。

这种扩张行动的主要问题在于，按什么比例将增发的货币分配给各个国家。每个国家都将极力主张，该国际机构所采取的分配模式应该尽可能把最大的一份增发的货币分给它自己。例如，工业落后的东方国家可能会建议按人口平均分配，这种模式显然有利于它们，但不利于工业先进国家。无论采取什么分配模式，所有国家都不会满意，都会抱怨受到了不公平的待遇，严重的冲突将随之而起，从而使整个合作计划瓦解。

有人可能会说，在国际货币基金成立前的协商过程中，这个分配问题不是一个很受重视的问题，而且当时很容易就对该基金的资源如何使用达成协议。在这里，这个反对意见是不相干的。布雷顿森林会议（Bretton Woods Conference）是在非常特殊的情况下举行的，大多数与会国家当时完全依赖美国的慈悲援助。如果美国停止为它们的自由而战，或停止按照租借法案（lend-lease）向它们提供物资援助，它们必将损失惨重。另一方面，美国政府把该国际货币协议视为战争结束后延续租借法案的一个伪装方案。美国当时愿意牺牲，而其他与会国家尤其是那些与会的欧洲国家（当时它们大多仍然处在德军占领下），以及那些与会的亚洲国家则愿意接受美国的任何提议。一旦美国国内对金融和贸易的战时心态为一个比较现实的心态所取代，上面提到的问题就会浮现。